地球社会の新しいビジョン

心身・霊性・社会

樫尾直樹
Kashio Naoki
本山一博
Motoyama Kazuhiro
編

国書刊行会

はじめに

編　者

今は日本においても海外においても、人類やひいては地球の未来を脅かすような問題が生じています。

たとえば、金銭のための強盗殺人や、自分の思いを通すためのストーカー殺人など、自分の欲望を満たすためだけの殺人や凶悪な犯罪が増えています。また、原子力発電の問題では、企業や自治体、国家が経済的利益や権益のみを優先すれば、地球上の生命を脅かす事態になりかねません。そこには、「自分だけ」「自分たちだけ」が良ければいいといった心のあり方が垣間見えます。また、国家権力が自国の利益を最優先にすると、国際社会において問題が生じます。

環境問題全体も、人類そのものが、自分たちだけが良ければいいと考えていることが根本の原因なのではないでしょうか。

このように、個人のレベルにおいても、集団のレベルにおいても、人類というレベルにおいても、「自分だけが良ければ」という心はさまざまな問題を起こします。それは、それぞれのレベルにおける個人性の肥大化とでも言うべきものでしょう。

一方、私たち日本人はかつて全体主義の社会を経験しました。そして、全体主義の問題は現在でもこの地球上に起こっています。

そこでは、個人の基本的人権が踏みにじられ、企業の自由な活動は認められず、自由に政治的な主張をすることは認められていません。

また、現代の日本においても、集団の利益が優先され、個人の人権がおろそかにされるという問題は、さまざまな場面において見られます。そこではひとりひとりの存在は軽視され、心は無視されています。それは、社会性の肥大化とでも言うべきものでしょう。

上記のように、個人性の肥大化も社会性の肥大化も心のあり方の問題として捉えることができます。一般に、個人性と社会性は対立した概念であると思われがちですが、心のあり方という切り口から同じ地平で考えることができるのではないでしょうか。

私たちは、この個人性と社会性の調和という問題に対して、霊性（スピリチュアリティ）という側面からアプローチすることができるでしょう。

倫理や共感、共生は心の奥から生じるものであり、まさにそれが霊性と呼ばれる領域だからです。

本書は、以上のような状況認識と問題意識に基づきながら、気鋭の宗教家、宗教学者、医学者、哲学者、経営者が、それぞれの立場と実践の現場から、個的な心身と社会とを結ぶ霊性について議論し、「個人性と社会性が両立する地球社会の実現」に向けての提言を行うことを目的としています。

私たちの個人のあり方と社会のあり方についての智慧を発見し、個人の幸福と、社会の発展と調和とが、両立するより良い地球社会への方向性を、読者の皆さんと一緒に見出していきたいと考えています。

目次

目次

第一部　霊性の役割と実践のかたち

――その二つの位相

第一章　「いのち」と現代社会
――個人性と社会性を統合するスピリチュアリティ

本山一博

問題意識の確認

まず、この本の元になっている二〇一四年三月のＩＡＲＰ公開シンポジウムを企画した私が、開催に先立ってＩＡＲＰの機関誌に書いた案内文を以下に記して、企画にあたって持っていた問題意識を示したい。

ＩＡＲＰ公開シンポジウムに向けて
――個人の幸福と社会の進展調和を両立するスピリチュアリティとはどういうものなのか

物質文明が行き詰まり、これからは「心の時代」であるなどと言われるようになってから、かなりの時間が経ちました。その間、霊的な覚醒を促すような運動や、意識を高めるような運動がいくつか起きてきましたが、それらもやがて下火になり、実際に社会を変えるような運動にはなかなかならなかったように思えます。また、そのような運動の中には、霊的エリート意識を持つ人々の自己満足で終わるようなものもあったように思います。更に、「高い意識」を持つ人たちが、小さなサークルをつくり、外部に対して閉鎖的になったようなこともあったでしょう。

そのように考えますと、霊性やスピリチュアリティを志向する運動はあまり実りがなかったようにも思えます。しかし一方で、ＷＨＯの健康の定義にスピリチュアリティという言葉を入れようとする動きがあったり、ターミナルケアの世界ではスピリチュアルケアという言葉が一般化してきたりして、医療の分野では十年、二十年という長いスパンで見れば、スピリチュアリティに対する問題意識が少しずつ高まり、定着してきたようです。医療や健康は個人に焦点があたる分野ですが、社会や組織のあり方でもスピリチュアリティが問題にされてきています。日本航空の再建という劇的なことがあったからでしょうが、稲盛和夫京セラ名誉会長の著された、明らかにスピリチュアルな思想を訴えている経営書が何冊も書店で平積みされていることを考えると、ビジネスという極めて社会的な分野においてもスピリチュアリティへの需要が高まっているのかもしれません。

このように考えますと、個人の幸せを追求する上でも、より良い社会を建設していく上でも、霊性やスピリチュアリティというものを念頭に置いて考えるべき時期が来ているのかもしれません。しかし、それは一筋縄ではいかないと思います。なぜなら、個人の幸福とより良い社会の建設は相互に依存しているものの、一方では対立した概念でもあるからです。そういう意味では、自由と平等の関係に似ているといえます。個人性と社会性は関連が深いものの、具体的な場面においてはしばしば対立するのです。もし上述したように、個人性と社会性の両方がスピリチュアリティと関係があるのであれば、個人性と社会性の両立、つまり、個人の幸福とより良い社会の建設の両立を、スピリチュアリティという観点から考えることもできるでしょう。そして、これこそがこのシンポジウムのテーマであるのです。

現代社会では、個人はかつてないほど自由であるかのように見えますが、一方で個人はかつてないほど社会の中に組み込まれています。たとえば、私たちが口にする食品のほとんどは、何らかの意味で国という機構と関わっています。近代以前はそうではなかったはずです。もし、牛肉を食べたいと思ったとき、私たちは好きな店に行って、自分のお金で払える範囲で、好きな牛肉を選ぶことができます。しかし、どの肉を買っても、それは法律や条例という公権力によって定められたものにより販売が認められた商品なのです。輸入肉を買うのであれば、どの肉を買ったとしても、国の定めた方法と基準で検査されています。私たちの生活全体に、国というものが深く関わっています。しかも、日頃私たちはそれを意識しません。それゆえに、私たちの自由は、国という公権力の定めた枠組みの中で保証されているものに過ぎないと言うこともできるのです。しかし、一方では個人の行動はかつてないほど自由です。ある意味で、私たちはあまりにも自由であるので、社会や他者に対して責任を持とうとしません。自らの自由な経済活動の結果が他者に及ぼす影響というものもあまり考えません。そうであるのに、個人は国という枠によって、ある意味ではがんじがらめに縛られているのです。

　このような見えない矛盾はどのレベルでもあると思います。国というレベルでもそうなのですから、いつか地球社会というものができたとき、個人と社会の関係はどのようなものになっているのでしょうか。そして、この問題を突きつけられるのは、そんなに遠い将来ではないように思います。そういう意味で、個人性と社会性の問題を今から考えておくことは有意義だと思えますし、それをスピリチュアリティという観点から考察することは、重要かつユニークであると思います。

　今のところ、スピリチュアリティという概念はしっかりと定義されたものではないようです。スピリチュアリティというものが問題にされるときは、だいたい次の四つの位相があるように思います。一つ目は、私たちの心の中には、通常の知性や感情、つまりマインドやメンタリティーでは解決できない領域があるということです。二つ目は、私たちや世界の存在や生存と深い関わりのある、何かしらの意味で超越的な「大いなるもの」があるということです。三つ目は、目に見える物理的な世界がすべてなのではなく、目に見えない世界が実在するということです。四つ目は、死後も存続する霊魂というものが実在するということです。これらスピリチユアリティ概念の四つの位相は、関連しながらも別々に論じられているようです。

個人性と社会性の両立・調和と関わるのはどの位相のスピリチュアリティなのでしょうか。そのようなことが、領域横断的に論じられたことは今まであまりなかったのではないでしょうか。今回のシンポジウムは、そのための極めて先鋭的な試みなのです。

講師として、多彩な分野から優れた先生方をお招きすることができました。（中略）さまざまな分野から優れた論客をお呼びすることができたのも、時代の要請するものに沿っているからだと思います。シンポジウム当日は、個人の幸福と社会の発展調和が両立する、より良い地球社会におけるスピリチュアリティのあり方を、あるいは、個人の幸福と社会の発展調和が両立する、より良い地球社会を創りだすスピリチュアリティについて、皆さんとともに考えていきたいと思っております。

どうぞよろしくお願い申し上げます。


このような開催意図であったが、この個人性と社会性の調和、統合という問題意識に対して、「いのち」という言葉を軸に思うところを述べてみたいと思う。

私の「いのち」論

「いのち」とは

今の日本の宗教界では「いのち」という言葉が多用されている。このキーワードを使って思考停止しているようにみえる宗教者も多い。自分の体験と考えの浅さをこの言葉を使ってごまかしているようにみえる人も多い。そのような人を見るにつけ、「いのち」という言葉にあまりいい印象を持たなくなった。しかし、本シンポジウムに登壇された島薗進先生を始め、多くの尊敬すべき方々がこの言葉を大切にされている。そこで、私なりに「いのち」とは何かを考えてみることにした。

本章で示す私の「いのち」論は、過去の「いのち論」を何も参考にしていない。私の今までの宗教的探求を土台に記してみた。いわば、印象と感想の羅列のような内容であり、論考といえるようなものではない。しかし、その分だけ私のスピリチュアリティ観念が素直に現れている。論考としての質を度外視して、具体性もないまま、思うままに記してみたい。

直接は目に見えないものの中に、次のようなものが確かにある。それに触れたり、それを感じたりすることによって、自分が生きていること、世界があることにリアリティが感じられ、さらに、自分が生きていること、世界があることを無条件で肯定できる、そのようなものがあるのだ。そして、それは単純にして不定形であるので、感覚や知性では把握できない。

ここで言う「リアリティが感じられる」とは、単に存在していることを感じることではない。存在している、ある、ということを強烈に実感する、その実存を感得するとともに、その存在、それがあるということと不可分な、その存在自体が持つ価値と意味が実感され、感得されるのである。無条件で肯定されるとは、その価値や意味に条件がないということである。臨床心理や宗教界で好まれる言葉を使えば、通常は価値や意味はある「物語」の中で付与される。しかし、右に述べた「何か」に由来する価値や意味はそのような物語を必要としない。また、単純にして不定形であるとは、いかなる性質も働きも持たないということであり、同時にあらゆる性質と働きを持つということである。そのようなものは認識や記述の対象にはならない。

リアリティとはどこで感じられるのか。それは自己の内部においてである。個であることとは、そこがリアリティを感じる現場であるということだ。自己の内部以外にリアリティを感じる場所はどこにもない。自己の中で感じるのでなければ、どこで感じるのであろうか。それでは、リアリティを感じるための条件とは何か。それは他者の存在である。自己の内部にしかないものに、どうしてリアリティを感じられようか。他者とは何か。それは自己に還元されないもの、自己に還元されえないものである。

つまるところ、リアリティの体験とは次のようなものである。

「本来、自己に還元されえないものである他者を、その価値と意味とともに、自己の内部に厳粛に体験すること」

右のような体験の定義がそもそも矛盾を含んでいる。そのようなことが可能なのか。結論から言えば可能である。論理的には証明できないが、体験上そう言える。

彼を私の内に体験するのであれば、彼はもともと私の内にいたのであろう。同じように、私もまた彼の内にいるのだろう。しかし、彼は私の内にいないから彼なのであり、私は彼の内にいないから私なのである。

別の言い方をすれば、他者を自己の内に体験するのであれば、その他者は自己の内に内在するのであろう。しかし、他者は自己に還元されないから他者なのである。自己の内に他者が内在するのであれば、自己もまた他者の内に内在するのであろう。しかし、他者に還元されないから自己なのである。
私と彼は別人なのだから、やはり私の中には彼はいないだろう。彼の中にも私はいないだろう。では、どうして私の内に彼を体験できようか。私の内にいる彼とは、実は私にもなり彼にもなれる何かではないのか。彼の内にいる私とは、やはり彼にもなり私にもなれる何かではないのか。このような、私にも彼にもなれる何かを共有しているから、私と彼は別の存在であるにもかかわらず、関わりを持てるのであろう。

互いに還元され得ない異なる存在が関係を持てるのは、両者になりうるものが両者に内在しているからなのである。

私にもなり、彼にもなるものとは何であろう。もし仮に、私と彼とが粘土細工であるのなら、私にもなり、彼にもなるものとはまさに粘土のことだ。そういうものが私と彼の両方の中にあるということなのだろうか。しかし、私はかつてはっきりと体験した。私ではない彼が、私の中にいることを体験した。彼自身の存在の価値と意味とともに厳粛に体験したのだ。それは、すでに彼であった。これから彼になる粘土ではなく、すでに彼であった。だから、それは単に私にも彼にもなり得るものではなく、すでに私になっているものであると同時に、すでに彼になっているものだ。だから、それが、その何者かが、私と彼の中にいると同時に、その何者かの中に私も彼もいるのだ。

両者に内在しているものは、単なる素材ではなく、両者を超越したものでもある。そして、内在しているだけでなく、外在している。

その何者かが、私の内にあることを感じ取ることができるとき、私が生きていることに価値があると感じられる。理由など必要なく、私がいるというそのことで、価値があると感じられる。その何者かが、世界に満ちていることを感じ取ることができるとき、世界があることに価値があると感じられる。理由など必要なく、ただ世界があるというそのことで、価値があると感じられる。その何者かは、無条件で私と世界を肯定させてくれる。

その何者かにおいては、存在することと価値とが不可分である。

私が、その何者かに促されて、あるいは、その何者かと共に世界に働きかけるとき、その働きには意味がある。別の言い方をすれば、私の内にある何者かが、彼の内にある何者かに働きかけると き、その働きには意味がある。世界が、世界に満ちる何者かが、私に働きかけてくるとき、その働きには意味がある。そのとき、世界に満ちている何者かが、私の内にいる何者かに働きかけてくるのだ。別の言い方をすれば、彼の内にある何者かが、私の内にある何者かに働きかけてくるとき、その働きかけには意味がある。その意味には理由は必要ない。条件は必要ない。

その何者かの働きは意味と不可分である。

私も、そして世界も生きている。生きているから絶えず変化している。互いに働きあっている。私はいっときも同じではない。昨日の私と今日の私、そして明日の私は同じではない。しかし、私であることも確かであり、彼ではない。昨日の世界と今日の世界、そして明日の世界は同じではない。絶えず変化している。しかし、同じ世界でもある。

その何者かは、私を存在させて、私を私として保たせている。その何者かは、世界を存在させて、世界を世界として保たせている。

その何者かは、私が絶えず世界に働きかけるようにさせている。その何者かは、絶えず世界が私に働きかけるようにさせている。互いに働きかけざるを得ないのだから、変化せざるを得ない。

そして、その何者かによって存在し、働くものは尊い。

その何者かにおいては、存在と働きは不可分である。その存在の価値と働きの意味は不可分である。その価値と意味とは尊さである。

私は、そのような何者かを「いのち」と呼ぶことにする。

このような意味での「いのち」は確かにありそうだ。それをもとに思うことを以下に記したい。

「いのち」に生きることと自由意志の行使

「いのち」は私に主体的であることを要求する。自分の内部で抗いがたく、必然的に働く利己心は、動物が何の疑問もなく従う本能である。そのような本能的利己心から、自分の自由意志を行使して離れたときにのみ「いのち」は感じ取ることができるからである。確かに動物も「いのち」によって生きている。しかし、「いのち」との対し方は、動物と人間では決定的な差があるようだ。

重要なことは「いのち」は精神と物質の両方にまたがっているということである。「いのち」は精神と物質の両方にまたがって存在し、両方にまたがって働いている。したがって、「いのち」は肉体と精神の両方で感じ取ることができる。しかし、動物は「いのち」を肉体のみで感じ取っているようだ。人間は「いのち」を精神でも感じ取ることができる。そして、「いのち」を精神で感じ取ることができて、初めてその尊さを感じ取ることができる。そのとき、精神は善を志向する。

肉体は物質に依存しているので、必然性によって働く。それが本能であり、その必然性や本能に従っている限り、人間精神は肉体の持つ必然性に巻き込まれているのであり、「いのち」の精神的側面に気がつかない。あるいは、「いのち」を精神によって感じ取ることができない。動物にはなく、人間精神にはある自由意志を行使し、この必然性に巻き込まれない状態になってこそ、この必然性から離れてこそ、人間精神は「いのち」を精神において感じ取ることができる。そのときに、精神は「いのち」の尊さを感じ取り、善を志向する。

必然性に従うということは、必然性に支配されることであり、不自由であり、自律していない。「いのち」を精神において感じ取るためには、精神が必然性から逃れること、つまり自由になること、自律すること、つまり主体的であることが要求される。そのような意味で、「いのち」は私の精神に主体的であることを要求する。

また、「いのち」は私に社会的であることを要求する。「いのち」は、それが存在することと働くことが不可分であるような何かだ。そして、私の「いのち」は他者の「いのち」に働きかけるが、「いのち」は「いのち」ある存在を保たせようとする。つまり、成り立たせようとする。しかし、動物にも「いのち」が宿り、その働きにより生きているにもかかわらず、動物は基本的に利己的であり、群れを成すアリや猿の社会性も自らが属する集団のためのものに留まる。それに、そのような動物の社会性には精神的な内容はない。

「いのち」は自己に内在し、かつ外在している。別の言い方をすれば、私たちの内に「いのち」が生きているし、私たちは「いのち」の内に生きている。理由は分からないが、「いのち」を肉体においてのみしか感じ取れない精神は、「いのち」の外在が感じ取れないようである。つまり、他者の中にも「いのち」が生き、自己と他者の両者が「いのち」の内に生きていることを知ることがない。そのような内に閉じた精神は、自己の内に生きる「いのち」の働きによって、他者の内に生きる「いのち」に働きかけることはない。あるのは、自己の肉体を通じて他者の肉体に働きかけるという、「いのち」から見れば間接的な働きかけだけであり、それは利己的な働きに留まるようである。

内なる「いのち」と外なる「いのち」のつながりは、社会的な行為、つまり他者を生かす行為を要求する。

肉体の持つ必然性から離れ、真に主体的となった精神は、自らの内に生きる「いのち」を精神において感得する。そのように開けた精神は、他者の中に生きる「いのち」と世界に満ちる「いのち」を精神において感じ取る。そのときに、善の心が生じ、社会性のある働きをなす。

他者の中に生きる「いのち」を感じ、世界に満ちる「いのち」を感じ取る精神は、社会的な働きをなす。その働きをなす中で、自分の中に生きる「いのち」を感得する。そこで、善と社会性の関連を知ることになる。

その極致において、精神と肉体の両方が、本来自己に還元されない他者を、その価値と意味とともに自己のうちに厳粛に体験するのである。これは、よく言われるところの合一の体験の一つであろう。

このように、「いのち」は個人性と社会性の調和と統合に大きな役割を果たすように思える。

「いのち」の三位一体

こう思うとき、強く感じられるのは次のことだ。〈「いのち」の全体〉〈個々に宿り存在としてある「いのち」〉〈個々の中で働き、世界全体の中で働く、「働き」としての「いのち」〉、この三者は別々でありながら不可分であり、さらに踏み込んで言えば、表現のしかたが難しいのであるが、本質的に同一の何かではないのかということである。

このように言うと、あたかも「いのち」は大いなるもの、神というべきものそのもののような気がするが、大いなるものそのものと「いのち」は異なるもののような気もする。それは私の体験と思弁を超えることである。ただ、「いのち」は、〈全体〉〈個々の存在〉〈働き〉の中では、〈働き〉の性格が強いと感じる。

「いのち」を感得するために

「いのち」を感得し、自らの存在の価値と自らの人生の意味を無条件で感得することは、癒しであり、創造的な活動の基となる。「いのち」に触れることは、悲しむ者を癒し、それだけでなく人に社会的意義のあることを成すための力を与える。

「いのち」に触れるためには二つの方法がある。一つは自己の内部に深く沈潜することだ。もう一つは他者と直接に出会うことである。どちらの場合も真の自由意志を必要とする。それは、肉体の持つ必然性から精神が自由であるということだ。肉体とその必然性そのものはなくならない。精神は通常その必然性に支配されている。その支配から逃れる度合いに応じて精神の自由は増し、「いのち」への感性が高まる。そのとき、精神は自らの内に働く「いのち」を感得し、他者の中に働く「いのち」を肉体の感覚を通した間接的な認識ではない領域で感得する。これは真の出会いである。実際にはこの二つの方法を循環していきながら、「いのち」への感性は高まる。

「いのち」と社会正義

自らの内と他者の内とに同じ「いのち」が働いていることを感得すると、ある種の平等の感覚が生じる。実際の世界は不平等にあふれている。また、よく言われるように平等が常に正義とは限らない。機会の平等は良くても結果の平等は良くない、などと言われるのもそうだからであろう。しかし、「いのち」への感性は、ある種の構造的な不平等を悪だと感じるようだ。

それでは、現代社会における構造的な不平等とは何であろうか。アフリカにおける飢餓は、現代の地球社会における構造的な不平等であろう。しかし、それだけではない、見えにくい構造的な不平等が先進諸国に存在する。それは、目に見える貧困問題とは少し違うものだ。それは、自由な精神の剝奪である。自由な精神を剝奪された者は「いのち」への感性を剝奪される。癒されず、創造的になれない。現代社会では、巨大な社会システムの中に個人の精神が組み込まれている。個人は自由なようで、自由ではない。選択しているように見えて、選択させられているに過ぎない場合が多い。それゆえに、現代社会においては、個人は「いのち」から遠ざけられている。

なぜそうなるのか。それは、現代社会が特定の誰かに支配され、その全体が特定の誰かの都合によって動かされているからである。特定の誰かとは人とは限らない。特定の価値観かもしれないし、特定の考え方かもしれないし、お金のもつ力学なのかもしれない。しかし、特定の誰かのための社会は不平等であり、人々の精神は特定の何かに支配されている。人々の精神は不自由であり、人々は「いのち」から遠ざけられる。そして、人々は「いのち」から遠ざけられているから不平等に気が付かない。むしろ、自分たちは自由であり、この社会は平等であるとさえ思う。

この「いのち」への感性が低下した社会では個人性と社会性の調和と統合は難しい。自由意志を基礎とする主体性によって精神に生じる善への志向、他者の「いのち」を感得することによって促される社会的な行為、「いのち」の持つ平等への感覚、これらが個人性と社会性を調和させる。しかし、「いのち」を感じることなしにこれらは生じないのだ。「いのち」への感性、これが現代社会に求められるスピリチュアリティだろう。

「いのち」と身心

現代社会に生きる人が「いのち」から遠ざかっているのには、もう一つの理由がある。「いのち」は物質と精神にまたがっている。「いのち」は物質と精神を統合する何かだ。「いのち」を十全に感じ取るためには、心と身体が調和していなければならない。しかし、現代人の多くは心と身体がバラバラである。スポーツをしている人でさえ、そうなりがちだ。それは、現代人の心が身体性を伴わない情報によって刺激され続けているからである。グルメ情報の氾濫はその典型である。いま目の前にあり、いま口に入れた食べ物は、自らの目で見て、自らの鼻で嗅ぎ、自らの舌で味わうものだ。つまり、自らの身体で体験するものなのである。そうしてこそ、素材に宿る価値や料理人の心を、精神においても味わうことができる。しかし、料理が目の前にあり、それを舌に乗せているにもかかわらず、事前に仕入れたグルメ情報を通して見て、嗅いで、味わっている。情報が身体性を上回っているとき、味わっているのではなく、味わうふりをしているにすぎない。しかも、本人はそれに気が付かない。感じるとは、心と身体の両方でするものである。心と身体がバラバラであるとき、感じる力は著しく低下する。それゆえに、現代人の感じる力は著しく低下している。当然「いのち」を感じることもできない。

「いのち」が物質と精神にまたがっているということはとても重要なことである。宗教的な感性やスピリチュアルな感性は、ときに精神性を過大に評価したり、精神性に偏ったものの見方や考え方をしたりする。しかし、精神の役割は、精神によって把握された価値を物の上に実現することである。精神は物質からなる肉体の持つ必然性から逃れることにより、「いのち」に由来する価値や意味を感得する。そして、改めてその価値と意味を物の上に実現させるとき、善と社会性が実現され、自らと他者とを成長させる。このような創造性は「いのち」に由来する。創造とは「いのち」の精神的側面が、物質の上に具体的に顕現することであり、そのとき、潜在的であった「いのち」の精神的側面と物質的側面の統合が、目に見える形で顕現する。それが個人性と社会性の統合であるとも言える。

若者の救済と創造力

特に現代の日本ではそのような創造性を持つ人材が求められる。人口の少ない若年層が、人口の多い壮年層や高齢層を養い、さらに国の借金返済のため充分な納税をするには、付加価値の高い経済活動をしなければならない。そのような高付加価値は単なる利便性の追求だけでは達成されないだろう。人間の精神と肉体の両方を満足させる高い価値のあるものを生み出していくには、「いのち」との関わりの中で得られる創造力を必要とする。

まとめ——「いのち」の修行論

「いのち」は思弁では把握できない。「いのち」の把握には、かつては宗教的な修行が有効であった。しかし、宗教的な価値観が多様化している現代社会で、特定の修行法を広く社会で共有することは難しいのではないか。なぜなら、特定の修行法は特定の宗教教義を前提にしていることが多いからである。しかし、やはり何らかの修行が「いのち」への感性を高めるためには必要だと思える。そこで、宗教的修行の持つ普遍的な構造や仕組みを超宗派的に研究することが求められる。

「いのち」への感性を養うためには二つの方法があると述べたが、自己の内に沈潜する方法の一つとして瞑想が考えられる。瞑想の一般理論の構築は私自身にとっても重要な関心事であるが、これについては別のところで述べたい。もう一つの方法とは、他者との直接の出会いである。他者との出会うための一般論を考えるにあたり、私は盛和塾へ参加することによって大きなヒントを得た。私どものシンポジウムに登壇された盛和工業の栗屋野盛一郎社長との縁で、私は盛和塾横浜に入った。私の本拠地である井の頭は、盛和塾横浜の例会が開かれる新横浜からはそれなりの距離があるので、なかなか参加できないでいるが、それでも盛和塾での経験はインパクトのあるものであった。

各塾生は稲盛和夫塾長の経営哲学によって、自らの心を高め、自分が経営する会社の収益をあげ、従業員を幸せにするために努力している。彼らはまず稲盛塾長の言葉に取り組む。中核となるのは〈経営十二ヵ条〉に代表されるフィロソフィーだ。それは抽象的な箇条書きである。塾生はそれらの言葉を「教え」「言霊」として自らの精神に刻みこむ。そして、それを従業員と共有し、その言葉を具体的な仕事や仕組みに落とし込む。さらに、その成果を数字で裏付けるのである。その上、塾生の経営する会社の規模や業種は多種多様である。教えの言葉が具体的な実現したありさまもまた多種多様である。もちろん、業種や規模が同じでも、経営者が変われば、実現の姿は異なる。そして、塾生は勉強会で自分たちの具体的な実践を、エビデンスである数字とともに互いに披露し合い、学び合うのである。そのとき、彼らは「言霊」の普遍的な意味を、「言霊」が身体化された多様な具体例とともに、精神と肉体の両方で把握するようなのである。そして、他の塾生の体験を学ぶことを通して、他者である塾生の魂に触れるという感覚を持つようだ。それゆえに、彼らは互いをソウルメイトと呼ぶ。

注目すべきは、「言霊」つまり言葉が果たす役割だ。塾生たちは、稲盛塾長の経営哲学が真実であることを、まさに生きた証明者である塾長本人の実績から確認する。そして、塾長の人格に打たれ、文字通り稲盛塾長に惚れるのである。それ故に、塾長の発する言葉は教えであり、指針であり、不変の価値を持つものとして精神に刻み込まれる。その言葉はまさに自分自身の精神においてリアルに感じられ、そのリアリティゆえにそれを具現化すべく努力する。つまり、言葉を身体化しようとする。言葉が自分の内に生きるのである。精神においても身体においてもその言葉が生きるのである。しかも、言葉とは共有されてこそ意味を持つものである。共有されて、その意味するところが通じ合うから、言葉としての機能を果たす。そして、塾長の言葉は普遍的な内容であるがゆえに、多様な姿で具現化、つまり身体化される。逆に言えば、多様に身体化されるからこそ、普遍的な内容であることが証明されるのである。そして、成果が数字に現れるということは、この場合は自分自身と社員を生かすこと、幸福にすることであり、善である。また、他の塾生つまり他者によって身体化された言葉に触れることにより、その他者の中に生きている同じ言葉に直接に触れる。その言葉はすでに他者の中に生きる言霊であり、それに触れることとは彼の魂に触れることと等しい。これは真の出会いである。このとき、その言葉が持つ内容をさらに深く精神と身体の両方で了解し、理解し、さらなる具現化、身体化に励むことになる。そして、善行は高まり、仲間との出会いは深さを増す。そのような循環が存在するのである。

まとめてみると、次のようなことが言える。普遍的で、大義のある、高い価値のある理念を表している言葉は、

①自己の内部で精神と身体の両方にわたってリアルに働く。
②他者の中にも生きている。
③それ自体は抽象度が高く、その意味で無定形であるが、多様に具体化・身体化され、その具体化されたものは高い価値を持ち、善を体現する。
④その身体化された理念に触れることによって、人は他者の魂に触れる。

といった理由から「いのち」と似た働きをしていると言える。

つまり、瞑想のような自己沈潜の修行とは別に、次のような社会的な修行が考えられる。ある公共空間において、広く共有されることができる普遍的な理念を言葉として提示する。その言葉が、それぞれのメンバーの中で内面化され、身体化され、リアリティを持つ。多様なメンバーが身体化したその理念を相互に提示しあう。それを通して、互いの「いのち」の一面に触れる。このような高い理念の実現のための実践は、利己的にならざるを得ない肉体の必然性から離れるよう、自由意志の行使を伴うことになる。このような社会的な修行は、実際に盛和塾において実践されている。そして、そのような実践は他にも存在するだろう。

できれば、宗教界からそのような理念の言葉が提示されて欲しいが、そのためには普遍的な宗教性を求めた、宗教的な内容にまで踏み込んだ宗教間対話が必要になるだろう。残念ながら、そのよ

うな試みは決して多くはないのが現状である。

特定の誰かのための社会ではない、より良い社会の建築と、そこに生きる個人の幸福のためには、人類的に共有できる普遍性の高い理念の言葉と、それを内面化し身体化する教育の仕組みと、身体化された理念つまり理念の具体的な実現を交換できる多様性に満ちながらも普遍性を共有する「場」があることが、有効であると思える。それは「いのち」への感性を高める社会的な修行の装置になる可能性があるように思える。そして、瞑想の一般理論の構築とそれぞれの人にあった多様な瞑想プログラムの提示ができれば、社会的な修行と個人的な修行の往還運動によって、個人性と社会性を統合するスピリチュアリティがそれぞれの人に見えてくるのではないかと夢想している。

第二章　瞑想と臨床――不二の道としてのスピリチュアリティ

樫尾直樹

一　スピリチュアリティの現代性

世界の幻視

「ニューエイジ」[1]「アクエリアン革命」[2]「精神文明」「霊主文明」[3]……。

二十一世紀というこの新しい世紀の始まりと転換を、人は希望と期待、あるいはある確信を込めて、そのようにいろいろな言葉で表現してきた。

本書の題目の文言である「地球社会」も、そんな近未来的世界像を託した語彙群の中に属している。人と人、人と自然、人と森羅万象との絆が、目には見えないけれど、ある固有の現実性と独特の生々しさをもって感じられる、このグローバルな（地球規模の）世界に対する全体論的な共同的意識。これこそが、一連の新しく、かつ根源・始原的な「世界」のビジョン（幻視）をその中心において支持している、まさに「宇宙軸」ではないのか。

こうしたある種の超越的次元を想定した神話的幻視を常に見、語り、表現してきた実践は、人類史において「宗教」と呼ばれもしてきた。しかし、「宗教」が近代において、経済や社会や政治といった諸領域と並列され、かつその周縁に押しやられてしまい、ひとつの領域として位置づけられるようになってからは、「宗教」がそれまで担保してきた、上述したような神話的幻視としての共同的意識――それは神と人間との垂直的関係性と、人と人やその他との水平的関係性に分類できるが――は、「宗教」の中だけで滞留するのではなく、むしろ「宗教」という古い革袋の外へと横溢し続けている。

スピリチュアリティの探究

現代において、それは普遍的な意味を付与されて、「スピリチュアリティ（霊性）」と呼ばれている。「スピリチュアリティ」は、宗教はもちろんのこと、スピリチュアルケアという医療、自助団体、いのちの教育、エコロジー、四国遍路に代表される巡礼、経営理念、宮崎アニメなどの大衆表象文化といった、じつにさまざまな社会文化的場面において観察され、「スピリチュアリティ文化」(4)と呼ばれる現代の新しい文化潮流を形成しており、「地球上のいのちのつながり」(5)「生死の実存的意味」

「神仏、霊といった超越的存在者や見えない力の働きの感覚」という基本的釈義で、それに関心をもつ人々の間で一般的に理解されている。

本章では、以上のような基本的認識に基づいて、人類（文化）の根本的価値であるとみなされる「スピリチュアリティ」とは何かについて、主としてその本質的特徴である「実践」論的視座から明らかにすることを目的としている。「スピリチュアリティ」の実践的事例としては、特にその代表・典型と考えられる「瞑想」と「臨床」を扱い、両者の関係性を説明することを通して、「スピリチュアリティ」の核心を指示したい。

二　「スピリチュアリティ」という術語の定義――意識変容と実践の二類型

スピリチュアリティの語源と来歴

「スピリチュアリティ（spirituality）」の語源は、ラテン語の形容詞spiritualitasであり、ギリシア語のpneuma（プネウマ）や、ヘブライ語のruwach（ルーアッハ）と同じく、神の霊に逆らうものすべてとしての「肉」に対立するという意味での「霊」を意味しており、[6]サンスクリットのom（オーム）やprāṇa（プラーナ）のように「生命の息吹き」および「息／風」「精気／気息」を含意するものである。

したがって「スピリチュアリティ」は、その意味の源泉においては、神という超越的存在者の特性に関連していたのであり、狭義の宗教的文脈から脱出してより普遍的な文脈の中で「生死の実存的意味」「宗教の本質」「不可視の絆」といった現代的意味を付与されて使用されていたわけではなかったのである。

元来、上記の意味でとりわけキリスト教の用語として使用されてきた「スピリチュアリティ」ではあったが、二十世紀に入ってから、特に六〇年代前半にエキュメニカルな関心から開催された第二バチカン公会議以降、少しずつ普遍的な意味を持たされるようになり、他宗教の宗教伝統とその核心を指示する言葉として採用されることになるとともに、最終的には本章の冒頭で示したように、狭義の宗教である教団宗教によらない新しい宗教性の形式をも意味するようになり、現在では後者の語用のほうがより一般的になっていると言っても過言ではない。[8]

現代的術語としての「スピリチュアリティ」は、以上のような来歴を持つ。

スピリチュアリティの固有性

そうした「スピリチュアリティ」は、現在、宗教や生の哲学から、統合医療、いのちの教育、習俗、経営理念を軸においた会社経営、そして大衆文化に至るまで、きわめて広い社会文化的領域を横断的に覆っているため、現象的にはそこに共通する点を指摘しにくいように見えるが、「スピリチュアリティ」が発現する諸実践とその過程で変容生成する人間の多次元的意識に中心的に着目することによって、実存的意味や文化、社会との関係性にも十分に目配りすることを忘れずに、多様な「スピリチュアリティ」を一貫したひとつの視座＝ポジショナリティから統一的に理解できる、と筆者は考える。

「スピリチュアリティ」の固有性はまず、その意識性と実践性にある。

「スピリチュアリティ」は、そのあらゆる現象的側面において必ず通常意識が破れるという事態を伴っている。

たとえば、「スピリチュアリティ」の文化的源泉、その本家本元であるとみなされる宗教を例に挙げてみれば、祈りや瞑想やその他の行、儀礼といった固有の身体実践を行うと、五感と通常的覚醒状態が破れて、生死の実存的意味が自己の前にありありと浮上してくる。さらには、そうした価値的次元を超えて、神霊などの霊的存在が跳梁していることを感じられるような意識状態になる。そしてさらに、シャーマニック・トランスのような脱自体験や、禅やヴィパッサナー瞑想の空の体験、チベット仏教におけるゾクチェンの自己解脱の体験を通して心の本性を自覚するという事態[9]、諸宗教のあらゆる神秘主義に共通する神仏との不二（合一）体験など、スピリチュアリティにはマインドから魂、魂からスピリットへという意識変容のスペクトル[10]があり、それを自己超越意識の変容過程として理解することができる。

このように、個人を超越した存在（者）や力、価値や理念の諸相に自己を照応させる諸身体実践を通して、自己の現在の意識状態を否定（超越）することによって、さらにより高い（深い）意識状態の段階へと移行し入り込んでいく[11]。スピリチュアリティとはまさにこうした実践的場面において醸成され生成するのである。

上述したような「スピリチュアリティ」に関わる社会文化的諸領域とそこにおける「スピリチュアリティ」現象は、こうした心・魂・スピリットという普遍的自己性[12]によって階層論的に定位される意識論的グラデーションの中のどこかに位置づけることができる。

以上のように、「スピリチュアリティ」は、ある自己の現在の意識状態を超出していく超越的な感覚や意識（の質）として、まずはその本質をおさえておくことができる。

しかし、それは文化、思想、社会制度のまさに単なる精神として示されるものではないし、その内容を――いままさに筆者が本章を記述しながらそうしているように――言語として表出、定着させることはかろうじてできるものの、あらかじめ観念として諸領域＝象限の中に埋め込まれているわけではけっしてない。

そうではなくて、「スピリチュアリティ」は、たとえば宗教であれば、祈りや瞑想やその他の行や儀礼といった諸身体実践なしで、「いまここに」現出するわけは絶対にないのである。スピリチュアルケアならばクライアントとスピリチュアルケアワーカーとの傾聴、対話という実践の場面で、ディープ・エコロジーならば田畑を耕し、いのちにかしずき、作物が生育し、その魂が展開していく実践の場面で、巡礼ならば道を歩き、祠を拝む実践の場面で、経営ならば経営理念が共有されじっさいの商談の中でその精神が伝達される実践の場面で、宮崎アニメならば映画を鑑賞する実践の場面でしか、「スピリチュアリティ」は生まれないのだ。この意味において、「スピリチュアリティ」

を実践論的に理解し記述するという試みには、宗教学において認識論的かつ存在論的な正当性がある、と筆者は考えている。[13]

スピリチュアリティの二類型

ただし、実践としての「スピリチュアリティ」は、上記のようにじつに多様なので、よりよく理解するために、二つの類型化を導入する必要がある。[14]

それは、個人意識性（「個人性」）と社会倫理性（「社会性」）の二類型[15]である。前者、「スピリチュアリティ」が発現する個人意識的なアプローチとは、瞑想や行や祈り、あるいは武道や芸道のように固有の型の中に身体運動を落とし込んでいくようなさまざまな身体実践である。それに対して、後者、社会倫理的なアプローチは、スピリチュアルケアやエコロジーのように、見かけ上自己の外部にあるとされる他者や環境へと自己を開いていくような形で展開される、ある種のコミュニケーション的な実践であり、それは集団で行われる儀礼や他者への奉仕の場面にも観察されうるものである。

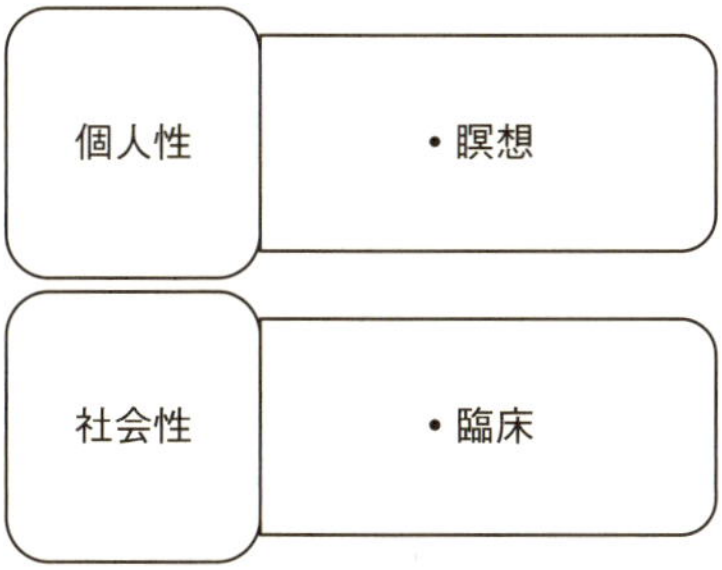

図1　スピリチュアリティの実践的二類型
「臨床」＝「自己を開き、他者や環境に向き合う」

　ここでは、前者、「スピリチュアリティ」の個人意識性の典型を「瞑想」、後者、社会倫理性の典型を「臨床」[16]として、それぞれ統括的、象徴的に理解しておきたい（前頁図1参照）。

スピリチュアリティの定義

さて、「スピリチュアリティ」という術語と諸現象をめぐる以上の考察をふまえて、「スピリチュアリティ」の定義をしておきたい。すなわち、

スピリチュアリティとは、固有の身体実践や社会的行為によって形成される自己超越意識（通常意識を超えた魂・霊的次元の諸意識段階で、自己が否定され、絶対的存在となんらかの形で一致した場所的個としての意識）であり、その意識に対応した、生死の意味（生きがい）やホリスティックな世界観、共生的社会（環境）として段階アスペクト的に体験・表出されるものである。[17]

この定義を座標軸上に図示すると、図2のようになる。[18]

図2　スピリチュアリティのアスペクト
X軸（内面－外面）
Y軸（個人－集団）

三　瞑想――スピリチュアリティの二つの道　I

それでは、スピリチュアリティという術語に関する以上の理解をふまえて、スピリチュアリティを発現する二つの道――「瞑想」と「臨床」――について少し詳しく見ていこう。

瞑想の定義

まずは「瞑想」から。

マインドフルネス（ヴィパッサナー瞑想）、坐禅、阿字観、マンダラ観想法、ヨーガ、アティヨーガ、内丹法、太極法、霊操、動的瞑想、念仏や題目などの聖句反復……。

「瞑想」はじっさいきわめて多様であり、このようにいろいろな種類がある。「瞑想」は宗教で考案、開発されてきたので、宗教の数ほど「瞑想」はあると言っても過言ではない。

とはいうものの、それは、諸「瞑想」を類型化することができないということや、諸「瞑想」に共通した原理、構造＝メカニズムがないということを意味するわけではない。それらの点に関心を向けながら、筆者は、「瞑想」を以下のように定義して理解している。

瞑想とは、深くゆっくりとした呼吸と特定の坐法および意識の集中／留意を初期的基本的技法とし、心の働きの活用（単純化／活性化）、あるいは身体を媒介としたエネルギー操作という固有の諸身心技術によって、日常的身心状態を停止させ、心の系（意識の単純化→中心化→新しいより深い意識への脱構築）と、からだの系（エネルギー蓄積→循環・上昇→脱体）という、複数の意識階梯を経る身心一体の超出変容過程を螺旋的に反復しながら、定力強化／智慧発現と現象的実現（人格化・社会化）を共時的に伴って、最終的に自己が全一性（原理、一者など）と不二一（非二元的合一）であるという状態に留まろうとする、身心実践複合である。[19]

瞑想の到達点と階梯

道元によれば、瞑想とはいわば「自己がすでに世界と親しい状態にあるということを了解すること」[20]である。仏教的には、そうした状態のひとつの究極的事態は「三昧（サマーディ）」と呼ばれている。

あなたと私は、肉体的には分離された存在であり、その意味で可視的にはけっしてひとつであるわけではないが、ビッグバン以降、生成、展開してきたひとつの宇宙の現状における人類的次元での現れという観点からすれば、あなたと私は同じ宇宙の人類的展開としてひとつの存在であると言えるし、知的レベルに限ったとしてもそう実感できるだろう。そして、そうした理解は、私たちの体験というレベルではすでになく、自明の事実として本来意識されることもないことである。「世界と親しくなること」とはまさにそうした事態であるが、瞑想は、そのように、いまある自己の意識と存在の在り方が否定され、自己が全体性――それは「宇宙」「大自然」、あるいは「神」「仏」「真如」とさまざまに呼ばれもするが――と不二の状態であるように在ることを目指している。「不二」を「合一」とポジティブに解釈しても知的レベルにおいてはよいのだが、「ひとつになる」と言ったとき、そこには私たちの使用する言語の本性として「ひとつではないもの」という観念＝存在を生み出すので、さしあたり「二つではない」というネガティブな表現をするのがより適切である。ウィルバーは同じ理由から、「不二」を、同様にネガティブな表現で「非二元的合一」と呼んでいる[21]。

「意識のゼロポイント[22]」とも言われる瞑想が終極的に標榜する地点では、自己はすでに全一性そのものであるので、自己の存在や意識についての外在的な実感や意識という意味での体験はない。だから「ゼロ」なのだ。ひとつでもないし、ひとつでないものでもない。

ただし、このゼロポイントにある以前には、自己性は、通常身心の例外的状態として、穏やかなリラックスした状態、生きがいという実存的な深い意識状態、夢＝イマージュの体験、神霊の体験、自我意識＝身体感覚の脱落、自他の区別の脱落とある種の一体感、それゆえの深い慈悲と憐憫の感情の流出、身体性が消滅した純粋な霊的状態への移入といった、当該段階にある自己が脱自する、一連の意識と存在（身体）のいくつかの階梯がある。瞑想はそうした階梯をゆっくりと移動していくための乗り物である。

瞑想の技法と技術

　では、じっさい瞑想でそのような身心的諸階梯をどのような技法・技術によって実現していくのだろうか。

　一番基本的な技法は、呼吸法、坐法、観想法の三位一体である。この「三位」は、私たち人間の存在の一般的土台である、身体（からだ）と意識（心）、そしてその両者をひとつのものとして結びつけている呼吸、すなわちエネルギーの三つのアスペクトにそれぞれ対応している。密教で言うところの、身・口・意の三密であり、それぞれ坐法、呼吸法、観想法に対応している。

　呼吸はエネルギーの出入の最も重要な技法であり、呼吸できない（しない）と死んでしまうことから、私たちが生きている事態そのものである。ゆっくりとした深い呼吸をすると、意識と身体の両方のレベルに大きな効果がある。意識は穏やかでリラックスした状態になっていく。そして、深い呼吸による心の平穏はとりもなおさず同時に、私たち人間存在の本来の中心である臍下の「丹田[23]」に、身心の中心を定めてそこに留まるという事態を喚起する。つまり、呼吸によって気のエネルギーを身体に通せば、身心がすっきりとするのである。深い呼吸、心の平穏、丹田の中心化とはその意味で、身心の内部で生起する同じひとつの事態の三つのアスペクトである。

　これと同じことは、坐法においても言える。キリスト教の瞑想では坐法にこだわらないが、ほとんどの瞑想は、体位の定め方に重きを置いている。たとえば、結跏趺坐や半跏趺坐、あるいは静坐、簡易坐法も含めたヨーガ坐法といったたいへんポピュラーな坐法はお尻と両膝の三点で体全体を支えるが、体の力を抜いて背筋をピンと伸ばすと自然に下丹田に重心がきて力が入るような仕組みになっている。下丹田に重心が定まるとそこにエネルギーが集まっていこうとするので、呼吸はゆっくりとした深いものになっていくと同時に、その過程で心も穏やかになってくるのである。このように、坐法の場合でも、呼吸法の場合と同じ三位一体が成立する。

最後に観想法である。マインドフルネス・ヴィパッサナー瞑想[24]や坐禅、あるいは阿字観[25]に典型的に代表される密教瞑想などのような、意識（心）にまず着目して修される瞑想（「心の系」）でも、クンダリニーヨーガ[26]や内丹法[27]、動的瞑想の一種であるダイナミック瞑想[28]のように、プラーナや気と呼ばれる不可視のエネルギーを身体内部で循環、移動させる瞑想（「からだの系」）でも、その最も基本的な実践技術は、呼吸を観察したり、前下方を漠然と眺めたり、梵字の阿字を凝視し強くイメージ化したり、あるいは、プラーナや気を蓄積したり操作したり、両手を肩より上に上げて両踵でジャンプしたりするという、技術内容は異なっても、それぞれ固有のきわめてシンプルな行為に留意・集中するという基本的技法は同じである。

シンプルな行為に留意・集中すると、その他の通常意識と五感の働きは徐々に低下し、停止していく。すると、ふだんの生活において常に意識が自己の外部の諸対象に向かって滑り出し、それに関心を振り向けたときに巻き込まれている状態、いわば気散じの状態が止み、自己がいまここにあるという内的状態＝内在性に自己の意識が留まるようになる。自己の内部として意識が留意するのは、呼吸、身体（の運動）全体、感情、心、エネルギーと、瞑想の進捗状況や行態・技術によって異なるが、いずれにしても自分の中でゆったりと滞留して、自己のあるがままを眺めている＝目撃しているという状態の中に自己は置かれている。そのため、どんな瞑想を行っても気散じがなくなるから、自己と外部との間に緊張関係が生まれないので、心は非常に穏やかでリラックスした状態でいることができるのである。

「心の系」と「からだの系」という二つの瞑想類型の違いは、心の働きを単純化させるかイメージ化作用を活性化させるかの差異はあれ、いずれにしても心の働きを活用する「心の系」から入るか、身体を媒介（場）としたエネルギー操作という「からだの系」から入るかであって、どちらの系から入っても、深いゆっくりとした呼吸を媒介にして、身心両系が同じコインの裏表として、心身相関的に作動するのである。つまり、大枠としては、瞑想の行態が異なっていても、「心の系」にまず着目する瞑想においても最終的には「からだの系」から入る瞑想と同じようなエネルギー移動が起こるし、逆に「からだの系」にまず着目する瞑想においても最終的には「心の系」での自己の中心の意識化から無心へという過程が同時に進行するのである。

こうして、呼吸法、坐法、観想法という瞑想の三つの基本的技法／技術は、各技法のメタレベルにおいても「三位一体」として作用し、前述したような意識の諸階梯の螺旋を上昇しながら、心身相関上の相互的複合的全体的な効果をもたらすのである。

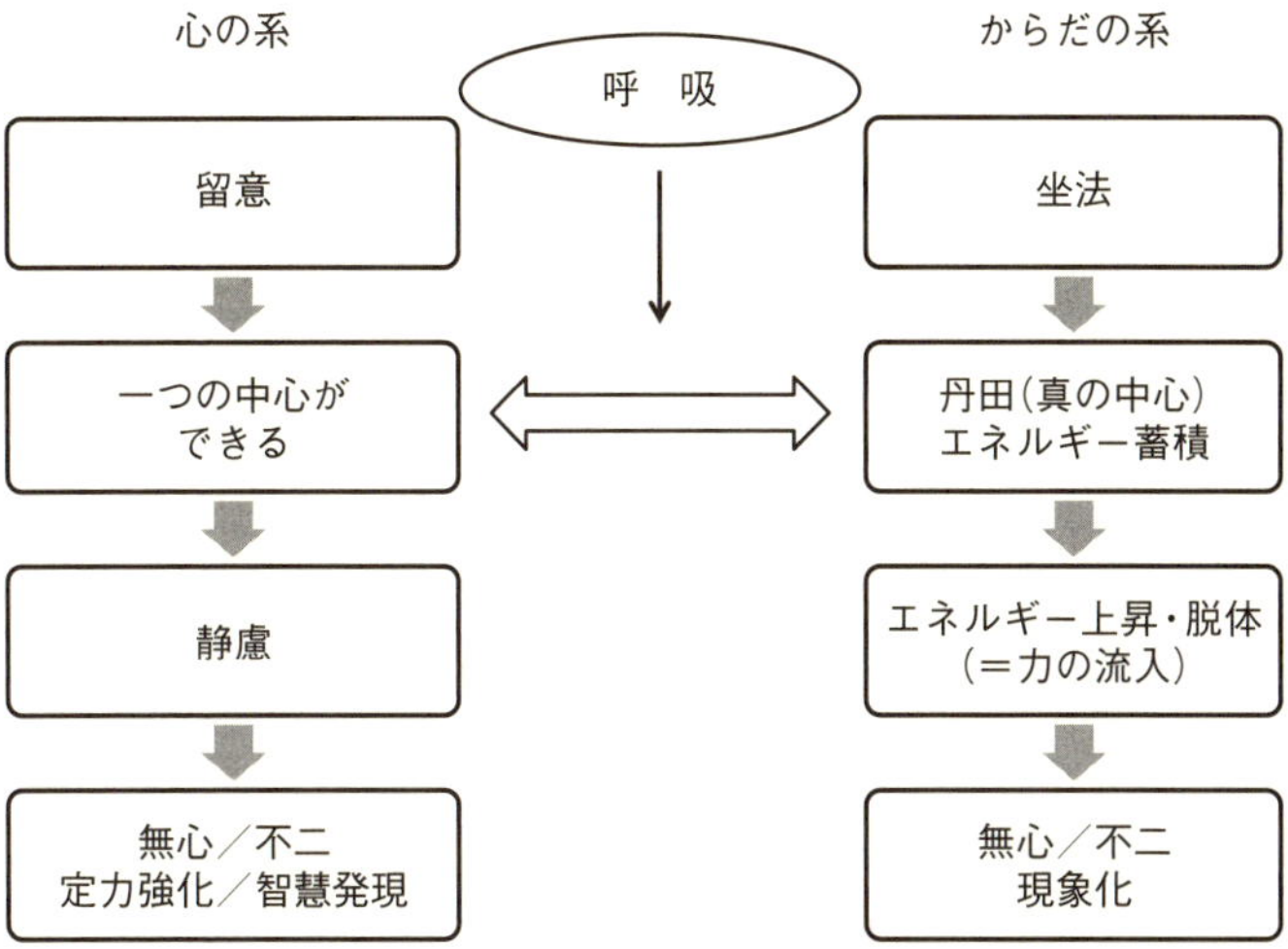

図3　瞑想の一般過程

瞑想の果実

ただし、ここで十分注意しなければならないのは、瞑想には、これまで説明してきたような瞑想内在的な地平だけがあるのではなく、別の能力的および社会的な地平も同時にアスペクトとしてあることである。それはつまり、瞑想は、無心／不二といったいわゆる「悟り」という果実だけではなく、定力強化と智慧の発現、および人格化や社会化といった現象という第二の局面が同時にあるのである。

定力とは、瞑想によってもたらされる日常生活での不動心であり、これがより強くなる。智慧の発現とは、瞑想によって他者理解が促進されたり、未来予知ができたりするようになることである。自分のエゴにこだわらなくなっていくので、利他的になり、他者であっても我がこととして応援できるようになる。いわゆる「慈悲」がわき起こってくるのである。それによって「智慧」は飛躍的に増大、強化される。さらに、高い倫理性を獲得することができ、そのように社会において行動することができるようになる。これが人格化と社会化という瞑想の果実である。[29]

以上、簡単ではあるが、スピリチュアリティを発現させるひとつの道としての瞑想について、その一般理論を展開することで説明した。[30] この一般理論を図示すると前頁図3のようになる。

このように見てくると、個人的には、瞑想こそスピリチュアリティの王道ではないかと考えざるをえない。それが仮に極論だとしても、やはり瞑想抜きではスピリチュアリティについて実践し考えることはできないことだけは確かではないだろうか。

だが、瞑想と同時に、そして特にスピリチュアリティの社会的次元を明らかにするには、次節で扱う「臨床」もスピリチュアリティ発現のもうひとつのきわめて重要な道である。

四　臨床——スピリチュアリティの二つの道　Ⅱ

臨床の意味

第二節で説明したように、ここでは「臨床」という術語は、医学・看護学で使用される意味よりも広く、対他的コミュニケーションの現場において、「自己を開いて、他者や社会・環境に向き合うこと」という意味で用いている。したがって、その意味での「臨床」は、「共生」や「利他」といった自己と他者との倫理的関係性／共同性の探求というアリーナへとまさに直接的に開かれている。

本章で言及してきた、スピリチュアリティが発現する臨床的実践としては、スピリチュアルケア、自助団体、経営理念（共有）、いのちの教育、エコロジーなどがある。瞑想が基本的に個人的実践であるのに対して、臨床は医療や教育や職場といった複数の人間間の関係性／共同性とその構築過程、および人間と自然との関係性／共生性とその構築過程を前提としている。[31]

臨床的実践の諸相

紙幅の都合により、五つの実践のうち、前三者のスピリチュアルケア、自助団体、経営理念（共有）を事例として扱うことにしたい。

まず、スピリチュアルケアにおいては、近い将来死に逝く運命の中に生きるクライアントとスピリチュアルケアワーカーとの間で構築されていく親密な関係性の中で、自分の人生や生き死に、残される家族への思いや苦しみ、悲しみ、生まれてきた意味など、クライアントの切迫した実存から語られる言葉を、ケアワーカーが傾聴し、ときに応え、ときに対話する。クライアントは、そうして自己と自己の在り方を徐々にケアワーカーに開いていくと同時に、ケアワーカーはそれをまるごと受け止め、ケアワーカー自身も自己の存在の開かれを生きることになる。

だから、そうしたスピリチュアルケアの場面では、クライアントとケアワーカーそれぞれのさまざまな社会的属性や立場は脱落し、そこに共にあるという存在の前言語的な露呈そのものとして、いわば純粋差異[32]としての二つの存在のまばゆいばかりの交感が顕現する[33]。

スピリチュアルケアの実践の記述から導出されるこのような交感は、アルコホーリクス・アノニマス[34]のような自助団体においても指摘することができる。

断酒会のひとつであるアルコホーリクス・アノニマスでは、飲酒が引き起こすさまざまな問題に苦しんでいる人が匿名で参加し、飲酒にまつわる失敗談や断酒を継続できている成功談などをそれぞれが話し、その話を他のメンバーの参加者がただ聴くという、「言いっぱなし、聞きっぱなし」のミーティングを中心とした諸活動が行われている。そうやって断酒を今日一日と継続していくのである。「先行く仲間」の体験談をただ黙って傾聴すること、そして自らも自分の体験談を語ることによって、そのミーティングの場にはメンバーの間にある独特な共同性が形成される。

その共同性でもっとも示差的な特徴は、そこに「自分で理解した神」「ハイヤーパワー」があって、その「神」の「力」が、各メンバーの断酒継続という、この断酒会の唯一の目標を援助しているとされる点である。また、それに加えて、世界のさまざまな自助団体でそれぞれの目的に合った形にリバイスして使用されている「十二ステップ[35]」――断酒を継続するために踏むべき「ステップ」――を指標としている点も重要である。

ミーティングやその他の諸活動は、そうした場に対する認識と位置づけから、断酒継続という価値を実践する聖なる場所、まさに匿名の（アノニマスな）「神」の顕現する至高の空間となる。その社会的背景、根拠となっているのがメンバー同士のミーティングで、自己を他者へと開示するだけで、批判や分析や解釈はもちろんのこと、同意、賛同すらもけっして行わないことによって開かれる、他者をそのまま受け入れ、その受け入れ＝開かれの中にただ共に在るという、独特な共同性のあり方である。言葉の交換としての対話という通常の言語コミュニケーションの形態とは異なって、そうした一切の媒介を捨てて実現される、いわば存在の非媒介的で直接的な交感（コミュニカシオン）[36]である。

スピリチュアルケアやアルコホーリクス・アノニマスでは、以上のように、他者の傾聴とそれを通した受け入れによって、自己と他者との間の境界を一旦切ったあとに、両者が境界の断面を微妙にずらしながらその断面でピタっと触れ合っているというような非媒介的共同性として「共生」空間が形成されることが理解できるだろう。これが、両実践に見る臨床におけるスピリチュアリティとその基本的醸成過程である。

それらに対して、最後に企業における経営理念共有におけるスピリチュアリティ[37]について考えてみたい。

パフォーマンスが高い会社の多くには、成文化された経営理念がある。経営者は、社員と社会の幸福のために、社会の公器である会社を発展させ、利益を上げようとするが、そのときにもっとも重要な要件のひとつが経営理念の策定と浸透である。[38]

なぜ経営理念が重要なのだろうか。その機能・効果とは何か。

たとえば、現代世界の経営の神様と言われる京セラ創業者の稲盛和夫[39]は、「京セラフィロソフィー」という経営理念を策定している。それは、「すばらしい人生をおくる」「より良い仕事をする」「リーダーとして大切なこと」「心を高める、経営を伸ばす」「新しいことを成し遂げる」という五つのカテゴリーに分けられた二十二カ条で構成されている[40]。「心を高める、経営を伸ばす」というカテゴリーの中の「世のため人のために尽くす」には、次のように書かれている。

「世のため人のために尽くす」ことが人間としての最高の行為です。人間は「自分だけよければいい」と利己的に考えがちです。しかし本来、人間は人を助け、他の人のために尽くすことに喜びを覚える、美しい心を誰もが持っています。利己的な思いが強すぎると、美しい心は表に出てこないのです。利己的な思いを抑え、「利他」の心をもって「世のため人のために」尽くさなければなりません[41]。

ここには、「働く」「仕事をする」ということの根本的な目的意識が記されている。会社とそこで働く社員は、自分と会社の利益の最大化だけを目標として働くのではなく、最終的に仕事を通して社会貢献するという理念を実現するために働くことこそが最も大切な目標であると示されている。

このように、経営理念とは、社員個人を超えた至高の価値である。経営理念を経営者はもちろんのこと、各社員が内面化し共有し（＝経営理念を浸透させること）、それを営業や製造といった具体的な仕事の現場で生かし、生きることによって、社員は個人的および会社集団的な私利私欲を捨てて、社会に奉仕するという強い気持ちをもってその業務をまっとうすることができるようになる。「仕事はすべて人のためにするものである」というのは、ちょっと考えればわかることだが、なかなかそうしたところに思いを遣れない。だから至高の経営理念が必要になってくるのだ。

この意味で、経営理念が会社のすべてのメンバーの間で共有されることを通して、各メンバーは、利己的自己を破り、社会へと開かれて、まさに利他的自己へと変容するのである。ここに経営理念共有のスピリチュアリティが看取できる。

以上のような経営理念の共有や、先に見たスピリチュアルケアや自助団体は、共生か利他か、あるいは営利か非営利かという差異はあれ、いずれも臨床的実践の公共性という点で共通している。

私たちの生きる現代世界には、貧困、経済格差、原発問題、マネーゲーム化する金融資本主義など、さまざまな社会問題が山積している。いずれも容易に解決できる問題ではないが、私事性ではなく公共性を探求することがもっとも重要であり、その公共性とは、以上で見てきたような臨床的な公共性としてのスピリチュアリティである。より良い社会を創造するためには、諸個人が社会空間での実践としての「仕事」を通して、臨床的な公共的スピリチュアリティを実現させるしかないと考えられる。そうした積み重ねの上にはじめて、臨床的スピリチュアリティを反映した制度化も果たされるにちがいない。

図4　臨床の実践類型
X軸（インフォーマル‐フォーマル）
Y軸（パブリック‐プライベート）

以上をふまえて、本節で直接取り上げなかった臨床的実践――ボランティア、介護、ＣＳＲ（企業の社会的責任）、年中行事も多少含めて、臨床の実践類型を、インフォーマル‐フォーマル、パブリック‐プライベートの座標軸で図示すると、図４のようになる。

臨床的実践の根底

臨床実践としてのスピリチュアリティは、インフォーマル‐フォーマル、パブリック‐プライベートを問わず、あらゆる社会空間において発現させることができることがわかる。四つすべての臨床の実践類型の基礎にあるのは、利他的共生的な世界構築を目指す奉仕の意志、動機ではないだろうか。

そしてさらに、他者に対する慈悲・憐憫的な共感とそれに基づく自己反省が、そうした臨床実践の動機の根底にある。学問的立場からすれば宗教的なもの言いになってしまうことを恐れずに言うと、その共感と自己反省とは「悔い改め」と表現できるだろう。臨床的実践の過程を通して、悔い改めは起こってくるが、その一方で、臨床的実践自体を自己存在の深いところから自然に促していくドライブとは、「自分と他者とはじつは不二である」ということを身心で実感しているということではないだろうか。

最後に、スピリチュアリティが発現する実践としての、瞑想と臨床との関係性について考察してみよう。

五　不二としての二つの道

瞑想と臨床という二分法

ここまで、スピリチュアリティを、それが発現する実践に着目して瞑想と臨床の二つの類型に分類することによって、その本質的特徴を明らかにしてきた。

すでに少しく言及したように、瞑想と臨床という二分法は、①個人意識性と社会倫理性、②個人性と社会性、③垂直的共同性と水平的共同性、という軸を指標として設定されている。瞑想と臨床との関係性について明らかにするのを助けるために、いまここで、両者を分ける指標として、まずは自己の成長や向上の実現を人生の優先的目標とすることと、他の人と交わって作り上げる絆（＝和）を大切にして生きていくことを人生の優先的目標とすることという、生き方、人生の価値に関する明らかに対立するように見える二極を設けてみることにしよう[42]。

この軸に照らしてみると、瞑想は、自己向上の欲望を初発の基礎とした自己志向的実践であるのに対して、臨床は、他者との共同性＝他者への配慮と他者からの承認に対する欲望を初発の基礎とした他者志向的実践である、と理解される。

とはいうものの、瞑想と臨床のそれぞれに深く分け入ってみると、意外とそうではないところもあり、両者はその根底において同じ地下水脈で結ばれていることに気づかされる。この最終節では、そのあたりの事柄について述べてみたい。

瞑想と臨床との共通点

瞑想と臨床との差異についてはすでにあらまし述べてきたので、ここではまず両者の本質的な共通点を示す。

両者の共通点――すなわちそれはとりもなおさずスピリチュアリティの実践論的特性、核心であるが――は、一言で言えば「自己否定」であり、いずれも究極的には「不二」（非二元的合一）という状態が現出する可能性がある点である。「自己否定」とは、現在の自己の意識状態が破れて、それとは異なったより深く高次の意識状態となり、その過程に並行して身体としての存在状態も異なった次元に変化するということである。瞑想という実践はまさに現在の自己の意識状態が破れ続けていく過程である。

瞑想は基本的にまずは個人の身心的営みであるがゆえに、社会的集合的営みである臨床に比較して、その構造過程はシンプルである。そのため、スピリチュアリティの実践論的特性を明らかにする際のモデルとなりやすい。

瞑想をモデルとして臨床を理解しようとすると、臨床にも同様に、「自己否定」の契機があることが見いだされる。それは、すでに見たように、自己を他者へと無前提に掛け値なしで開き、まるごとのあるがままの他者を受け入れたり、社会貢献という個人を超えた崇高な価値を共有したりすることを通して、利己的自己が利他的自己へと変容するという事態である。

また、臨床における「不二」とは、上のような自己否定の契機によって、自己と他者との間に直接的な非媒介的共同性としての公共性が生成するという事態の謂いである。

瞑想と臨床の相補性

瞑想と臨床には、以上のように自己否定と不二という、スピリチュアリティとしての本質的な共通点があることが明らかになった。

むろん両者は同じ実践ではない。その実践の方向性は、その入り方において逆である。しかし、スピリチュアリティという観点からすれば、両者は同じコインの裏表の関係にあり、その意味で両者にはある種の相補性がある。つまり、瞑想を実践することは、とりもなおさず臨床の実践に影響を与え、逆もまた真である。それと同時に、瞑想の実践の果ては臨床の領域に入り込み、臨床の実践には瞑想的効果がある。

瞑想と臨床は、いわば相即相入の関係にあるのである。

瞑想が準備する臨床的実践としては、瞑想の現象化としての人格化と社会化（利他的行為）、および慈悲の瞑想があるが、もっとも重要なのは、瞑想の目指しているところが、先に見たように、自他が不二であることを実感することであり、ここにこそ瞑想の社会的、臨床的次元が看取される。つまり瞑想は、最終的には個人的実践であることを止め、他者との共同性を構築するための礎となるのである。(43)

それに対して、臨床の側から瞑想を見よう。

まずは、臨床の瞑想的効果という点である。すでに見たように、臨床には、他者の生の声にただひたすら耳を傾ける傾聴や、他者をあるがままに受け入れること、あるいは当該集団での行動規範である諸理念の唱和といった実践がある。こうした諸実践はまさに、瞑想の基本技法である特定対象や特定行為への留意あるいは集中、および特定行為の反復による無心状態の形成と同じ効果がある。もっと言えば、それらは瞑想的行為、瞑想そのものである。

また、臨床は瞑想に対する援助となる。

瞑想は、自己否定を重視する。しかし、現在の自分の状態を捨てようと思って瞑想をした場合、逆にそんな自分に固執することになってしまう。それでは瞑想の目的にまったく反することになる。また、ある程度瞑想を続けていくと、自己肥大や自己膨満という事態が必ず起こってくる。(44)そんなとき臨床的実践を行って、自己を他者へ開いていくことによって、そうした破滅的な状況から脱出することができる。いわば、臨床を行うことによって瞑想とのバランスを取ることができる。この意味で、臨床が深まれば、同時に瞑想も深まるのである。

以上からすれば、瞑想と臨床とは両者が互いを相補い合い、援助し合う実践である、と言える。

不二の道

瞑想と臨床の共通点と相補性に鑑みれば、両者は同じスピリチュアリティ（実践）の二つの軸、二つのアスペクトであると結論づけることができるであろう。すなわち、瞑想と臨床とは、両者が目指している究極的地点と同様に「不二」なのである。

ここから、個人的次元と社会的次元をバランスよく同時に生きることが肝要である、という学びを得ることができる。

ただし、このバランスを取ることは、じっさいはたいへん難しい。たとえば、公共空間に対して社会貢献しようとする臨床的実践は、それがこのうえない価値を持つからといって、すべての人にどんなときでも勧められるものではない。なぜなら、他者に対するある一定の慈悲や憐憫の気持ちが醸成されていない人がそうした実践を行っても、自分の内側から自ずと涌き起こってくるエネルギーで行っているわけではないので、そうした尊い行為に疲弊してしまう。するとその人の心の底に最後に残るのは、やり場のない怒りや恨みである。ときにそうしたネガティブな感情は、臨床的実践を勧めた人に対して向けられることもあれば、教団のような自分が所属する集団の他集団に対する優越性や優位性を無根拠に主張するようになる場合もある。(45)

人の心をコップにたとえれば、次のように言えるだろう。

つまり、自分のコップにほんのちょっとしか水がたまっていなければ、その水を他人にあげることはできない。そのちょっとの水を、利他の名の元に、全部他人にあげてしまえば、自分の水がなくなるから、自分が飲めなかったことに怒りを覚えるだろう。もちろん、もともとマザー・テレサのようにきわめて利他的な人であれば、何の恨みごともなく、他人に水をあげて自己犠牲に徹することができるだろうが、ふつうの人はそんなことはできない。

だから、ふつうの人は、自分のコップに水がたくさん入って、溢れ出るくらいになったら、他人にその溢れ出る水をあげれば良いのである。そうすれば、自分の自然な気持ちから、他人に水をあげることができる。

さて、ここで問題である。では、いったいどうしたら自分のコップを、水が溢れ出るくらいいっぱいにすることができるのだろうか。

人類はこれまで、そのための方法をたくさん模索してきたが、本論考の帰結からすれば、それは瞑想をおいて他にない。私たちが無理のない社会貢献をするには、まず個人的実践である瞑想から入るのが良い。瞑想と臨床は不二である。しかし、同時にそれゆえに、ここに瞑想の若干の先行性を見て取ることができる。

註

（1）西洋占星術では、春分の日の見かけ上の太陽は、二一六〇年周期で、黄道十二宮を移動しているとされており、これから太陽は魚座から水瓶座（アクエリアス）に入り、従来の物質文明を超えた新しい時代（「ニューエイジ」）が到来する、という思想文化＝運動のことである。

（2）マリリン・ファーガソンは、『アクエリアン革命』堺屋太一監訳、松尾弌之訳、実業之日本社、一九八一年（Ferguson, Marilyn 1980 *The Aquarian Conspiracy: Personal and Social Transformation in the 1980s*, J. P. Tarcher Inc., Los Angeles.）において、「ニューエイジ」の時代に起こる、科学、政治、経済、仕事、医療、教育、共同性、スピリチュアリティ（宗教性）といったさまざまな領域における変革を「アクエリアン革命」（水瓶座の革命（原題は「たくらみ」））として捉えた。

（3）この語は、主として世界真光文明教団、崇教真光など、岡田光玉を教祖とする真光系の新宗教で使用されている。

（4）この語および「霊性文化」の詳細については、樫尾直樹『スピリチュアリティ革命――現代霊性文化と開かれた宗教の可能性』春秋社、二〇一〇年を参照のこと。

（5）島薗進『精神世界のゆくえ――現代世界と新霊性運動』東京堂出版、一九九六年、三八七頁。

（6）アリスター・マクグラス『キリスト教の霊性』稲垣久和他訳、教文館、二〇〇六年（McGrath, Alister E. 1999 *Christian Spirituality: An Introduction*, Blackwell, Oxford.）参照。

（7）フィリップ・シェルドレイク『キリスト教霊性の歴史』木寺廉太訳、教文館、二〇一〇年（Sheldrake, Philip 2007 *A Brief History of Spirituality*, Blackwell, Oxford.）、一八―二一頁参照。また、それゆえ、たとえば「ヒンドゥー教のスピリチュアリティ」「仏教のスピリチュアリティ」「道教のスピリチュアリティ」という表現が可能になった。諸宗教のスピリチュアリティをテーマとしたシリーズ、*World Spirituality*, SCM Press, London. を参照。

（8）たとえばグレイス・デイヴィーは、'Believing without Belonging' という表現で、宗教に所属しない現代的な信念のあり方を理解しようとしている。Davie, Grace 1990 'Believing without Belonging: Is This the Future of Religion in Britain?', *Social Compass*. 1990; 37: 455-469. 参照。

（9）チベット仏教の最高峰とされるゾクチェン（大いなる完成）については、ナムカイ・ノルブの一連の著作、特に、ナムカイ・ノルブ『ゾクチェンの教え——チベットが伝承した覚醒の道』永沢哲訳、地湧社、一九九四年（Namkhai Norbu 1986 *Dzog-chen : Lo stato di autoperfezione*, Ubaldini Editore, Roma.）を参照。

（10）ケン・ウィルバー『意識のスペクトル［1］意識の進化』吉福伸逸・菅靖彦訳、春秋社、一九八五年、および『意識のスペクトル［2］意識の深化』吉福伸逸・菅靖彦訳、春秋社、一九八五年（Wilber, Ken 1977 *The Spectrum of Consciousness*, The Theosophical Publishing House, Wheaton.）参照。

（11）このような自己超越意識の変容過程として宗教体験を捉えたり、それを軸にして宗教現象を考察したりする方法的態度は、従来の宗教学の認識論的前提の矛盾を克服する新たな認識論的前提を提起するものである。従来の宗教学では、超越性という状況原則と越境という行動原則が前提とされてきた。つまり宗教は、神仏や他界といった超越的な存在者や空間の存在、ないしは実在をあらかじめ前提として設定している。これは、他の領域と異なる宗教の決定的示差的な特徴である。いわば聖俗理論で言われるように、俗と分離され禁止された超越的な聖があるというのである。それに対して、宗教実践者は、その超越的領域へと、その境界線を侵犯、越境しようと試みることができ、その行為は、教祖（主）といった指導者や職能者には可能であるとされる。しかし、ここには論理的矛盾がある。なぜなら、超越的領域は越境できないからこそ超越的なのだから（これはとりもなおさずジョルジュ・バタイユのエロティシズム論批判である）。宗教に対するこうした矛盾的理解は、指導者や職能者の一般信者やさらには研究者に対する権力論的優越性を生み出す。教団が指導者と平信徒で構成されており、指導者は超越的存在者との媒介的役割を果たすという、あまりにも自明であると考えられている知見は、以上のような権力論的布置によって支持されている。それに対して、本論で採用している認識論的前提は、状況原則としての内在性と、行動原則としての自己否定である。この考えは、実践者が固有の身体実践によって、現在の意識状態が否定され、自己意識が自己の外部へと拡張した意識になるという「自己否定」的な自己超越意識の主体的内在的な変容のベクトルと、その結果開かれる例外的な世界＝意識次元に着目している。だから、あらかじめ超越的世界を設定し、その超越性と越境行動の矛盾を梃子にして、その空間と世俗とを媒介する主体の存在の社会的優越性という擬制を結果として生み出すのではない。実践者個人の内在性の敷衍、展開する過程とそこに開かれてくる世界を記述し、理解しようとするのである。個人の実践とその意識展開に着目するこうした実践論は、宗教学における「認識論的転回」とも呼べるような「実践論的転回」の可能性を示している。この点については、注（13）参照。

(12) 身体を加えて、心、魂、スピリットという四つの位相によって普遍的な自己性を考えてきた中心的な思想は、ペレニアリズム（伝統主義、永遠の哲学）である。

(13) スピリチュアリティを以上のような実践論的視座から捉え語ろうとすることには、宗教研究上のきわめて重要な意義がある。人文社会科学を席巻したポストモダニズムを批判的に検討することを通しての、言語論的転回から実践論的転回への転換とその重要性については、樫尾直樹「比較瞑想論と宗教間対話——宗教研究の実践論的転回へ」、樫尾直樹・本山一博編『人間に魂はあるか？

――本山博の学問と実践』国書刊行会、二〇一三年、八三―一一八頁参照。
(14) 樫尾二〇一〇年前掲書参照。
(15)「実践」に着目したとき、そこにはいろいろな二項のセットを設定することができる。たとえば、自力と他力、行動と祈り、行動と存在、変革と受容、意識変容と社会倫理などが考えられるだろうが、ここでは、これまで筆者が使用してきた「個人意識性」「社会倫理性」概念を理解する上で最もシンプルで理解可能性の高い、本山博の「個人性」と「社会性」という二分法の概念構成を補助としたい。
(16)「臨床」(clinical) という術語は、医学・看護学の領域では本来、医者・看護師が患者の病床のそばにいるという状態、行くという行為の意であり、じっさい診療・看護が行われる現場を指している。近年では、教育学や社会学などでも教育やその他の実践が行われる対面的現場としてパラレルに使用されている。しかし、ここでは、「臨床」のそうした含意を少し広くして、「自己が他者や社会・環境へと開かれていく実践的事態」という意味を与えている。
(17) 樫尾直樹「スピリチュアリティとは何か――現代文化の霊性的諸相」、樫尾直樹編『文化と霊性』慶應義塾大学出版会、二〇一二年、二七頁。この定義のメリットのひとつは、全体論的な世界観というスピリチュアリティの文化的次元や共生社会・環境というその社会的次元が、スピリチュアリティを生成させる諸実践とそれによる自己超越という意識変容に同時に相即する、同じスピリチュアリティに共時している局面＝アスペクトであるということにもしっかりと過不足なく配慮している点である。

（18）ケン・ウィルバーの提起したインテグラル理論に基づいている。たとえば、ケン・ウィルバー『インテグラル・スピリチュアリティ』松永太郎訳、春秋社、二〇〇八年（Wilber, Ken 2006 *Integral Spirituality: A Startling New Role for Religion in the Modern and Postmodern World*, Shambhala Publications, Boston.）参照。

（19）筆者はこれまで、樫尾前掲書、二九―三〇頁の注（8）などにおいて、瞑想の一般理論への足がかりとしての考察を続けてきたが、この瞑想の定義は現時点における到達点である。

（20）管見によれば、道元は『正法眼蔵』の中で少なくとも三カ所において、この「自己が世界と親しくなること」について言及している。ひとつは「現成公案」の「うを水をゆくに、ゆけども水のきはなく、鳥そらをとぶに、とぶといへどもそらのきはなし。」の段で、魚と水、鳥と空との分つことのできない親密な関係性に喩えられるように、それとして自己に知られることはない点にさとりが現成するとしているところ（道元『正法眼蔵（一）』増谷文雄全訳注、講談社、二〇〇四年、五一―五二頁）。いまひとつは「密語」の「いはゆる密は、親密の道理なり。無間断なり、」の段で、ここで言われている「密」とは、坐禅を通して顕れる、全一的宇宙と自己との親しさである（道元『正法眼蔵（五）』増谷文雄全訳注、講談社、二〇〇五年、一八一頁）。三つめは「唯仏与仏」の「また尽大地是解脱門とは、いかにもまつはれかかふることなきになづくるなり。尽大地のことばは、ときにもとしにも、こころにもことばにもしたしくして、ひまなく親密なり。」の段で、すべての大地は何も間に挟むものはなく、無辺際であり、それがすなわち真の我が身なのであると道元は述べている（道元『正法眼蔵（八）』増谷文雄全訳注、講談社、二〇〇五年、二一五―二一六頁）。

（21）この非二元性については、特に、ケン・ウィルバー『進化の構造　Ⅰ・Ⅱ』松永太郎訳、春秋社、一九九八年（Wilber, Ken 1995 *Sex, Ecology, Spirituality*, Shambhala Publications, Boston.）の第八章を参照。

（22）井筒俊彦『意識と本質』岩波書店、一九九一年、二一四頁。

（23）「丹田」とは、道教の世界観に基づいた中国医学における、私たちの不可視の身体のエネルギースポットである。臍下数センチの下（臍下）丹田、胸中央の中丹田、眉間の上丹田の三つがあり、単に「丹田」と言われる場合、一般に下丹田を指す。

（24）坐禅の意識の特定対象への滑り出しを止めることを「サマタ」というのに対して、「ヴィパッサナー」は「よく観察する」という意味のパーリ語である。「ヴィパッサナー瞑想」は、自分の呼吸や身体部位や動作を深くじっくりと観察することを基本とする。坐禅が坐るだけなのに対して、この瞑想は坐るに加えて、立つ、歩く、臥すという体位でも行われる。鼻や下腹部の息の動きを観察するゴエンカ派と、自己の身体やマインドの気づき（サティ）に内語を入れていくマハーシ派のふたつに大別できる。ウォーキングする場合、ゆっくりとした深い呼吸に合わせながら、前者の場合たとえば足裏の圧に気づいていく。後者の場合、足が床（地面）を離れたとき「離れた」と内語するか、着いたとき「着いた」と内語して自分の現に行っていることに気づいていく。また立つ場合は、足裏の圧のかかり具合を観察する。歩く場合以外の大半のとき閉眼の状態を保つが、眼を閉じているので視覚による外部からの刺激が入ってこず、瞑想に専心できるという利点があると言われている。呼吸など自分の現在行っていることや状態を観察することによって、その他の自分の外部の事象へ意識が勝手に滑り出していくことがないようになり、それによって無心、ノーマインドの状態を維持することができる。「マインドフルネス」は、上座仏教で実修されてきたこうしたヴィパッサナー瞑想から仏教的要素を排除して、心身の健康によい身体実践として再構成されたストレス低減法で、マサチューセッツ医科大学名誉教授のジョン・カバットジンが開発した。ジョン・カバット＝ジン『マインドフルネスストレス低減法』春木豊訳、北大路書房、二〇〇七年（Kabat-Zinn, Jon 1990 *Full Catastrophe Living: Using the Wisdom of Your Body and Mind to Face Stress, Pain, and Illness*, Delacorte Press, New York.）参照。「よく気づいている」という意味で「マインドフルネス」と呼ばれ、坐禅と並んで、そして現在坐禅以上に、世界的規模で実践されている。近年、アメリカ合衆国を中心として、インテル、グーグル、ＩＢＭといった大手ＩＴ関連企業の社員研修としても、マインドフルネスは取り入れられている。

（25）「阿字観」とは、蓮の台座の上に梵字の第一文字である「阿字」（大日如来）が描かれた板を眼前にして、阿字を自分の胸の中に入れて観想する瞑想である。この板の裏面には満月の黄金の輪郭が描かれており、それを観想することで、平面の月を球体にイメージして自己の胸の中に入れ、無限の宇宙にまで徐々にその月を大きくして、宇宙とひとつとなった状態でそこに留まる。その後、今度は逆に徐々に月を小さくしていき、ふたたび自分の胸の中に納め、最後にその月を板に戻してやる。この瞑想を月輪観といい、両者を総称して阿字観と呼ぶ。いずれの瞑想も、心のイメージ化能力を最大限に活性化させる、典型的な密教瞑想である。

（26）「クンダリニーヨーガ」とは、尾てい骨内に眠る本源的エネルギーであるクンダリニーを、脊髄のスシュムナー管という不可視の気脈を通して上昇させ、頭頂のエネルギースポット（チャクラ）であるサハスラーラチャクラより脱体させる瞑想である。クンダリニーエネルギーが脱体すると同時に、身体外部からサハスラーラチャクラを入り口として、宇宙の本源的エネルギー（神）が瞑想者の身体をズドンと貫いていく。その過程で、瞑想者は真の無心と、宇宙（＝神）との非二元的合一＝不二を体験する。

(27)「内丹法」という瞑想は、道教で開発されてきた。心の働きの寂滅や昂進（イメージ活用）という心・意識からアプローチするのではなく、私たちの身体を生かしているエネルギーである、気（インドではプラーナ）を活用した瞑想である。内丹法は、繊細に微細なエネルギーを下丹田に蓄積して、それを任脈や帯脈や督脈といった、気が流れる主要な不可視の身体＝経絡を循環させることによって、より深い意識と身体の状態を作る。それによって、人間のセンターである下丹田でのきわめて深い呼吸を実現することができ、非常に落ち着いた、リラックスした精神状態を維持することが可能になる。上半身は軽く、力が抜けており、下半身に重心が置かれるこうした理想的な心身状態を、道教では「上虚下実」と呼んでいる。内丹法には、その達成の段階によって十三のステップがあるが、下丹田に気というエネルギーが蓄積され、それが身体の経絡のすみずみにまで備給されると、最終的には、下丹田に「陽神」と呼ばれる生命エネルギーの核にして、自己＝自己の分身である真我が形成される。この陽神が身体の見えざる中心管を通って、頭頂より脱体（脱胎）することによって、無心の状態と宇宙と合一した不二の状態が達成される。内丹法は、このようにエネルギーと身体を活用することによって、気が満ち満ちたきわめて強い健康な心身を創造するが、この方法は、注(26)で説明したヒンドゥーイズムのクンダリニーヨーガや、密教のアヌヨーガ、およびチベット仏教のゾクチェン（大いなる完成）の方法と極めて近い。

(28) 坐禅・マインドフルネスという放棄（顕教）の瞑想、およびイメージを活用した瞑想である変容（密教）の瞑想は、それぞれ異なった行態でありながらも、いずれも坐るなど身体を静かな状態において行う、いわば「静的瞑想」である。それに対して、身体を活発に動かし、ときに必要に応じて呼吸を早く短く行う瞑想がアクティブ（動的）瞑想である。現代世界の瞑想の世界において、このアクティブ瞑想の現代人にとっての重要性を深く認識し、それを複数の瞑想による瞑想体系へとまとめあげ実践したのは、ＯＳＨＯ（かつてのバグワン・シュリ・ラジニーシ）であった。それゆえ、一般にアクティブ瞑想というと、このＯＳＨＯの瞑想が想起される。ＯＳＨＯのアクティブ瞑想は、現代において瞑想を行うには避けては通れないものであると思われる。それはＯＳＨＯの言うように、私たち現代人はさまざまなメディアによって心の上に感情や欲望のゴミが堆積しており、それをまず払い落としてからでないと静かに坐ることができないからである。自分の心（マインド）を観察しようにも、その当体を浄めださねば観察のしようがないように、私たちの心は汚濁にまみれてしまっているのである。「ダイナミック瞑想」は、それを解決するアクティブ瞑想の代表的実践である。「ダイナミック瞑想」では、まず早く短く不規則な呼吸をして心拍数をあげ、深層意識に沈殿したネガティブな感情を外に表出しやすくした後、怒りなどの負の感情をはきだす。その後、両手を肩より上に挙げた状態で、かかとを強くふんでジャンプし続け、第一（ムーラダーラ）チャクラを活性化させて、プラーナ（気）を中心管に通して上昇させる。そうやって身体のエネルギー系回路に働きかけ、無心＝ノーマインドの状態を作り上げた後に、坐るか臥せるかする。この瞑想では、類似した瞑想に「クンダリニー瞑想」（「クンダリニーヨーガ」とは異なっている）があるが、この瞑想では、まず身体をふるわせ、第一チャクラを活性化させた後に踊り、坐って観照し、横たわる。いずれも、身体を激しく運動させ、第一チャクラを活性化させることによって、結果的に意識の糸に働きかけ、心（マインド）が自分の外部へと流れ出し気散じになってしまう状態を避け、自分の内側、すべてを映し出す心という鏡を静かに観察する。そうして、自己が自分の内部で留まっている状態へと導いていくのである。OSHOのアクティブ瞑想には多くの種類があるが、ヒンドゥー教のヨーガのチャクラ理論＝実践をベースに、チベット仏教・ゾクチェンやスーフィズム（イスラーム神秘主義）、インド仏教、中国・日本仏教など古今東西のさまざまな瞑想群から構成されている点に特徴がある。

(29) この節で言及している瞑想の果実については、日本を代表する新約聖書学者であり、三宝教団の禅の老師である佐藤研と共に行っていた比較行研究会での佐藤の坐禅に関する発表に多くを負っている。

(30) ここでは瞑想の一般理論をわかりやすく提示するために、瞑想のネガティブな側面については直接言及することができなかったので、少しく触れておきたい。実践者の個人史やメンタリティ、人格などによって異なるが、瞑想は通常意識を停止させるので、その下に眠っている深層意識に長年降り積もり堆積していた怒りや恨み、嫉妬や悲しみ、貪欲といったネガティブな感情や欲望が一気に噴出してくる。これは瞑想の自己意識拡張作用によって、自己肥大、自己膨満が起こってくることとパラレルである。禅宗では、こうした状態を、神霊の体験などと同様に「魔境」と呼んでいる。瞑想を始めるといつの時点でか、必ずこの魔境に出会うことになる。だから、瞑想にはそうした状況に対処できるように、ちゃんとした師に付き指導してもらうことが必須である。瞑想の否定的側面については稿を改めて論じなければならない。

(31) この見解は基本的には妥当であると筆者は考えているが、たとえば坐禅のように禅堂での集団生活を基礎として、集団で坐ることこそが正統な坐禅であるとみなされているものもある。

(32) Deleuze, Gilles 1968 *Différence et répétition*, Presses Universitaires de France, Paris.（ジル・ドゥルーズ『差異と反復』財津理訳、河出書房新社、一九九二年）参照。

(33) 私はかつて、スピリチュアルケアの社会倫理的なスピリチュアリティを、瞑想における現在の自己とそれを見る高次の自己との関係性をモデルにして、前者をクライアント、後者をスピリチュアルケアワーカーと見なして、クライアントが、高次自己役割のケアワーカーを鏡として自分の生死と向き合い、それを受け入れる過程として記述した。しかし、ここでの考察から、瞑想における垂直的な自己否定だけではなく、両当事者の水平的な応援の重要性に気づいた。樫尾二〇一〇年前掲書、第五章参照。

(34) アルコホーリクス・アノニマスについては、葛西賢太『断酒が作り出す共同性――アルコール依存からの回復を信じる人々』世界思想社、二〇〇七年参照。

(35) 「十二ステップ」とは以下である。一、私たちはアルコールに対し無力であり、思い通りに生きていけなくなっていたことを認めた。二、自分を超えた大きな力が、私たちを健康な心に戻してくれると信じるようになった。三、私たちの意志と生きかたを、自分なりに理解した神の配慮にゆだねる決心をした。四、恐れずに、徹底して、自分自身の棚卸しを行い、それに表を作った。五、神に対し、自分に対し、そしてもう一人の人に対して、自分の過ちの本質をありのままに認めた。六、こうした性格上の欠点全部を、神に取り除いてもらう準備がすべて整った。七、私たちの短所を取り除いてくださいと、謙虚に神に求めた。八、私たちが傷つけたすべての人の表を作り、その人たち全員に進んで埋め合わせをしようとする気持ちになった。九、その人たちやほかの人を傷つけない限り、機会あるたびに、その人たちに直接埋め合わせをした。十、自分自身の棚卸しを続け、間違ったときは直ちにそれを認めた。十一、祈りと黙想を通して、自分なりに理解した神との意識的な触れ合いを深め、神の意志を知ることと、それを実践する力だけを求めた。十二、これらのステップを経た結果、私たちは霊的に目覚め、このメッセージをアルコホーリクスに伝え、そして私たちのすべてのことにこの原理を実行しようと努力した。

(36) この交感としてのコミュニケーション＝「コミュニカシオン」の概念については、モーリス・ブランショ『明かしえぬ共同体』西谷修訳、筑摩書房、一九九七年（Blanchot, Maurice 1984 *La Communauté inavouable*, Les Éditions de Minuit.）を参照。

(37) 経営理念とスピリチュアリティについては、渡辺光一・岡田正大・樫尾直樹「経営理念の浸透度と企業業績の関係」『Ｗｏｒｋｓ』一一（四）、リクルートワークス研究所、二〇〇五年、一七―二〇頁参照。

(38) ジェームズ・Ｃ・コリンズ、ジェリー・Ｉ・ポラス『ビジョナリー・カンパニー――時代を超える生存の原則』山岡洋一訳、日経ＢＰ社、一九九五年（Collins, James C., Porras, Jerry I. 1994 *Built to Last: Successful Habits of Visionary Companies*, HarperCollins Publishers, New York.）参照。

（39）稲盛和夫の経営哲学とその実践、およびその背景にあるスピリチュアリティについては、編者らが彼に行ったインタビューの記録である、稲盛和夫「私が神仏を感じたとき――魂の経営哲学」、樫尾直樹・本山一博編『人間に魂はあるか？――本山博の学問と実践』国書刊行会、二〇一三年、二〇一―二三一頁を参照。

（40）http://www.kyocera.co.jp/inamori/philosophy/（最終アクセス、二〇一五年七月一七日）参照。稲盛経営哲学の詳細については、本書第六章を参照のこと。

（41）http://www.kyocera.co.jp/inamori/philosophy/philosophy20.html（最終アクセス、二〇一五年七月一七日）参照。

（42）この二極は、数年前に宗教学者の島薗進氏からご教示いただいた。現在でもそうだが、前者の生き方を重んじていた筆者にとっては、じっさい目から鱗であった。記して謝意を伝えたい。

（43）こうした認識からすれば、教団としての宗教社会における共同性の生成の根源には、宗教的身体実践としての瞑想や祈り、儀礼があることが了解される。教団の構成員によって形成される組織やそこにおける聖俗関係を含んだ諸関係性にもっぱら注目することによって、教団の共同性を考察してきた従来の宗教社会学は、この点を大いに熟考し、宗教的共同性の根本を探究する学問へと変身しなければならない。

（44）注（30）を参照のこと。

（45）宗教団体が排他的になったり、カルト化したりする根本原因はここにあると筆者は考えている。

インタビュー・コラム一　樫尾直樹

聞き手　ＩＡＲＰ本部長　本山一博
二〇一三年九月二十八日　ＩＡＲＰ本部にて

本山　個人と社会をつなぐものが霊性である、というとらえ方について、樫尾先生が考える霊性・スピリチュアリティとはどのようなものでしょうか。

樫尾　そもそも個的な次元と集合的な次元を分けるということは、常識的な人間の認識のあり方なのですね。それは人間は視覚が優先されているからですよ、物理的に分かれているから。絆とか社会的紐帯というのは不可視なものなのですよ。でも、人間の個的な次元を超えたある高い価値を讃えるとか、称揚するとか、というこの行為自体は、ここで言うところの霊性とかスピリチュアリティを考えようとするときの、一番最初のステップにあるのかな、というふうに思うわけです。

本山　本山会長（本山博）は、宗教的な場面における宗教的な行為によって霊性が磨かれると社会性ができてくるということに軸足を置かれています。しかし、今の話はどちらかというと社会性に目を向けるとそれによって霊性の入り口がみえてくるという発想で、逆方向といえば逆方向なのですね。

樫尾　両方のベクトルがあるのではないですかね。

本山　今の話とメインテーマである「地球社会の新しいビジョン」とどうつながりますか。

樫尾　霊性を考えるときに、宗教的・超越的次元から世俗的な次元に向けるベクトルと、逆のベクトルがあるのと、それは両方大事なのです。ただ、こういうようなテーマの設定からすると、やはり世俗社会の側から霊性・スピリチュアリティをどういうふうに考えられるのか、という発想は非常に重要な、おそらく多くの市井の人にとっては重要なことなのかなと思うわけです。

たとえば、スピリチュアリティな社会的な次元というのを、私たちは日常生活の次元の中で、どのような場面で感じるかというと、電車の中で席を譲ったりとか、倒れている人を介抱するとか、というような利他的な行為ですよね。自分自身の存在を犠牲にした利他的な行為、という自己否定的な行いが他者との見えない絆を感じ、それを実践することが非常に重要なものになってくるのではないかと思います。

それは正に日常生活の中における霊性になってくると思うのです。そういうことからすると、ここで言っている「地球社会の新しいビジョン」については、今言ったように、自己犠牲をして利他的な行為を積み重ねていくことによって、他者に対する敬意であるとか、他者と自分とが普段は関係があまりみえないのだけれども、実はみえないレベルにおいて結びついているのだという、非常に深いレベルでの社会的な紐帯を意識するということとドンドンつながっていくと思うのです。そういう人たちが増えていくことが、一つの地球社会のビジョン――それは世界平和といってもいいと思うけれども——なのだと思います。

同じ一つの地球社会の中で生きている人たちが、文化も違っているし、さまざまな差異があるにしても、利他的な行動様式に基づいて、目にみえないところで実はつながっているという意識が持てるようになって、それが実践される。それがやはり個人・社会というベクトルの中で、その延長線上の中で考えられる地球社会の非常に重要なビジョンであると思うのです。実はこのイメージというのは新しいことではないと思うのです。けれども、必ずしも実現しているわけではないから、今お話ししているような意味で、これは私たちが追求し実現すべき新しいビジョンだということができると思います。

本山　今のお話と、宗教体験から社会性が出てくるということと、その二つのベクトルがかなり異なるものなので、その二つのあり方の関係を宗教学者としてどうごらんになりますか。

樫尾　二つの実践の軸があるのだと思うのです。

それはまさに個的な次元での実践と、社会的な次元での実践があると思います。利他行というのは社会的な実践なのですよね。そうしたことを続けることによって、実践者が深い利他の意識、自己否定の意識を醸成していくということがあるし、それだけでやっていける人もいると思うのです。一方で、自分が自分一人ではなくていろいろな人と関係を持って、あるいは自分を超えた大いなる偉大なる何者かによって生かされているのだというような感性、意識、心の持ちようは、瞑想などのさまざまな行によって核となるものが形成されて成長していくのだと思うのです。狭い意味での宗教の役割というのは、そうした瞑想行を人々に伝達・教化することによって、自分の個を破った、自己否定の意識を瞑想によって醸成されていくわけなのだけれども、そういうことを宗教は伝達していくことが一方でありますしね。でもそれと同時に、社会的な場面において利他行を続けていくと。こういう二つの軸があるのではないでしょうか。

宗教的実践や瞑想行というのは内在性とか内向性、それに対して利他行というのは外在性です。自分を深く掘っていくか、外に開いていくかという、出発点が逆になっている。それがおもしろいことに、自他の区別とか差別がなくなって、ある独特の合一の感覚とか意識が醸成されてくるという点では、その両者の実践の最終的に到達するところは一つで、一致しているのではないかと思っているのです。

重要なのは両方やることではないかと思うのです。今の社会はどちらかというと、社会的貢献をしましょうということの方が奨励されていますよね。特に三・一一以降日本ではそうしたことが実践されてきたわけですし、それがいいことだったわけです。そういうような時代の流れもあって、どちらかというと社会的実践、社会的貢献、利他行をしていくという方がやはり称揚されている傾向があるのです。

けれども、一方では自分の心を深く掘っていくことによって、自他の境界を超えていくという瞑想行も極めて重要です。それはやはり宗教的な意味合いを除いて、日常生活の中でいろいろな苦難があっても動揺しないで落ち着いた穏やかな気持ちで対処していくことが可能になってくるし、リラックスする効果を持っているので、もう一方の宗教的な行、瞑想行というのも非常に重要で、両方やって一本の縄のように編まれていく、または両輪というのが、ぼくのイメージとしては非常に理想的で、地球社会の新しいビジョンを実現していくという点においては大きなドライブをかけることになるのではないかなと思います。

瞑想行を個人意識的・スピリチュアリティなアプローチ、利他行を社会倫理的なアプローチと分類しているわけです。その両方が非常に重要で、どの宗教でも両方があるのですよ。ただ、宗教によってその比重が違っているのです。

瞑想などの宗教実践において、世代的な差とか、宗教的な感性の部分に目をつぶって、それを知ろうとしないとか、とりあえずそういうところを置いておいて自分たちがやっていることをすればいいのだというのを、多くの宗教団体がやっているのです。それは必ず衰退していきます。

宗教団体的な壁、バリアをあらかじめとっぱらって宗教が何千年もの間保持してきた瞑想という宗教実践を伝統的な脈絡から外に出して、多くの人に伝えていくことが同時に重要だと思うのです。それは自分の宗教の伝統的な諸実践を大切にしながらも、それにプラスアルファのことをそれぞれの宗教がやっていかなければいけないし、宗教団体にとってはそういうことが必要になってくるのだろうと思います。

ただ、今の資本社会の、マスメディアが発達した中で、どのような形で伝達し、流通させていくのかという問題、媒介の方法が非常に重要です。そこのところは具体的にどのようにしていったらいいのかというのは、ぼくもよくわからない。ただ言えるのは、自分たちの宗教伝統と、それにプラスアルファ、他宗教と交流しながらいいところは学び、そういうものを加えながら自分たちの信仰実践のあり方をバージョンアップするというか、再構築していくことが宗教には求められているのです。やるのは難しいと思うのですが、組織だから。でもそれをやらないと結果的には右肩下がりになって滅んでいくことは明らかなのです、どんな宗教でも。

指導者が変われば排他性をあらかじめ排することができるし、他宗教に対する寛容性を涵養していくことは可能だと思うのです。教団というのは指導者のパーソナリティによってあらかたの部分は規定されるのだと思います。

本山　倫理からスピリチュアリティへという道と、スピリチュアリティから倫理へという道の両方があった方がいい。そして倫理からスピリチュアリティへ、という道は新しい地球社会の中でかなり普遍的にみえる。一方で、スピリチュアリティつまり本物の宗教実践から自分を高めて倫理に到るという道は、本物の宗教実践が非常に固有性が高く、それが新しい地球社会に対してどういう形をとっていくのかがまだみえていない、という話だったと思うのですが。

樫尾　後者に関しては、それぞれの人がそれぞれの特殊な宗教実践に突き進むということではないですか。ただ突き進みながらも、一生懸命やりつつも外を知る、両方ですよね。そのことはやはり指導者が指導しなければならないわけです、宗教団体においては。知りもしないのに排他的になるのは一番よくないことですよね。複眼的なまなざしがないとカルトになってしまうわけです。あらゆる宗教団体すべてがカルト性を持っているから。両方をやることによって「霊性から倫理へ」というのは可能になってくると思うのです。

第二部　他者の力

――医療と宗教の現場から

第三章　個人性と社会性の学習の場として医療をとらえる

加藤眞三

一　はじめに

医療は人類の歴史と共に始まり、専門職としての知識や技術の集積がそれぞれの個人やコミュニティに恩恵をもたらすものとして、最も身近であるとともに歴史の古い人類の共有財産である。個人としての医療とのつきあい方、あるいは社会における医療のあり方などを考えることは、科学技術の発展を一般市民や社会がどう受け入れるかを考える上で、原型でありかつ日常的であるという意味で個人にとってのよき学習の場になる。

福島で原子力発電所の事故をおこしてしまった現在、原発を再稼働させるのか否か、あるいはさらに開発を進めていくのかどうかは、社会全体が抱える大きな問題であるが、個人の発言がおよぶ範囲は狭く、自分に一体何ができるだろうかと無力感を抱いてしまいがちになる。また、何十年に一度おきるという問題では、とりあえず今のまま原子力発電を継続して、根本的にどうするかを考えずに結論を先延ばしにするという惰性の力もはたらく。そのような状況下に、利権が絡む人々が強力に推進しようとすると、それを止めようという市民の意思は生かされない。

一方、医療との関わり方の問題は、日常生活の中で近い将来にいつでも誰にでも起こりうることであり、すべての人にとって参加する権利があり、あるいは有無を言わさずに決断や発言が迫られる状況が生じる。重い病気を抱えた患者やその家族は、病気に対してどのような治療を受けるのか、あるいは、どのように死を迎えるかなどを決定するために、まず自分の病気の状況を知り、現在の医学で何ができるのかについての情報を得て、患者自身だけでなく、周りの家族、医療者などと考え、そして調整することが必要となる。

さらに、社会がどのような医療を受け入れていくのかは、最終的な受益者であり、費用を負担している市民が決定すべきことであり、社会全体としての市民の意見が調整されることが必要となる。たとえば、高額な医療が開発された場合、技術的に可能だとしても経済的にその社会の医療に受け入れるのか否か、あるいは、生命を商品化するような倫理的問題をどこまで社会が許容するのかなど、医療に関わる問題の決定は個人から社会のレベルへと連続的にひろがっていく。

このような観点から医療を眺めると、個人性と社会性の学習の場として医療をとらえることができる。現在医療でおきている大きな変化を知ることは、今後、さまざまな分野における科学技術の進歩や発展と個人および社会との調整に関する問題を考える上で意義がある。本稿では、近年医療の中でおきている大きな構造の変化を概観し、地球社会の科学技術とのつきあい方やスピリチュアリティについて考えてみたい。

二　社会における医療の構図の変化

「科学中心の医療」から「患者中心の医療」へ

近年、「患者中心の医療」の必要性がさけばれている。本来、医療は患者中心であることが当然であるが、現実には必ずしもそうなっていないからその必要性がさけばれているのである。科学や医学の進歩や発展は人類に幸福をもたらすものと考え、医学を進歩させることが医療における中心の関心事となり、近代以降に専門家による科学中心の医療が支配してきたためだ。

だが、科学や医学の進歩は必ずしも人類の幸福にはつながらないことが次第に明らかになり、医療を「患者が中心の医療」へと方向修正することが望まれている。そして、緩徐ではあるが大きな転換をもたらす変化が起きている。

人権意識の変化

一つは第二次世界大戦後にあらわれた患者の人権意識の変化である。医療の分野では、まず戦争中に行われた人体実験が批判され、ニュールンベルグで裁判が行われ、その綱領にインフォームドコンセントという概念が導入された。

たとえ、科学に発展をもたらす研究であったとしても、被験者がその内容を知らされた上で自主的に同意すること、すなわちインフォームドコンセントが不可欠のものとされた。その後、インフォームドコンセントを適用する範囲は拡大され、医学的な研究に対してだけではなく、医療における検査や治療などの診療行為にまで拡がった。

これらと同時代に、消費者運動・住民運動の勃興があり、人権意識の高まりが社会全体に大きな変化をもたらしていた。科学・技術の進歩は人類に必ずしも幸福をもたらすものではないことが明らかになった。経済発展の過程で工場から有害な廃棄物が垂れ流しにされ、多くの人々の健康が害され、重度の障害が残ったり、場合によっては死に至るなど、公害問題が発生した。また、欠陥自動車が放置され、安全装置の導入に消極的な企業の姿勢が追及されるという事件が相次いでおきた。

そのために市民運動がたかまり、科学・技術の成果を評価する主体は、それを開発、製造、販売する科学者や製造者ではなく、それを利用する消費者であるという大きな考え方の変化があったのだ。医学が自己目的化した医学の進歩や発展のためのものではなく、患者のための患者が中心となる医療が求められることが改めて意識され始めたのは、このような時代の変化に伴うものだ。

情報技術の進歩と情報の公開

第二の変化は、社会における市民全体の高学歴化がすすみ、教育レベルが高くなったことである。

同時にインターネットなどの情報技術の進歩が著しいことがあげられる。また、情報公開の原則が普及し、さまざまな状況で情報が市民に公開されることが当たり前となってきた。結果として、一般市民でも専門家と同等の情報を入手することが容易になった。一般市民が専門家の情報を理解し利用することが可能かどうかは別問題として残されるが、少なくとも専門家の情報にアクセスすることは可能である。専門知識を専門家が独占する時代は終わりを迎えたのだ。

医療においても、従来医師が独占してきた医学の知識や情報が、今は一般市民でもアクセス可能である。たとえば、米国国立医学図書館内の国立生物科学情報センターが作成するデータベースPub medはインターネット上で公開されており、誰もがアクセスできる。Pub medを利用すれば、医学の専門雑誌、学会誌などを自由に検索することができ、抄録を読むこともできる。さらに、医学の学術誌に市民のための情報のコーナーが設けられていることも稀ではない。また、学会が発表する多くの疾患に関するガイドラインにも、一般市民がアクセス可能となっている。

因みに、現代医学の父と呼ばれるヒポクラテスの誓いには、「医術の知識を師弟などの医療者のみに無報酬であたえ、その他の誰にも与えないこと」と述べられている。世界に先駆けて江戸時代に麻酔術を施行した華岡青洲も、麻酔に関する知識を紙に記録することを許さず口伝としていた。

東西を問わず、医学の専門知識は部外秘とされ専門家の間で独占されてきたのだ。専門家が知識を独占してきた理由として、専門知識が悪用されることを危惧したとも考えられるが、情報公開の大きな流れの下に、現在では医療情報も専門家である医師の専有物ではなくなり、市民のものとなった。

疾病構造の変化と高齢社会の到来

第三には、急性病から慢性病への移行、感染症から生活習慣病への疾病構造の変化、そして高齢社会への変化が挙げられる。

発展途上国を含めて地球レベルで考えれば、今もウイルスや寄生虫、結核などの感染症で死亡する人の数が最も多いし、先進国であってもエボラ出血熱や新型インフルエンザなどの新興感染症の恐怖にさらされている。

しかし、わが国をはじめとして欧米先進諸国における主要な死因は、感染症ではなくなり、悪性腫瘍や心血管疾患へと移行し、それらが全体の三分の二を占めている。これらの疾病の原因には食生活や運動、肥満などが関連しており、長期間にわたる生活習慣の結果として病気が進行し発症する。これらは、生活習慣が原因になっていることから生活習慣病、経過が長いことから慢性病、感染病ではないことから非感染性疾患（non Communicable Disease; NCD）とも呼ばれる。

脳や心臓の血管病変の発作は脳卒中や心筋梗塞として急性病の形で現れるが、発作までには動脈硬化をもたらす長い期間があること、そして急性期の発作後には、病気を抱えての長い療養生活が必要となることより、慢性病による死ということになる。がんもその成因に生活習慣が三分の二以上関連しており、がん治療後の再発予防も含めて長い闘病生活があり、慢性病として扱われる。

このように先進諸国では、医師が薬で急性病や感染病を治す時代から、患者自身が自分の生活を改め、慢性病を管理しなくてはならない時代に移行したことになる。つまり、疾病の構造変化から も、病気を治す主体が医師から患者へと移行し、医療の中心が患者に移ることになる。だが、医療者の側も患者の側も、急性病から慢性病への意識の転換が上手くできていないのが現状だ。

以上述べてきた三つの変化が医療の世界で現在おきており、科学中心・専門家中心の医療から患者中心の医療への転換を促している。

三　慢性病と急性病への対処法の違い

筆者は主に肝臓病を専門とする消化器内科医である。診療の対象としてきた疾患は急性肝炎や劇症肝炎などの急性肝疾患と慢性肝炎や肝硬変・肝癌などの慢性肝疾患があるが、二〇〇五年に医学部から看護医療学部へ異動となるまで、慢性病という概念をもって診療することはなかった。看護医療学部に異動後、慢性病態学と終末期病態学を担当することになり、初めて慢性病や急性病の分類に関心をもった。

心療内科医である永田勝太郎は慢性病と急性病の違いを次頁表一のように表している。この表を見ると現代の病院の医療体制が、主に急性疾患への対処に基づいていることがわかる。

急性病の多くは、病院での入院加療や家庭での安静により治癒し、病気の期間、患者は医療者の指示に従えばよかった。ところが、慢性病は、治りにくく慢性化する病気である。その多くは生活習慣に関連し、患者は病気を抱えて日常生活・社会生活を送ることが必要とされる。長期間、あるいは死ぬまで一生の間、病気と共に過ごさねばならない。そのため、医療における主導権は医療者から患者に移動する。慢性病は、患者が主体となって病気をコントロールすること、病気を抱えて主体的に生活することを要求する。

急性病は短期間に治癒する。治ってしまえば、患者は病気についての知識を必要としない。だが、慢性病は病気の知識を持つことにより、よりよい療養生活を送ることができる。病気を抱えながら有意義な人生を送るためにも、病気の知識が欠かせない。そのためには医療者から患者への教育的要素がより重要となる。急性病では病気の治癒が主目標でケアは従となるが、慢性病では病気の治癒ではなく、病気を抱えて生活を送ることを支援するケアが主目標になっていく。

	急性疾患	慢性疾患
医療の場	病院	生活の場
主導権	医療者	患者
医療者患者関係	指導協力型	相互参加型
医療の方向	治療的要素	教育的要素
安静と運動	安静？	運動可能範囲の設定

表1　急性疾患と慢性疾患の対比（永田勝太郎より）

安静や運動に関しても、急性病では歴史的に安静が強調されてきた。たとえば、インフルエンザなどは、頭痛・発熱・筋肉痛があり倦怠感が強いときには運動をしないほうがよいし、感染者に動き回られては周りの人にも迷惑となる。しかし、最近は、急性病でもリハビリ・運動の重要性が指摘されてきた。手術後には早期離床（早くベッドから離れ歩き始めること）が、急性心筋梗塞や脳卒中後にも早期からのリハビリが奨められる。それは、健康は体を動かしてこそ保たれることが認識されてきたからだ。

慢性病であれば、運動の重要性はより一層増してくる。たとえば、骨折などにより長期間ベッドで寝ていれば、健康人であっても健康は害される。人の身体の健康は運動しているからこそ保たれるのだ。慢性病の患者は、もともと運動不足が病気の原因になっていることも多い。したがって、慢性病患者は、病気が長期間あるいは一生続くことを前提に、どの程度の運動をすることがよいかを知り、その範囲内で運動を積極的に行うことが重要となる。

このように考えると、現在の医療の体制は、急性病に対するやり方、対処法のままで過ごしていることが理解できる。慢性病の時代をむかえて、わが国でも、慢性病のための新しい医療体制を早急に創り出していくことが要求されている。

四　医療の中の医療者と患者の関係性

ディスエンパワーメント・モデル

慢性病では患者が主体的に生きていくことが求められるが、従来の医療モデルは、むしろ患者は医療者の指示に従うことを当然としてきた。指示に従わない患者は、コンプライアンスが悪い患者とか、言うことをきかない患者と呼ばれてきた。それは、病気に対する次のような考え方に基づいている。

　病気を治癒させるのは薬や手術であり、病気とその治療について最もよく知るのは専門家である医師である。医師から与えられる薬を飲むことによって患者の病気は治る。患者は素人なのだから、医学の内容など難しいことなど知らなくてよい。医師に身を委ねて、その指示に従っていればよい。このような意識が、医療者だけでなく、患者の側にもあったのだ。

　たとえば、風邪をひくと、患者は医師から風邪薬をもらって治そうとする。だが、風邪薬（総合感冒薬）は風邪による症状である熱や咳、くしゃみ、鼻水などを抑えるための成分が配合された合剤であり、早く治すための薬ではない。このような薬の服用は、むしろ身体が持つ感染防御作用を抑え、かえって風邪を長引かせてしまう可能性さえある。風邪をひいていても、その間支障なく働いたり生活するためにやむを得ず飲むのが風邪薬である。風邪薬は風邪を長引かせる可能性さえあることを覚悟の上で飲むべきものだが、そのことは余り意識されていない。

　インフルエンザに対する抗インフルエンザ薬も、その効果は発熱期間を一日程度短縮するだけであり、普段健康に過ごしている成人は服用する必要などない。米国疾患予防管理センター（CDC）のガイドラインには、抗インフルエンザ薬は二歳以下の小児や六十五歳以上の高齢者、基礎疾患を持つ人など、重篤な合併症を起こしやすい人が服薬すべきであると述べられている。

　風邪薬に限らず、「○○が健康に良い」とか、「××で△△が治る」などの表現がテレビや雑誌・宣伝のチラシなどに頻繁にあらわれる。安易で短絡的な情報が氾濫し、また、そのことが大衆受けをする。このような情報の浸透により、風邪に限らず、病気は薬で治すものという観念が刷り込まれ、患者の主体的な力が弱められ（ディスエンパワーメントされ）ている。このような情報によるディスエンパワーメントから患者が身を守るためには、情報を読む力（情報リテラシー）が必要になる。

医療チームの一員として患者を迎える構図を

患者の力が弱められていることは、医療の受け手としての患者や一般市民の側だけの問題ではなく、医療を提供する側である医療者にも問題がある。医療者は、どうせ患者に説明しても理解できないだろうと考えていることも多い。また、患者が心配し自分でいろいろと調べて質問すると、むしろ機嫌を悪くする医療者も多い。

患者の多くがコマーシャルやテレビ番組からの断片的な情報や商業主義に振り回されているため、誤った情報に対する誤解を解くだけで診療時間が消費され、無駄な時間を使わされてはたまらないという医療者の意識もある。

また、医療者にとって、自分の知らない最新情報を患者から持ち込まれては困ってしまうという事情もある。インターネットや新聞などから仕入れた最新の情報を患者に持ち込まれて、自分がそれを知らないときに医療の専門家としての権威が保てないと感じてしまうためだ。しかし、最近はインターネットなどで調べた患者が、断片的ではあるが、最新の情報を専門家より早く入手する例はいくらでもある。

患者が病気やその治療について調べるのは、病気がもたらす不安に対して患者自身が何とかしようと努力するためであり、医療者に敵対しようとするための行動ではない。多忙な医療の現場で医療者に時間をとらせてはいけないと行動しようとしている。医療者はこのような患者を協働する者としてとらえればよいのだが、むしろ警戒をして敵対する行為と考えてしまう。

医療者と患者が対立する関係は、マスコミなどが一部の例を大きく採り上げて報じることによって強調されて作られた面がある。患者の大部分は対立関係を望んでいるわけではないし、医療者も患者のためになりたいと思って職業に就いた人が多い。敵対する関係性はお互いにとって不幸だ。

本来、両者にとっての敵は病気である。共通の敵である病気に対処するために、患者と医療者がお互いに協働する関係にあることを認識するところから、患者と医療者の新しい関係性は創られていく。

新しい患者と医療者の関係性

「そんなことを素人は知る必要がない。心配せずに、私に任せなさい」。これまでの医療はそんな患者医師関係ですませてきた。また、わが国には依存心の強い患者も多く、そのような態度が受容れられ易かったし、むしろ信頼を得ていた面もある。専門家である医師におまかせする方が楽だという患者と権威をふりまく医療者の関係性の中で、おまかせ医療が続いてきた。

しかし、慢性病を治すためには、患者の生活習慣や行動、周りの環境を変化させることが有効な場合も多い。そのようなアプローチを最もよく知るのは患者自身である。その意味で、自分の抱える問題の解決法を知る患者は、病気を抱える患者を治すための医療チームの一員となる。医療チームの構成員の一人として解決法をよく知り自分をなおしたいと考えている患者を加える構図を提案したい（次頁図一、二）。

たとえば、体重を減らす（ダイエット）ために、どのような方法なら続けられるかを患者自身が考え、提案する。あるいは、節酒や運動量を増やす方法を、患者自身に提案してもらう。それは、その人に適しており継続できる解決法を最も知っているのは、患者自身であるという考え方に基づいている。

解決志向アプローチ

アルコール性肝障害などアルコールに関連する身体的問題のために節酒や断酒を促す面接技法として「解決志向アプローチ」は開発された。

一　医学モデルに基づかない。
二　解決を求めている本人がその専門家であると考える。
三　医療者は解決を見つけるプロセスを援助する専門家である。

を患者へのアプローチを三原則とする。

患者の病因を追求し、それを取り除くことにより解決するという医学モデルではなく、最初から

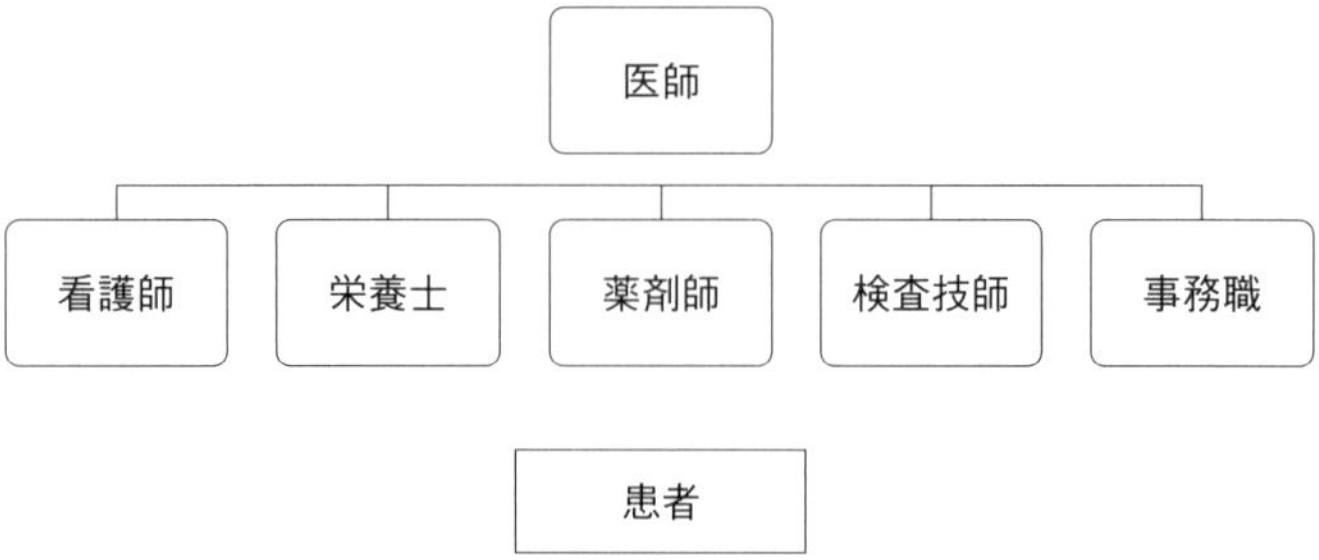

図1　これまでの医療の医療チーム

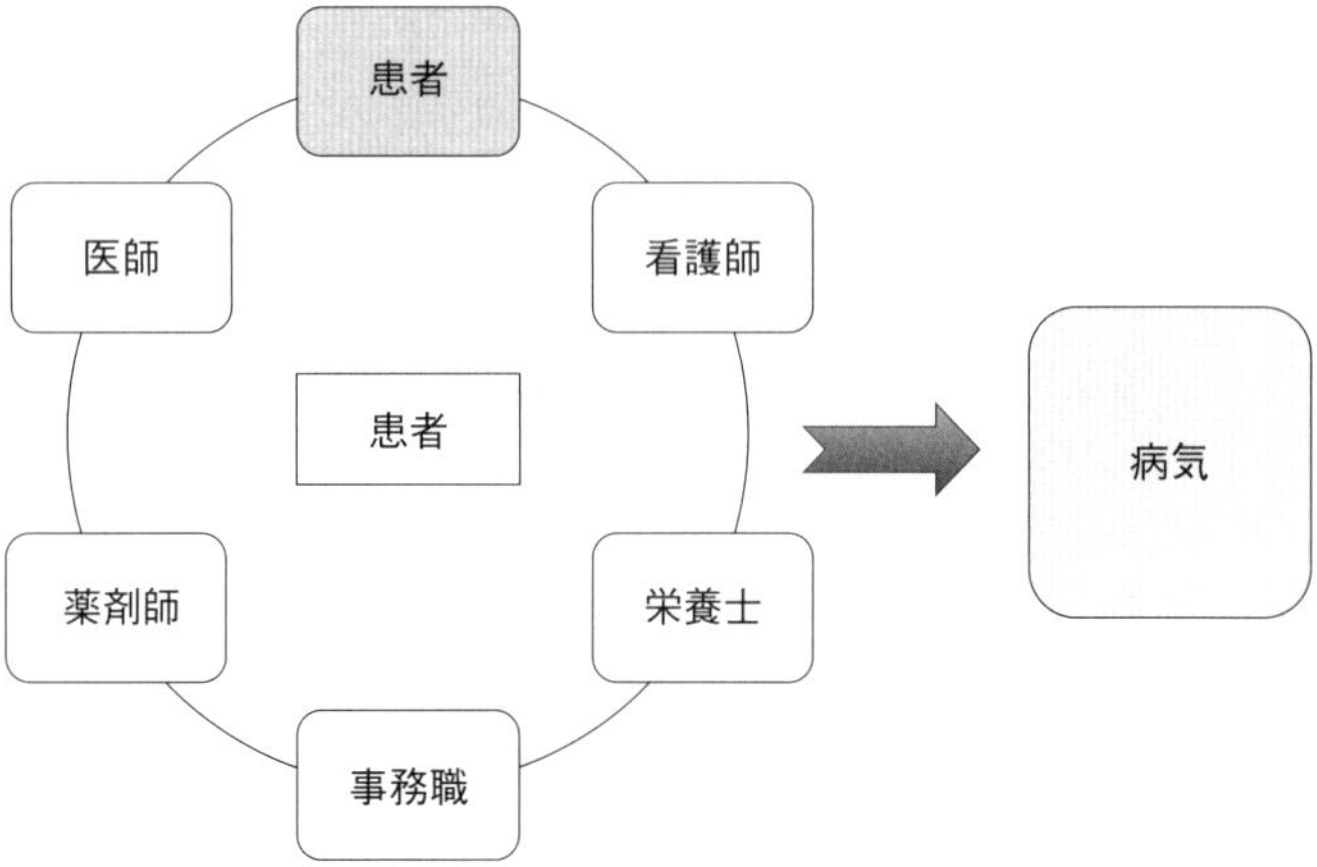

図2　患者学の目指す新しい時代の医療の図式

解決法を考えるのだ。そのため、原因とは関係のない解決法でもよしとする。そして、解決のためには、患者のもつリゾース（強み）を積極的に活用する。

解決を求めている本人が、解決のための専門家であると考える。それは、本人の生活や生き方の中に解決の糸口があるからだ。

医療者は解決を見つけるプロセスを援助する専門家として患者に接し、自分は解決法をよくは知らないという姿勢で好奇心を持って傾聴する。また、時には患者が解決に近づくために役立つ質問をすることにより援助をする。絶えず変化があり、小さな変化が大きな変化につながると考え、患者が起こす小さな変化を積極的に見いだしていく。

もちろん、患者が参加する新しい医療チームであっても、手術を受けている間の患者の役割は相対的に少なく、術後回復期のリハビリには患者の役割が大きくなるというように、病気の種類やその時期によって、それぞれの役割やその中に占める比率が変化することはいうまでもない。

新しいコモンセンスを共有する

患者を医療チームの一員として迎え入れ、エンパワーメントの医療を推進するためには、医療の中でこれまで常識として考えられてきたことを見直し、新しい常識（コモンセンス）を創り出し、それを共有することが必要となる。

従来の医療の常識は、以下のようなものであったと言えよう。

一　病気は何らかの一つの原因があり、それを取り除くことにより治す。
二　病気に対する特効薬があり、それを医療者が患者に与える。患者はその指示に従うことにより病気は治る。
三　医療者は患者のための病気の解決法を最もよく知っている。患者は医療者の指示に従えばよい。
四　病気をもつ患者には安静が必要である。なるべく自宅でおとなしくして、身体を大事にしていた方がよい。

しかし、患者をエンパワーメントする新しい医療モデルでは、次のようになる。
一　病気の原因は複合的であり、その一つ一つに病気を改善させる鍵がある。
二　病気は、必ずしも特効薬や神業の技術や手術だけで治癒し解決するものではない。
三　病気の改善のための最もよい解決法は、患者自身が知っている場合があり、それを実行できるのは患者自身である。
四　慢性病では運動の可能範囲を知ることが重要であり、可能範囲内でできるだけ運動をした方がよい。

このような新しい医療の概念を患者と医療者が共有することにより、新しい患者・医療者の関係が生まれ、患者と医療者が協働関係を築くことができる。そのことは、慢性病が多い時代であるから必要とされ、一般市民の教育レベルが高くなり、独立し自律する心が向上したから可能となり、インターネットや情報機器により医療情報へのアクセスが容易になったから実現できるのだ。

五　医療の現場とスピリチュアリティ

医療情報の提供とスピリチュアルケア

新しい時代を迎えて、専門家でない一般市民も医療情報を入手することが簡単になったが、二つのデメリットにも注意を向けなければならない。それは、誤った情報に導かれるなど情報が悪用や誤用されることがあるという点と、情報の提供により生じるスピリチュアルペインをどうするかという点である。

医療情報が誤用されたり、悪用されたりしないようにするためには、一般市民としての情報を読む力（情報リテラシー）を備えることが求められる。健康に関する情報リテラシーを教育することも医療者の責務となるだろう。

もう一つは、昔「がんの告知の問題」と言われていたことと関連する。がんと診断されれば、そのことを患者に知らせることが当たり前の時代になった。インターネットを使えば、その病気がどう進展するかの情報も簡単に入手できる。しかし、同時にそれらの情報に接することによってスピリチュアルペインが生じる。

なぜ私がそんな病気になったのか、死んでしまったらどうなるのか、今までの私の人生とは一体何だったのだろうかなど、生きることの根源的な問題に対する正解のない問いにより生じるのがスピリチュアルペインである。スピリチュアルペインに対するケア、すなわちスピリチュアルケアはわが国では整備されていないし、まだ充分に生かされていない。

わが国の医療は明治維新に西洋医学が導入された際に、スピリチュアルケアがすっかり取り残されてきたからである。病院は科学をベースとした医学に適応する場所としてつくられた。スピリチュアルなケアは科学的ではないからと意識的にはずされてきた面がある。一方、病者や貧者を収容する施設から病院が発展した欧米の病院では、シスターなどが働き、スピリチュアルなケアを行うことは当然とする伝統がある。わが国の病院との大きな違いである。

患者中心の医療を実現するためには、スピリチュアルケアを加えることが必要となる。今後、情報公開や情報開示はますます進んでいき、患者は重篤な状況に直面させられる機会が増加する。

情報リテラシーとスピリチュアルケアの問題にどう取り組むかは、今後のわが国の医療の中で大きな課題となるだろう。

スピリチュアルペインとは

わが国では一般市民の中で宗教の存在が希薄であり、スピリチュアルペインは存在しないという医療者もいる。確かに、キリスト教やイスラム教など一神教の文化の下では、宗教の教え、あるいは神や教会との関係性の中で苦悩を抱える場合があり、罪の意識がスピリチュアルペインの大きな部分を占める。しかし、それはスピリチュアルペインを狭く限定的にとらえてしまっている。

スピリチュアルペインは、「なぜ私は病気になってしまったのか？」「死んでしまうとどうなるのか？」「今までの私の人生とは一体何だったのだろうか？」「もう生きがいがない」「このような状況で生きている目的は何なのだろう？」など、生の根源的な問題に関する悩みをさす。

このような悩みは、重病を抱える患者の多くが経験する。二〇〇七年に筆者らが行った全国の緩和ケア病棟へのアンケート調査では、回答のあった一〇六の医療施設の現場で、スピリチュアルケアの要望をとても（四五）またはやや（五一）あると感じていた。そして、一〇五施設は医療施設がその要望に対応すべきだと答えていた。実際に、緩和ケアの分野で全人的痛みという言葉が日常的に使われており、身体的、精神的、社会的、そしてスピリチュアルな痛みに対処することが必要であるという意識が浸透してきている。

一方で、スピリチュアルペインは、がんの末期や終末期の病気だけで生じるものではない。救急医療の現場にもスピリチュアルペインは存在し、慢性病であっても存在する。事故や脳出血や心筋梗塞などの急性の重病により生命の危機にさらされたり、四肢が自由に動かせなくなったり、顔面に大きな傷を負うなど重大な障害や損傷がもたらされたときなどにもスピリチュアルペインは生じる。

慢性病であっても、慢性肝炎のように肝硬変から肝癌へと進行していく死に至る病であったり、内部障害と呼ばれる重い身体障害により生活が困難な病気や、感染症や遺伝疾患のため就職や結婚についての差別問題で困難を抱えている場合に、スピリチュアルペインは経験される。がんも末期だけでなく、病棟や外来で病名を知らされた瞬間からいのちの終わりが意識されスピリチュアルペインは始まる。

広くとらえると、学校でのいじめや地域や職場での孤立などもスピリチュアルペインと考えてよい。

村田久行らは、スピリチュアルペインを、①生の中断、終末という時間性の分断（何をして良いか判らない。何をしても意味がないなど）、②他者との関係性の断続（孤独感、さびしさ、不安など）、③不能になる、依存するという自律性の喪失（もう自分で何もできない。何も役に立たない。他人の負担になる。お世話になるなど）からきていると分析的に説明している。

確かに、分析的手法の研究や教育に親しんできた医療者や現代人にとって、村田らの分析的な説明は理解し易い。だが、スピリチュアルペインは本来分析的にアプローチすることが難しく、分類や類型化になじみにくい分野ではないかと考える。つまり科学的手法ではなく、アートとしての手法が必要とされるのだ。

スピリチュアルペインをもつ患者の話を傾聴しようとするときに、もし分析的な態度で臨めば、よい傾聴はできず患者はとり残されてしまうのではないだろうか。この理論を表面的に学び初心者がスピリチュアルペインを理解したと安易に思い込むことを危惧する。

「物語の破綻」としてのスピリチュアルペイン

W・キッペスは、村田らの提唱する三つの要素はすべて「関係性の問題」として理解することができると述べている。関係性は仏教では縁と呼ばれているものに相当する。スピリチュアルペインを「それまで築いてきた関係性の破綻」あるいは「人生の物語の破綻」と言い換えると医療者には理解し易いかもしれない。

人は幼い頃より教育を受けて育つ。将来のために今を犠牲にして努力することを学ぶ。何らかの行為をするときには、常にその目的を意識化させられる。それは、一つの価値観、すなわち「物語」の上に生きていることを意味する。過去から現在につくられ、そして未来へと連続する物語の上に生きている。

学生が勉強をするのも、純粋に学問が面白いというよりは、それが進学へとつながり、さらに就職に有利となり、よい会社に就職すれば生活は安定し幸せになれるという物語の上に生きているからだ。会社で夜遅くまで働き努力するのも、出世につながり、給料も増えて幸せになれるという物語りの上に成り立つ。

ところが、病気や事故に出会うと環境に大きな変化がおきる。今までの物語や価値観が通用しなくなる。このような「物語の破綻」がスピリチュアルペインとなる。そして、スピリチュアルペインを解消するためには、新たな物語を紡いでいかなくてはならない。物語を紡ぐ作業を支援することがスピリチュアルケアにあたる。

欧米諸国におけるスピリチュアルケア

欧米諸国ではスピリチュアルケアが病院で当たり前のこととして存在する。英国の厚生労働省にあたるＮＨＳ（National Health Service）はスピリチュアルケアに関するガイドラインを出版し、ドイツでは憲法で病院内にスピリチュアルケアを提供する人と場所を確保することが義務づけられている。ドイツの国立ミュンヘン大学にある大学病院には礼拝堂があり、そこでチャプレン（病院付きの神父や牧師）が活動し、スピリチュアルケアを行うボランティア組織が用意され活動している。

世界保健機構（ＷＨＯ）の発行する『がんの痛みからの解放とパリアティブ・ケア』はスピリチュアルケアについて次のように書いている。

患者は、霊的な面での体験を尊重され、これについての話に耳を傾けて聞いてもらえることを期待する権利をもっている。このような体験について話したり、話の意味が理解され、その感想を聞けたりすることが、多くの場合心の癒しにつながる。患者とケア担当者が尊敬し信頼し合う関係にあれば、話を分かち合え、生きていることの意味や苦悩の目的、さらには宗教儀式への参加についてさえ話を交わせる場が生まれる。霊的な面まで包含したケアにおける人間関係は、心の癒しを促す力がある。次の二つの点を心に留めておかなければならない。患者の信仰を尊重することが不可欠であるが、ケアの担当者は、患者の信仰やそれに伴う慣習を尊重しようとして、患者の考え方にまで同調する必要はない。無信仰の場合には、誠実感や幸福感に寄与することで役割が果たせる。この領域での支援や治療には、どの宗派にも偏することなく、独断もない方針でのぞみ、患者自身の世界観を保持させる。人目を避けて密やかに、あるいは公開の場で、霊的あるいは宗教的活動をしたいと希望する患者には、それを許さなければならないが、ときにはプライバシーの保持が必要であり、また霊的助言者に会わせる必要が生じることもある。

スピリチュアルケアでは傾聴することが何よりも重要であると考えられ、宗教的な部分が含まれる場合もあるが、宗派や宗教にとらわれないことが強調されている。

わが国でのスピリチュアルケアの現状

わが国においてもスピリチュアルケアに対する関心は、最近十年間、特に緩和ケアの領域で急速に高まってきている。二〇〇七年には日本スピリチュアルケア学会が設立された。しかし、現実にそのケアが上手くいっているという病院の数は多くはないし、総合病院の中の医療者はスピリチュアルケアの存在自体をほとんど知らないのが現状である。

また、テレビやマスコミでブームになった江原啓之らの使うスピリチュアルという言葉と混同され、何か怪しいものと誤解している医療者も多い。しかし、彼らの言うスピリチュアルカウンセラーは、物語が破たんした者に対して、カウンセラーが新しい物語を投げかけて解決しようとするものであり、本来スピリチュアルケアが目指している患者の自律を、妨げる行為になりかねないことを指摘しておきたい。

東日本大震災では大きな災害に見舞われ多くの犠牲者が出、わが国は大きく変化した。宗教者が宗派を超えて協力している。自分の宗派でない人に対しても、弔いや鎮魂の儀式をしたり、個人に対して傾聴によるスピリチュアルケアを積極的に行おうとしている。宗教者の活動のひろがりがみられる。

東北大学には欧米のチャプレンに相当する臨床宗教師を養成するために実践宗教学寄附講座が創られ、宗教者に対しての研修が二〇一二年より始まっている。宮城県で終末期医療に積極的に取り組んでこられた岡部健医師の呼びかけによるものであるが、宗教界が宗派を超えて連携する新しい動きのひとつとして注目したい。今後、わが国で宗教者が医療に関わってくる大きな力になるだろう。

六　医療の中で患者の力を発揮する

医療の中では、患者は常に弱者としてとらえられてきた。しかし、患者らが訴えることにより、法律や行政を動かしたり、日常の医療を変えたりした例も生まれ、患者が患者の力を発揮し始めている。

患者の連帯が行政を動かす

患者の力が連帯をうみ、連帯が行政を動かし始めている。

一つは、二〇〇六年に制定された「がん対策基本法」の成立である。この法案が制定されるきっかけは、二〇〇一年にがん患者と家族でつくる「癌と共に生きる会」の会長であり、自らも膵臓がん患者である、新山義昭氏らが開いた記者会見であった。先進諸国では標準的に使用されているにもかかわらず、国内では未承認である抗がん剤や副作用防止薬を一括して承認することを求めて「緊急措置請求書」を厚生労働大臣に提出した報告の会見であった。

その後、肝臓がんの新薬承認を求める患者の会の運動と連帯し、「日本がん患者団体協議会」が結成された。協議会は、医師や学会、製薬会社などにも働きかけ、厚生労働省で意見交換などを行った。そして、保険適応外薬の使用問題や腫瘍内科医の不在、がん難民問題などを課題としてあげて活動し、わが国では例を見ないほど大きな患者による社会運動へと発展した。このがん患者の運動が国会議員を動かし、二〇〇六年には議員立法により「がん対策基本法」成立させることになった。

二つ目は、「肝炎対策基本法」の成立である。二〇〇二年に血液製剤などの薬剤投与によりC型肝炎となった患者が、国と製薬会社を相手に薬害C型肝炎訴訟を提訴したことに始まる。大阪や東京など全国各地の地方裁判所で被害者が勝訴し、二〇〇八年に一時金を受け取るための薬害肝炎救済法が成立した。その後、ウイルス性肝炎の患者全体の救済を求めた社会運動へと発展し、国会議員も巻き込み、二〇〇九年には議員立法により「肝炎対策基本法」が成立することとなった。この基本法は、肝炎に対する医療や研究を充実させるべく患者の要求により成立した法案であり、その結果として厚生労働省の中に肝炎対策推進室が設置された。

因みに、筆者は肝臓病患者への情報提供を目的に、一九九二年より肝臓病教室を開催してきた。二〇〇二年にはそれを全国に広めたいと『肝臓病教室のすすめ』を出版した。その後、全国各地から慶應大学病院に見学者が訪れ、二〇一二年には一七〇施設をこえるまでになった。患者会からこのような情報提供の場を設けることへの要望が出され、厚生労働省肝炎対策推進室は拠点病院を通じて肝臓病教室を全国に広めることになった。トップダウン型からではなくネットワーク型の運動が全国版に広がっていった一つの例でもある。患者の力が大きな影響を持ち始めたことを示す一例でもある。

その後、アルコール依存症やアルコール関連問題に悩む患者や患者団体の声を背景に、アルコールに関連する医学会が患者と連携して運動を行い、二〇一三年には三つ目の法案「アルコール健康障害対策基本法」が成立となった。

このように、患者が連帯することにより始まり、医学会とも連携し、政治家や官僚を動かし法律を成立させるという動きが二十一世紀になって相次いで成功をおさめている。これらは二十世紀後半に始まった患者の権利意識の高まりによる結果といえるだろう。

医療を変える患者個人の力

患者団体が社会運動により法律を変えていくだけではなく、患者が個人のレベルにおいて、医療の内容を変える力を発揮しているという新しい患者像の出現もある。拙著『患者の力』に詳しく述べているが、ここでは二例を簡単に紹介したい。

原発性肺高血圧症の患者である重藤啓子さんは、フローランというプロスタグランジン製剤を携帯型の輸液ポンプで持続点滴しなくては命を維持できない状態となったが、点滴をするカテーテルをどこに入れるかで主治医や看護師と対決することになった。乳房の内側に留置することを絶対に受け容れられないと患者が主張したためだ。主治医との長い話し合いの結果、乳房の外側で側胸部（脇の下）に入れることになった。

主治医のＳ医師は、それまで米国で研修してきた挿入法を疑うこともなく継続してきたのだが、実は側胸部から入れる方が感染対策や安全管理上からもよいことにこの一件で気づき、それ以降の何十例もの患者にはすべて側胸部から挿入することになった。Ｓ医師は日本肺高血圧学会の理事でもあり、その影響力も大きい。

患者が自分の希望を医療者に伝えることにより治療の手法が変化することになった一例である。

重藤さんは、日本の航空会社が酸素を携帯する患者を乗客としたことは前例がないからと拒否したことに対しても憤慨し、交渉を重ねて搭乗を認めさせることに成功した。それ以降の患者は、前例ができたので酸素を携帯していても乗客になれることとなり、ここにも新しい道を切り拓いたことなる。

もう一例は尿膜管がんという希少な病気となった四十歳台の男性ガンファイター（ニックネーム）さんである。珍しい病気のため、自分の病気に対する情報がなかなか手に入らなかったが、得意な英語とインターネットの能力を駆使して、米国の患者会とつながりや連携をはかり、米国の医療情報サイトにもアクセスした。同病に対する海外の最新治療状況を知ることになり、日本で他のがんに対しては認可されているが尿膜管がんに対する使用が認められていない薬を使ってもらいたいと主治医と交渉し、病院の倫理委員会も通して、実際に使ってもらえるようにした。患者が自ら情報を取得し、専門家である医師を説得した例だ。

一般に患者は弱いもの、保護されるべきものと考えられてきたが、ここで述べたように、患者が自ら力を存分に発揮し、交渉し、自分たちの権利を主張することにより、法律を変えたり、医療の内容を変える例が現れてきているのだ。

おわりに

二十一世紀を迎えて医療が大きく移り変わろうとしている。その動きは、二十世紀の科学としての医学が中心となってきた医療から脱し、患者を中心とする医療を復活させようとするものだ。その歩みは決して速くはないが、大きな潮流となってきていることは間違いない。

筆者は、二〇一四年秋より公開講座「患者学」を開催している。それは、患者や市民を弱者としてではなく、医療者と対等の立場で対話できるように練習する場を創ろうとするものである。「患者に学ぶ、患者も学ぶ」をテーマに、患者からの体験談をもとにワールドカフェスタイルで、患者と医療者、市民と医療系学生が対話をしている。患者と医療者の関係性を学ぶ場となることを期待している。

このような活動が、大きな潮流を加速させ、患者と医療者が横の関係性で話せる医療、患者が主体的に病気に向き合う医療、そして患者が病気を抱えながらもその人らしく生きることを支える医療を実現させる基礎になることを念願している。

医療との関わりについて考えることは、個人のレベルでも社会のレベルでも、科学と人類がどう向き合うかを考えるためのモデルにもなり、よき練習問題になるだろう。

註

永田勝太郎『新しい医療とは何か』（NHKブックス）日本放送出版協会、一九九七年。

ピーター・ディヤング、インスー・キム・バーグ『解決のための面接技法――ソリューション・フォーカスト・アプローチの手引き』第三版、金剛出版、二〇〇八年。

加藤眞三編著『肝臓病教室のすすめ――新しい医師・患者関係をめざして』メディカルレビュー社、二〇〇二年。

加藤眞三『患者の生き方――よりよい医療と人生の「患者学」のすすめ』春秋社、二〇〇四年。

加藤眞三『患者の力――患者学が見つけた医療の新しい姿』春秋社、二〇一四年。

インタビュー・コラム二　加藤眞三

二〇一三年十一月五日　慶應大学信濃町キャンパス孝養舎にて

聞き手　ＩＡＲＰ本部長　本山一博

加藤　私は、肝臓を専門とする消化器内科医で、アルコール性肝障害の研究活動を行ってきました。都立広尾病院で、肝臓病の患者をかかえ、慢性肝炎から肝硬変、肝がんになるという進行性の病気であり、新薬や新しい治療法が次々と開発されているので、患者さんがよく理解把握して医療を受けることが大切と、一九九二年「肝臓病教室」の開催を始めました。

慶應大学病院に戻ってからも肝臓病教室を続け、その中で、医者が答えるより、経験者が語ることがいい情報になることもたくさんあると、患者さん同士で話し合うグループワークを取り入れました。

一九九八年頃、大本教が脳死反対運動を始めました。当時、肝臓の生体臓器移植も始まっていて、脳死臓器移植は科学の発展の一過程だと思っていました。自分が生まれたときから信仰している宗教と、大学の中での価値観がもろにぶつかったわけです。どうしようかと思って、脳死に関する論文や文献を集めました。脳死について調べれば調べるほど、専門家が市民をだましながら脳死を認めさせて、世の中に広めようとしている行為であることが、わかりました。脳死を推進する大学病院の中で講師の立場でしたが、自分は脳死反対を表明し、講演したり、論文を書いたりしました。

脳死に反対したことは大きな転機になりました。大本東京本部で行った「脳死は人の死ではない」という講演がきっかけになり、さまざまなシンポジウムに招かれ、研究会のメンバーに入れられ、宗教学の著名な先生方と出会いました。その中で、医療における霊性を意識し始めるようになりました。

今の医療は、あまりにも科学優先で人間的であることを置き去りにしている。それは大本の言葉でいうと体主霊従。大本は「体主霊従の世の中を霊主体従にしなければならない」という教えです。今の医療は、体主霊従で、それを霊主体従のものに変えることが求められている。患者の人間性――個別性、独自性、相互作用、時間性、歴史性、意味、価値――を大切にすること、それがひとつのスピリチュアリティかなと思い始めました。

多くの先生方との出会いの中で、スピリチュアルケアをされているワルデマール・キッペス神父との運命的な出会いもあり、キッペス先生と出会ってすぐに慶應大学看護医療学部の教授として慢性病と終末期病を担当することになりました。そして、キッペス先生の主催するドイツホスピス見学ツアーに二回参加しました。

医学部では内科医として臓器別に病気を見ていたのですが、それからは、慢性期や終末期という病期でみる視点を持つことになりました。その中で、患者さんは病気とどのように付き合えばいいのかとか、医療者と患者さんはどういう関係性が望ましいのか、そういう観点で医療をみるようになったのです。

そうこうしている間に、病院の外の患者会ともつながりを持つようになりました。個々の患者会が病気枠を越えて集うネットワーク（VHOネットワーク）にオブザーバー的に参加しました。患者の力を生かして医学教育や医療を変えたいと思い、患者が主観的にとらえた病気について書いたものを医学生や看護学生の教育に使おうと、『患者と作る医学の教科書』（日総研、二〇〇九年）をつくりました。患者として社会に働きかける活動をし、皆がとても元気でした。私は病気の反対は元気ではないことを理解しました。慢性病では病気が治せないことが多いのですが、慢性病を抱えていても元気に過ごすことが可能だと知ったのです。自分が病気なのに、他の患者さんのために活動する。そこに生きがいをみつけて、ますます生き生きしているわけです。

患者会のネットワークで活動している間に出会った肺高血圧症の患者さんがいます。あなたはあと二年しか生きられないと十年前に言われていたのです。その患者さんが私のところに相談にきたのです。「あと二年しか生きられない」と言われたときの気持ちを患者さんは皆持っている、そういったものをどうやって振り払うことができるか、どうやってそこから前向きに生きていけるかを考えたいと。そこで、疾患別ではないグループワークを提案し、「慢性病患者ごった煮会」をつくりました。

その会では、最初に私が説明をして、患者さん同士がグループで話し合うのです。落ち込んでいた患者さんもだんだん元気になってきたのです。いろいろな慢性病の人が集まり、表面的でない話、普段話しにくいことを思いきって話せる場になりました。他の人の話を聴きながら自分自身を見つめられる場になるんですね。あ、あの人もそんなに苦しい時期があったけれど、今あんなに元気になっている、あの人と同じように自分も危機を脱せるかもしれないと感じ、どんなふうに脱したのかを知ることができるのです。「これはスピリチュアルケアと呼んでもいいのではないか」と思い始めたのです。

スピリチュアルケアというと、一対一で、神父さんが信徒を導くようなかたちだったのですが、日本ではなじみにくい。むしろグループ討議のスピリチュアルケアのシステムを運営すること自体が、ケアに相当するのではないかと、今あちこちで講演しているのです。

私は今、医療における情報提供とスピリチュアルケアを二つの大きなテーマにしています。情報提供は、慢性病で特に大事ですが、終末期でも必要だと。スピリチュアルケアは、終末期で特に大事ですが、慢性病でも必要だと。そして、そういうことに、医者が興味を持ってくれるようになってきています。

本山　この二つのテーマを話されるようになったのは比較的最近なのですか？

加藤　肝臓病教室を始めて十年後、二〇〇二年『肝臓病教室のすすめ』（メディカルレビュー社）を出版しました。教室は情報提供がメインでしたが、グループワークをすると病気を抱えていても前向きに生きることにつながると思ってすすめてきました。それが全国に広まり、二〇一一年には、厚生労働省のほうから、肝臓病教室のやり方を講演して欲しいという依頼があったのです。厚生労働省の下に肝臓病拠点病院の長が集まるところで話をしました。現在、全国で一七〇施設が定期的に教室を開催しています。主要な病院の約二割が行うようになったのです。大本教の教えでは、自分たちが「良い型」を作ればそれが世の中に広まるという教えがありますが、ひとつの型を作れたので、大本の信仰が生きたかなと思っています。

「スピリチュアルケア」というと、以前は、怪しげなものとみられて医者がひいてしまうという感じがありました。ところが、今では、スピリチュアルケアという言葉は、少なくとも終末期医療においてはごく当たり前の言葉になっています。そういう時代になってきているのだと思います。

世の中が全体として、情報提供とスピリチュアリティを大切なものとして認識するようになってきた。それは、すなわち患者さんが自立することを助ける、自立をしながら連帯することを支えることだと思います。

本山　自立と連帯ですか。スピリチュアリティの個人性・社会性について、お考えをおきかせください。

加藤　たとえば、アルコール依存の人は、好きで飲んでいるというより、お酒を飲まないでは生きていけないほど苦しんでいる人です。お酒を飲むことによってなんとか生きていることを保っている人なのです。そういう人たちが集まって話している間に、自分自身を客観的に眺めたり、自分よりちょっと先に行く人を見習ったりでき、それがそれぞれの人の霊性を高めることにつながるし、社会の連帯ともつながった霊性になっていくのだと思います。

本山　自分自身を客観的にみつめることは霊性と非常にかかわりが深いということなんですね。あと、先行く人をみつめるというのは社会性あっての話ですよね。自分が一歩先に行って、一歩後ろにいる人を導いてあげるという、それも社会性ですよね。そういう社会性の中に、自分を客観視する、あるいは霊性向上のきっかけになるようなものが含まれているのですね。

加藤　最近思うのですが、医者と患者の関係性を見直すことが、社会全体にとってとても大事なことだろうと。今、専門知が一人歩きしているような社会になっていると思うのです。原発の問題だったり、遺伝子操作の問題だったり、それが社会全体に大きな問題を起こそうとしているのに、専門の人が専門職としてだけやっている。ところが医療の専門知というのは、それぞれの人が患者としてそれぞれの個人的な体験として経験するわけです。そのときに、医師である専門家と患者である市民がどう情報をやりとりするのか。専門家と市民との関係性の在り方をそこで練習すれば、その発展系として、社会全体として、専門知と市民がどう関わり合っていくかというほうに広がっていくのではないかと考えています。たぶんこれから大事なのは、そういう社会公共性をみんながどのように考えていくか、創り上げていくか、ということだと思うのです。そこのまず一歩が、実は医療の問題ではないかと思い始めているのです。社会とつながってくることが、スピリチュアリティでもあると思います。

本山　実は、私自身はスピリチュアリティの個人性と社会性をつなげるのは、場所という概念がポイントかなと思っているのですが。

加藤　ある意味で、私も、場を作ることをしているわけです。肝臓病教室もごった煮会も場を作ることによってそこの中でみんながスピリチュアリティを高められるという、場さえ上手く創ることができればスピリチュアリティが高められていくのだろうなと思い始めているのです。

第四章　「先祖供養」と「個人と社会」の調和を考える

宮本惠司

ただ今ご紹介いただきました妙智會の宮本です。私は宗教者代表というような立場ではなく、妙智會の教義に基づいて話をさせていただきます。そのためにも初めに妙智會のことを簡略に紹介いたします。

妙智會は一九五〇年十月十二日、私の祖母であります宮本ミツ会主が東京・代々木で開教しました。本年（二〇一四）で六十四年目を迎えます。千葉県九十九里町に聖地を造営しまして、そこには聖佛舎利を奉安する久遠佛塔が建立されています。また、社会平和活動の一環としまして、開教四十周年のときに、子どもを支援する〈ありがとう基金〉という団体を設立しました。現在は法人格を取得し、名称を〈ありがとうインターナショナル〉と変更して活動を行っております。また、本山一博先生には、この組織の理事にご就任いただいております。

妙智會の教旨

それでは、私どもの教団の教旨を紹介するにあたり、教旨の全文を読ませていただきます。

法華経による先祖供養の行践を根本教義とする。在家信徒として、大恩師・宮本孝平先生（これは私の祖父にあたります）並びに会主・宮本ミツ先生が、終生唱えた忍善を日常の基本精神とし、懺悔を自己向上の道として、人格完成に努力する。佛・国・土、一切衆生、父母に対する報恩感謝を生活の規範として、家庭円満、幸福と、社会の教化を図る。個々の安心立命、現世安穏成佛から社会の繁栄をもたらし、佛道楽土の建設を目的とする。

このようになっております。本日はこの妙智會の教旨の中の、いくつかのキーワードをもとに論じさせていただきたいと思います。

先祖とは――先祖供養①

初めに「先祖供養」の「先祖」について話をします。妙智會では、先祖をできるだけ集め戒名――妙智會では法名と呼んでおります――をお付けして供養することが何よりも大切であると指導しています。

ではこの先祖を調べ集める行為にはどのような効果・結果が得られるのかを考えてみました。現在の社会環境で、親や家族との関係が希薄になりつつあるこの状況の中、自分が認知できる範囲――親・祖父・曽祖父ら――以外の先祖、つまり「目に見えない他者」を調べることは大変稀なことだと思います。しかしながら、先祖を集めることで、自分のルーツをさらに知ることができます。自分の存在が必然的であることを再認識できるのではないかと思います。また、自分の「いのち」の根源は、多くの「いのち」とのつながりの連鎖で構成されていることを理解することもでき、当然ながら、自分の身体、性格、精神の根幹を知ることができるのではないでしょうか。要するに、先祖と自分とは合わせ鏡でありまして、先祖を知ることは己を、自分を知ることになるのだと思います。

供養とは――先祖供養②

次に「供養」について考えてみたいと思います。供養の最大の功徳は、他者を思う心を育めることであり、「目に見えない他者」に心を向けられるようになれることだと思います。また、供養とは先祖との対話でもあります。その中で、先祖の優愛を感じ取れるようにもなると思います。

そして、供養のためにはお経をあげますが、お経巻の文字には霊力があると言われています。日蓮聖人は、法華経の文字につきまして、「お経の一字一字は、黄金に輝く仏なり」と説かれました。お経巻の字そのものにも霊的なものがあり、その字を見るだけでも価値や功徳があるということです。また、声を出して読誦する行為にも霊的な作用があると思います。日本では「言霊」という言葉がありますけれども、キリスト教の新約聖書の中にある『ヨハネ伝福音書』には、次のように書かれております。「初めに言あり、言は神とともにあり、言は神なりき、万物これによりて成り、これに生命あり」とこのように記されていることは、非常に興味深いことだと私は思います。

さらに言えば、お経をあげることだけが供養ではありません。日々の生活の中で善行を積んで、その功徳を他に振り向けて与えることができます。それが回向というものでありますが、回向も大事な先祖の供養となると私は思います。回向を実践する人々が増えていけば、社会の調和を構築することは可能であると私は信じています。

個々の安心立命、現世安穏成佛から社会の繁栄をもたらす

続きまして、「先祖供養」の次のキーワードに移りたいと思います。それは、「個々の安心立命、現世安穏成佛から社会の繁栄」という部分です。そのためにも、現代の個人性と社会性をめぐる現状や問題点を知る必要があると思います。そこで、今までいろいろな場でとりあげてこられた事柄のいくつかを、箇条書きにしてみました。それを読み上げさせていただきます。

・現代社会を覆っている「地球的規模の窮状」が、必然的に我々の共有するべき普遍的なものを要請している。

・昨今は「精神の空洞化」の時代であり、こうした時代相が個人や社会における諸問題を生み出してきた。

・「外なる自然」の破壊や汚染は、人間の「内なる自然」、つまり心の破壊、汚染の反射的結果

である。

・家庭が「憩いの場所」でなくなってしまったことが、原因ではないか。本来の家庭とは、家族一人一人に精神的安定を与え、自己を取り戻させ、生活意欲を回復させる場でなければならない。また、家族人の人格を形成する基本的な場でもある。家族人がそれぞれの役割分担をもって、助け合いながら生活することに喜びを得ることが必要である。しかしながら、現在の家庭は「憩いの場」から「対立の場」に変化しているのかもしれない。

・社会経済の中での倫理観を無視する「無明」と、社会貢献を忘れた利潤追求の「貪欲」が諸問題を大きくしているのではないか。また社会教育の欠如も見逃してはならない。

もちろん、他にも多くの問題が山積されていると思いますが、このような現状や問題点を踏まえて考えますと、個々の安心立命、社会の繁栄の実現や、個人と社会の調和に向けて、現代では何が必要とされているのでしょうか。そして、そのためには宗教にはどのような役割が求められるのでしょうか。問題解決のための即答にはならないと思いますが、いくらか述べてみたいと思います。

人間教育を見直す

まずは、個人に対する人間教育の見直しが必要です。これは具体的には、家庭教育、学校での道徳教育、社会での倫理教育の促進であります。昔から「明るい家庭は挨拶から」と言われていますように、家庭間においては挨拶にはじまり挨拶に終わるこの基本的なマナーの実践が必要でないかと思います。また「和顔愛語」、このような行動や思想も、社会浄化に貢献できるのではないかと思います。

社会においての職業倫理については、私が以前に読みました尾高邦雄先生の『職業の倫理』(中央公論社、一九七〇)が大変参考になりました。そこには、「職業とは次の三つの目標をめざす継続的活動をいう」と記されています。一つは「個性の発揮」、つまり自己実現、能力発揮であります。次は「連帯の実現」、つまり社会的役割の実現、社会的職業分担の遂行です。そして三つ目が「生計の維持」、職業の物質的側面です。この職業の三つの目標を達成するための心構え、姿勢が「職業倫理」である、このように先生は記述されています。そして、このことには階級など関係ないのだ、ということもおっしゃっています。

宗教の役割

その上で、「宗教の役割」について、述べたいと思います。

・霊性は宗教の独占物ではない。しかし、歴史的に宗教が生命や自然の神秘に対する体験、洞察、智慧などを我々に与えてきたことも事実である。

・宗教は普遍的、霊性的な導き手として、仏的な神的な、または自然的な行いの準則を我々に与えてきたことも忘れてはならない。
・また、人間や社会に全人格的、地球倫理的な改心を促すのも宗教の役割である。
・宗教は、人間の価値が人種や社会構造のなかでの階級によって定まるものではなく、その人の心や行いの善悪によって定まると教えている。
・人間は霊性をもって生まれていて、本質的には平等であり尊厳がある。
・他者に対して、等しく慈悲をもって相対していかなければならない。それが菩薩行、自利自他行の根幹をなしていて、結果として社会浄化につながる。
・また、浄化された社会での生活がさらに人間を昇華させる。

いくつか挙げましたが、さきほどの問題の解決策にはならないかもしれません。しかしながら、この後のパネルディスカッションのときに少しでも討議の材料になればと思います。

縁起と慈悲

最後に繰り返しますが、個々の安心立命、社会の繁栄の実現、また個人と社会の調和のために、何が必要か、結局のところそれは「縁起」ではないかと私は思います。

皆さんもご存知のように、縁起という思想は日本にもございます。地球上すべてのものが、互いに助け合い、存在しあっています。これらの存在は互いに依存しあっています。そして、それらは時間的にも空間的にも隙間なく密接に関連しあっています。そして、人と人、人と地域、そして人と自然（自然というのは「いのち」あるすべてのものです）のつながりを知るために、また目に見えない他者を思うために、不可欠な思想が縁起ではないかと私は思っています。

また、この縁起の思想は、慈悲心を向上させるものです。慈悲の「慈」とは他者に楽しみを与えようとする心構えであり、「悲」とは他者の苦しみを取り除こうとする心構えです。そして、慈悲の心を持つ人は、他者に対して平等であり、寛容であり、慈悲こそが平和主義などの根幹をなすものであると、私は信じています。

おわりに

私は今日、宗教者を代表するという立場ではなく、妙智會の教義に基づいて話をさせていただきましたが、私はこの妙智會の教義から、「縁起」というものを学びました。そして、先祖供養をしながら、縁起というものを、身をもって体験しております。その私が今思うことは、個人の中にいる目に見えない他者（「生命の連鎖」）、そして社会の中にいる目に見えない他者（「生活の連鎖」）、それらの存在を認知していくことがとても大切ではないかということです。そしてさらに大切なことは、日常生活の中でこれらの目に見えない他者を思うことではないかと思います。目に見えない他者を思うことの大切さを学ぶだけではダメだと思います。それを行うこと、実践することが非常に大事なことではないかと思います。

自利利他の実践や個性の涵養、つまり人間教育、そして生活の簡素化、シンプルライフ、これらの促進にも目に見えない他者の存在が大きく関わっていることを我々は知らなければなりません。それ故に「縁起」の思想の実践が重要なのです。

最後に、貴重な機会と時間を与えてくださいました本山先生、そして関係各位の皆様、そして本日の参加者の皆様に心より感謝申し上げます。ありがとうございました。

インタビュー・コラム三　宮本惠司

聞き手　ＩＡＲＰ本部長　本山一博
二〇一三年十月七日　妙智會教団本部にて

本山　霊性とかスピリチュアリティという観点から、個人性と社会性が調和するということについて、宮本先生のお考えを伺いたいと思います。

宮本　妙智會の根本教義は「先祖供養」です。そして、「先祖供養」自体が霊性を体験するひとつのものであると、私は思っています。ただ、今日まで私の知る限りでは、そこまでのことは妙智會では信者の方には伝えていません。霊性を高める、霊性を感じるための先祖供養ということはですね。ただ、私自身が小さいときから、先祖の供養をしている中で、霊性というものを感じてきたわけです。ですから、ここのところを今後の妙智會の教義に明確に入れていくかどうか、ということもありまして、今回の先生からの投げかけは、私にとっても非常にありがたいことでした。今回のシンポジウムで他の先生方からいろいろなお話を聞いていく中で、今の私が進むべき道というものも少し見えてくるのかなと思い、お誘いに感謝しているわけなんです。

創立者、私の祖母の宮本ミツは、「個人の幸せなくして家庭の幸せはない。家庭の幸せなくして社会の幸せはない。そして社会がよくならなければ当然ながら世界の平和は訪れない」と言っておりました。それはたぶん、いろいろな先生方からも指摘をいただいたことですが、祖母が女性であるということが非常に大きかったかなと思います。これはたぶん他の教団でも、創始者が女性の場合は、そのような考え方を持って組織をつくりあげていったのではないかと思います。その後は変わっていくのですけれども、初めはいい意味での女性らしさで、そういう発想をしていったと思います。

祖母は、自身が大病を頻繁に繰り返し、病気がちでありました。また、当時の日本の家庭がほとんどそうであったのではないかと思いますが、金銭的な苦しみもあり、そういう家庭内の悩み苦しみなどがあったわけです。もともと、佛立講をしていて題目を唱えることにひきつけられるもの（それが霊性だと思うのですが）を感じていたのです。その後、霊友会に入会して、先祖の供養ということを徹底的にしたのです。もちろん、当時の日本社会では先祖供養はある程度皆さんされていた時代だったのですが、祖母のしたことはそのようなレベルのものではありませんでした。先祖を集め、平等の法名をつけ、供養していくと幸せになれる。先祖が苦しんでいるから子孫が苦しんでいるのだという非常にストレートで明確な教えに出会って、本人ははっきりした人なので、そんなに明確なものならば、やって答えを見つけようと思ったらしいのです。一度やると決めたら徹底的にやるタイプだったので、先祖をあつめ、一日七回ご供養したというのですよ、一回か二回でいいといわれたのに。本人いわく、私のところの先祖は他の先祖よりも苦しんでいるからということで、そのようにしたわけです。

本山　一回はどのくらいかかるのですか。

宮本　当時のお経の順序だと、一回はたぶん三十分ぐらいかかったと思います。今私たちがいただいているお経巻の方がもう少しボリュームがあるのですけれど。しかし、主婦として家事をしながら、七回あげるのは大変であったと思います。そして、供養と同時に大切なのは、導き（人を信仰に誘い、入信してもらうこと）だとされていました。自分と同じような苦しみを持った人を救わなければいけない、救って初めて先祖もまたさらに成仏できるということです。

妙智會では、今、導きは懺悔の行と捉えています。自分の前世の行いに対して詫びるための一番いい行が導きだ、ということなのです。要は、自分と似た人を導く、菩薩行のひとつですよね。良いものを与えることによって、自分と同じ因縁の人だから、その人を救うことによって、自分の持っている同じような垢がとれていく、ということなのです。逆に、自分と同じだから、その人は導きの後いろいろなことをするわけです。修行の中で、その人は自分の鏡だから、その人を見ていると自分の悪いところが分かる。たとえば、その人がかかあ天下だったら、私もそうだったということになるわけです。そして懺悔していきましょう、となる。だから、導きは自己の啓発になるのです。

祖母もお経をあげながら、気分がよくなってくるわけです。病気も少しずつよくなってきた。これはやはり教えが素晴らしいからだ、いい教えなのだから、私のように苦しい人をたくさん救わなければいけないんだ、ということになっていくのですね。

本山　では、最初は七回のご供養に重点を置かれていたのが、だんだんお導きのほうに軸足を移していかれたわけですね。

宮本　そうなんですよ。先ほど申しましたように、祖母はやりだしたら止まらない人ですから、一気に千名ぐらい導きだすわけです。

お経もしっかりあげ、先祖供養もし、救済のためのお導きもしていく中で、どんどん信者が増えていき、支部長になって、頑張っている支部にいただく御旗もいただいて御旗支部にもなった。さらに修行しながら、お経と導きに励んでいた。

そういう中で、祖母は非常に女性的な慈悲を、信者さんにかけていった。要は、「個人の幸せなくして世の中の幸せはない」、我々男性の感覚ではない、女性としての感覚でしていたんだと思いますね。

本山　そうですね。男性はどちらかというと、「社会の幸せなくしては個人の幸せはない」ですからね。

宮本　当時の女性教主というのは、当時の社会のニーズにあっていたと思うのです。ちょうど、戦前戦中あたりですから、女性が家庭内でも社会的にも、どちらかというと低くみられていた中で、そうはいっても、子供の苦労、お金の苦労、病気の苦、そういうものを全部一身に受けていたわけです。そういう中で、同性からこれをやるとよくなると言われ、言う方も一所懸命ですし、言われた方も同性からそんなに言われるならやってみようかということでやったら、同じように結果をもらう。この繰り返しがどんどん広がっていったのが、年間の千名近い導きにつながっていったのだなと思います。繰り返しますが、個の幸せというものを中心にやってきたことが、当時のニーズにあっていたための結果だと思うのです。

本山　先生の今のお言葉、ちょっと目から鱗でした。当時のニーズという言葉をきいて「ほう」と思ったのですが、当時の女性は、「個が幸せになっていい」と言ってもらって、それだけで救われたようなところがあるのかもしれませんね。昭和十～二十年代に、「あなたは幸せになっていいのよ。それは世界平和につながるのよ」というふうに肯定されるというのは、もしかしたら大変な救いであったのかもしれません。

宮本　そうだったと思います。個の幸せを中心にしたから、当時どんどん会員が増えていった。女性というスタンスでということも大きかったと思います。

ただ、さきほど一博先生が「個の幸せが世界平和になる」と皆さんに伝えたというふうにおっしゃいましたが、私は、そこまで言ってなかったと思うのです。対社会とか対世界ということは、当時の信者さん層にはあまりなかったのかなと思います。子供が病気、お金がない、あの人と喧嘩してどうにもならないとか、貧・病・争ですか、それが導かれ会員になる理由だったのかなと思うのです。世界の平和とか社会浄化とかいうよりは、目の前にある苦しみをとってくれる、それも同性の人に言われているという、やすらぎというか癒しというのか、僕はそれが多かったのかなと思うのですよね。

本山　宮本ミツ会主様の開教宣言には「私は人間で女だけれども、世のために土台となって、世界の柱となる覚悟です」とありますが。

宮本　そのような観点が出てくるのは開教するときなのです。昭和二十五年に開教創立した中で、次のステップに行かなければいけないと当時の会主と会長は思ったのでしょう。当時のいろいろな事情もありましょうが、自分のやっていることに対して、個から社会というものに目を向けていこうと思ったのではないかなと思います。

本山　では、会主様の中でも、一信仰者から支部長になられて、御旗の支部長になられ、そして開教をされ、その中でやはり、個だけではないという視点が生じていったということなのでしょうか。

宮本　もともとそういうものを持っていたと思うのですが、やはり当時の状況の中では、個の救済にウエイトを置かなければならないということがあったと思いますね。ちょうど独立するときがそうだったのかなと思います。御旗支部のときでも、一支部長が、自分のところだけで世界の柱になるとは言えないですよね。そのタイミングもあったのかな。どちらが先ではないと思うのですよ。ちょうど昭和二十五年に、今まで自分の思ってきたこともあり、周りからの要望もありで、独立し、あのような開教宣言をされたのかなあと思います。

本山　なるほど。

個人の幸せと世界平和と霊性の関係をもう少し整理していただけますか。

宮本　先祖供養というのは霊性を感じることですし、生活の中に霊性をもっていくわけですよね。開教当時は何か困った方が来ると、霊的な指導者がその方の因縁をおろして即答してあげるということをしていました。それは、当時の人たちから見ると大変ありがたいことですよね。

本山　因縁おろしというのをもう少し説明していただけますか。

宮本　修行した中で、霊界と結べる人がいるんです。霊界と結んで、その人の因縁をみてあげるわけです。たとえば、病気で苦しんでいる原因は何でしょうかと問われると、それは二代前の先祖が出てるのよ、というふうに答えるわけです。その指導に従って供養をし、それで問題が解決してしまうわけですから、その働きというのは凄かったと思いますね。しかし、その霊的な力というのは個についてのことだけなのです。社会がこうなったときに、何か因縁があるからなのですか、ときかれても、因縁をおろすことは一切ないのです。

本山　要するに個人の困ったことに対して、その因縁は先祖がこう、前世がこうと教えて指導してくれるわけですね。

宮本　今もうちに霊的な指導者が何人かいますけれど、たとえば、今回の中東の争いごとはどういう因縁かみてごらんなさい、というようなことはないんです。ここが、私も長年の中で興味深いところなのです。因縁をおろすということは個なのですね、妙智會の場合はですよ。今日までやってきた中で今の結果はそうなのです。

さきほど先生が言われた個の部分と社会との接点ですよね。それは、もう一度戻りますと、個の幸せをしていけば、必ず社会が良くなってくる。社会というのは個の集まりだから、共同体、コミュニティだから。各社会がよくなれば、その大きなものである世界は良くなる。それが、今日まで、個を中心とする世界平和の考え方です。

本山　個人の幸せの積み重ねで世界平和になるという考え方ですと、たぶん、幸せの質が一番問題になると思うのですが。

宮本　その通りです。質の問題です。そこでさらに問題になるのが「依存」ですよね。霊的な指導は当時非常に大事なものであって、信者さんを増やすためにも非常によかったのですね。

ただ、そうなるともう、信者さんがだんだんと徐々に霊的指導に頼るだけの自分になってしまうわけです。そして、さきほど言った一番大事な修行である、日々の先祖供養を疎かにするようになり、さらには導きもしなくなってしまいます。霊的指導に依存してしまうとやるべきことをしなくなってしまいます。これは私が口をすっぱくして今も言っているのですが、妙智會は日々の先祖供養が大事だよと、そして、今は、懺悔のための導き、これが妙智會にとっての大きな行なんだよ。先祖供養と導きの中で霊性を感じていくわけですが、それはもうしないで、病気をすると本部に来て、霊的指導者に頼んで、自分は何で病気しているのですかと聞く、答えをもらう、良かった良かった、これで終わってしまうのです。教団の持っている特別なものが強すぎると、伸びるときはあるけれども、障害になるときも出てくると思います。

本山　恵司先生は、霊的な指導をなさっているのですか。

宮本　妙智會の場合は、女性しかできないのです。因縁がおりてきて、それをきいてあげる立場の人は、男女どちらでもいいのですが。

本山　霊的な指導に頼るだけの信仰になってしまっているという問題点があって、恵司先生としては、信者さんご自身が先祖供養という修行をして、自分が霊性を感じる方に重点を移していきたいということなのですか。

宮本　実は会主も移したかったので、会主の時代から霊的指導者を減らしてきたのです。「あ、これはやはりまずい」と思われたのですね。会主が一番望んでいる先祖供養と懺悔のための導きをしなくなってしまうということで、徐々に徐々に、会主は霊的な修行をさせないようにしていったのです。したいという人がいても、まだ早いということでさせなかったのです。それを今の会長が受け継いで、どんどん減らして、今、三、四人しかいないのです。

本山　霊的な指導者になる修行というのはどのような修行なのですか。

宮本　うちでは先祖を集めたときに法名を付けるのですが、付けるためには霊感をもらわないと付けられないのです。霊感をもらうためにはどうするかというと、まず、自分が霊感をいただきたいということを誓願して、我々がそれを受けて、ちゃんとお経をあげているか、導きをしているか、日々の妙智の教えを実践しているかを調べます。そういう中で、霊感修行というのをまずやるのです。その人を呼んで、ある場所で、霊感がでているかみるわけです。出ない人もいるんですよ。出た人だけをまた呼んで、入神《にゅうしん》というのですけれど、その方たちに対して神《しん》を入れる。そして、その方たちはさっきいった戒名をつけられるようになるのです。それが一段落すると、次にお題目がつけられる法名の入神があるのです。

本山　お題目をつけるというのはどういうことですか。

宮本　法名には、お題目をつけなければいけない法名というのもあるのです。それをつけられるようになるのです。これが次ですよね。さらに、次の段階で霊的な指導者になれるのです。

本山　霊感がでているかチェックしたり、入神したりというのはかなり秘儀の部分ですね。

宮本　そうです。

　霊的指導というのは素晴らしいものだけれど、しかしそれがあまりにも力を強くすると、教団というのは違った方向にいってしまう危険もあるのかなと思います。その懸念は会主の時代からあったので、会主も霊的指導を減らし、会長もさらに減らし、私も今後どうするかなというふうに、今、考えているところです。ですから、今回のシンポジウムのお話をいただいたときに、妙智會の霊性というものを考えるきっかけをいただいたので、ありがたいなというのは、今の部分も入っているのです。

本山　先祖供養でお経をあげ、霊性を感じるということでしたが、そうすると、霊性というのはどういうものだと思っていらっしゃいますか。

宮本　先祖供養の中での霊性というのは、私は「思い」だと思います。「先祖を思えるか」ですね。よく会主である祖母が私に言っていたことですが、「先祖供養で一番大事なのは、先祖を思えるかどうか」なのです。自分が苦しんでいるから、その自分の苦しみをとるために先祖供養をする人が多いのです。それは先祖を思っていることではないのですよ。自分を治したいから先祖供養を利用しているのです。それは正しい先祖供養ではありません。

　しかし、初めのうちはしかたがないと思います。まして、うちのように「先祖が苦しんでいるから、あなたにもそれが出ている」と言われたら、自分の苦しみを解くための先祖供養でも、初めのうちはやむを得ません。しかし、徐々にそれではダメなのだよと言っていきます。それでは一辺倒の霊性ですよね。

僕は霊性というのは対話だと思っています。お互いに思い思われる、相思相愛でないと、霊性というのは成り立たなくなるのではないかと思っています。供養する相手を思い、思うことによって向こうの思いもこっちに来るわけですから。それは、仏教で言えば回向でもあるわけですから、自分が救われるために、お経をあげるから良くしてくれよというのは、回向にならないわけですよね。片思いでしょう。勝手に思って、先祖を使って良くしようと思う、それはもう一方通行ですよ。利用しているだけでは、正しい先祖供養にはならないと思います。

本山　今のお話を伺っていて、うちの本山博会長(当時)の「宗教は、最初は人間のための宗教だった。でも、そのうち神のための宗教にならなければいけない。」という言葉を思い出しました。ベクトルがどこかで変わるのですよね。今のお話もちょっとそういう構図がありますよね。

でも、なぜそれを霊性と感じられたのでしょうか。

宮本　うちの場合は、相思相愛で先祖との対話をし合っていくと、お経をあげていると、何代か前の先祖のことを突然思ったりするんですよ。それで、過去帳をみると何回忌とかの年だったりするわけです。先祖を思いながらお経をあげていく中で、自分の外の、向こうの世界のことが感じとれるようになってくるのですね。でも、今言ったように、五十年やっていたって、一方通行では絶対に無理です。やはり、先祖を思ってお経をあげていくと、先祖の声が聞こえてきたり、感じてきたりするんですよ。それがとっても楽しくなってくる。先祖が今日はこんなに喜んでいるのか、と感じてくる、分かってくるのです。そうすると、こんなに先祖が喜んでくれるのならと、またお経をあげる気になり、一所懸命お経をあげる。するとまた喜んでいる感じがするのです。この繰り返しが日々のお経になるわけですよね。

本山　自分が喜んでいる、でも実は相手も喜んでいるという、そういう霊性というのは、今回のテーマである個人性と社会性に関わるのではないですか。

宮本　きっかけはそうだと思います。初めは、自分と先祖だから大きなつながりがあるのだけれど、徐々に自分の家族以外の方たちのことも思えるようになってくるわけです。膨大な先祖のことを思えるような心を持つようになると、自分の家族・親戚・先祖以外の方たちに対する思いというのも育まれてくるのでしょうね。そこで、本当の意味の人に対する思いやりというのが出てくるのかなと思います。そういう人がふえてくれれば、当然ながら皆が世界平和のことを考えだすわけですよ。だからといって、社会環境がそうならないと、個の考えというのは、そうならない場合もあるじゃないですか。たとえば、世の中全体が戦争に向かって突き進んでいくときには、個人が平和について考えることも主張することも難しくなるでしょう。

でも、妙智會の私としては、ひとりひとりが先祖を思う心を持つようになれば、その人たちは社会の中で他人を思える心を絶対に持てるようになると思っています。そういう人たちが増えていけば、菩薩たちが増えているわけですから、当然、世界は平和になると思います。

本山　まとめますと、惠司先生のお考えでは、片思い的な自分中心の先祖供養から、先祖を思う相思相愛の先祖供養に転換をすること自体が霊性であり、そこに先祖という目に見えない人たちとの社会性が生じてきて、それが目にみえる世界の社会性に敷衍していく。自分の中に留まって、自分だけの視点で一方的にものを見ているのを止めるところに、霊性の価値がある。

このようなことでいいでしょうか。

宮本　その通りです。

本山　今日、霊的指導の話が出ましたのでもう一つお伺いしたいのですが、霊性というと霊能を思い浮かべる人も多いと思うのですが、霊能と今先生がおっしゃった意味での霊性の関係というのは、どのようなものでしょうか。

宮本　僕はどこかではつながりがあると思いますが、完全なつながりではないと思います。霊的な指導をする方たちの霊能と、日々の先祖供養の中での霊性は、やはり違いがあると思います。私が見てきている中での話ですけれどね。

　会主が私によく言っていたのは、日々の先祖供養と導きをちゃんとしないと、いただいたものは薄れていく。能力がおちていく。うちの場合、能力をいただくには入神をするわけですよね。入神をするためのチェック事項で一番大事なのは、先祖供養をしているか、導きをちゃんとしているか、この二つです。この二つをせずに霊能が高まるはずはないと思っています。日々の実践、精進があってこそ、霊能は高まっていける。霊能力は一瞬のうちになくなるものだよ、減るものだよ、と会主はよく言っていました。だから、力を持っている人は、普通の信者さん以上にしっかりと日々の修行をしていかなければならない、ということを言っていました。

本山　霊性が高まれば自ずと霊能力がでてくるというのとは違うお考えですね。霊性の低い自我におちている霊能者も見かけます。高潔な霊性を感じさせても、いわゆる能力のない人もいる。

霊能と霊性の関係の問題はまだまだ整理しきれない、宗教界の大問題でしょうね。今回のテーマである霊性、個人性、社会性といっても、その霊性が何をさしているのかというと、いろいろな先生のそれぞれの定義があると思う。今日の宮本先生の定義は、また新しい定義だと思います。

宮本　個の霊性からの発展の中で、社会、世界の調和というところにいくと思うのです。

私も毎日、法嗣という立場で、前以上にお経をあげているのですが、この頃、お経ってやっぱりすごいなと思うのです。五十八歳になって、今頃言うのもなんですけれども。こういう家に生まれたのだから、イロハを覚えるより先にお経をあげていたんですよ。五十五年以上お経をあげているわけです。だけど、最近もお山に行って、皆さんが集まる前に、朝の三時からずっとお経をあげていたのですが、そうしたら感動して、お経ってすごいとはっきりと感じました。今はお経をあげるのがさらに楽しくなっているのです。この体験から、今言えることは、ただただお経というのは素晴しいということだけです。今さらこんなことをいうのもお恥ずかしい話なのですが。

会主、会長からお経は素晴しいと聞かされ、日蓮様も「お経というのは一字一字が仏様の姿なり」とおっしゃった。普通は「そんなあ、だって字じゃないか」と思うじゃないですか。それがなんとなく分かってきたのですよ。そのように分かることが、どこまでの霊性だかわかりませんが。それと、母がなくなってから、もう一度、うちの先祖のことを調べているのです。僕はもう三代目なのだから調べなくてもいいわけですよ。だけど、僕には僕の先祖供養があると思い、先祖をもう一回調べてお経をあげていたら、今言ったようになってきた。
　個のための霊性というのが、私においても凄いプラスだし、今申し上げた私の今回の体験によって、新宗連（新日本宗教団体連合会）とか世界宗教者平和会議（ＷＣＲＰ）という社会貢献する団体にも、私は少しは力になれるかなと思えてきた。意識のある人は、その力を社会に使おうという気持ちになってくる。

本山　意識のある人というのはどういう意味でおっしゃっているのですか。

宮本　意識を持っていないと個で終わってしまうと思います。会主も会長も社会勉強をすごくされていたのです。特に会主は女性でしたが、政治から何から、新聞は何紙も読み、テレビのニュースは必ず見て、社会に対する意識というのを高めていたのです。

本山　ああ、うちの教祖も小学校を出ていないのに凄い勉強家でした。

宮本　そうなんですよ。我々孫は会主のお誕生日には広辞苑を買ってあげていたのです。その広辞苑をボロボロになるぐらい読み込むのです。分からないことがあると広辞苑を見て、全部大学ノートに書いてましたよ。えらい勉強家でした。今の会長もそうでした。そういう意味の意識なのです。意識がないと、個だけの霊性は素晴しいとは思うのだけれど、社会に対する意識を持ってこそ次のステップになるじゃないですか。意識を高めると、個の霊性から次の霊性にいくような気がするわけです。

本山　そういう意識をもつことは霊性の開発に役立つということですね。

宮本　凄く役立つ。だけど、うちはスタートは「個」なのです。個がベースにないと、意識を持っていてもダメだと思うのです。はじめに意識ありきではダメです。個の霊性の修行をする中で意識を持っていくと、貢献できると僕は思っていますね。

本山　ちょっと感動しました。

宮本　社会貢献の意識を持っている人たちが霊性を高めていけば、社会浄化になると思いますよ。霊性——思いやりだったり、相互理解だったり、相思相愛だったりね——そういう霊性を高めた人が、社会に対する意識を持って、いろいろな貢献をしていくと、非常に変わっていくのではないかと思っています。

本山　そういう意味で、宗教団体の役割というのは、広く社会の人たちの霊性を底上げすることかもしれないですね。

宮本　おっしゃるとおりです。それが一つの普遍だと思います。

個々の宗教団体というのは大きなショッピングモールに出ているテナントですよ。まず、ショッピングモールに人が来なければダメですよね。まずは我々が心を一つにして、このショッピングモールいいですよと訴えていく。すると、皆が来ますよね。後は自分の好みの店に入ればいいのです。このようなことが僕がずっと思っていることです。その思いから新宗連にもWCRPにも出ているのです。

話を戻しますと、私は霊性というのは、個がしっかりと感じとっていくものであり、霊性を高めた人が社会意識を持っていけば、世の中というのは変わっていくと思います。

本山　いろいろ興味深いお話を伺いましたが、先生の霊性の定義を伺って、「人間中心の宗教から、神中心の宗教へ変わっていかなければいけない」という本山博会長の言葉を急に思い出しました。言葉は違っても、行っている実際の宗教活動は違っても、ある種の転換、一方向から双方向へという転換が、やはり霊性なのかなと思いました。

宮本　回向ですよね。僕は、一方通行では霊性は高まらないと思います。妙智會の場合は、先祖供養がきっかけ。先祖がきっかけの中で、相手を思う中で、その中で先祖以外の御神仏の声も聞こえてきますよね。

第三部　生きる場の智慧

——公共哲学と経営哲学

第五章　地球的なコミュニティとスピリチュアリティのビジョン

小林正弥

序　東西哲学の統合的視点

地球コミュニティが実現するためには、その基礎となる公共哲学においても東西の思想が統合されていく必要がある。そこで西洋政治哲学におけるコミュニタリアニズムの立場を踏まえつつ、東洋哲学の人間観と統合することによって、地球的なスピリチュアリティとコミュニティへの展望（ビジョン）を描いてみよう(1)。

一　リベラル・コミュニタリアニズム

（一）個人と社会

リベラリズムやリバタリアニズムなどのような主流派の公共哲学においては個人の自由意思に基づく選択を重視するから、コミュニティや社会よりも個人の重要性を強調する。この観点からは、たとえば伝統的な共同体や会社のような共同体が個人を抑圧することが批判され、個人の自律性や自由・権利が尊重される。そしてコミュニタリアニズムに対しては、共同体を重視する反面として、個人の自由や権利を蔑ろにするという危険性が指摘される。

このような批判は国家主義や伝統的な共同体を重視する思想に対しては正しく、非常に重要である。しかし、今日のコミュニタリアニズムに対しては必ずしも正しくはない。今日のコミュニタリアニズムはアメリカなどの北米ではじめに展開し、個人の自由・権利などの重要性は前提としながら、その行き過ぎに対する批判として始まったものだからである。

この点を明確にするために、今日のコミュニタリアニズムを「リベラル・コミュニタリアニズム」と呼ぶことがある。(2) これは、個人や自由の重要性を前提にするという点でリベラルなコミュニタリアニズムという意味である。これに対して、そうではなくて個人や自由・権利の重要性を軽視する類似の思想は「保守的コミュニタリアニズム」と呼ばれたりする。筆者はそれを「右派的共同体主義」と呼んだこともある。[3]

(二) アミタイ・エツィオーニの「新黄金律」——自律と秩序のバランス

この相違をもっとも明快に説明しているのは、社会学者アミタイ・エツィオーニの『新しい黄金律——「善き社会」を実現するためのコミュニタリアン宣言』(麗澤大学出版会、二〇〇一年、原著一九九七年)である。エツィオーニはアメリカ社会学会会長も務めた著名な社会学者だが、コミュニタリアンを自称して「応答的コミュニタリアン運動」という知的・社会的運動を開始した。[4]

彼は『コミュニティの精神——権利、責任、そしてコミュニタリアン的課題』(原著一九九三年)において、リベラリズムが権利だけを強く主張するのに対し、過剰な権利論に反対して、権利と同時に責任も自覚する必要性を主張した。そして非強制的な「道徳の声」の重要性を強調した。

彼は「新黄金律」においては、コミュニタリアニズムをリベラリズムだけではなく右派の社会的保守主義とも異なる公共哲学として特徴付けた。

もともとの黄金律は個々人の関係をめぐるものであり、個人について他人が喜ぶことをする(あるいは喜ばないことはしない)ように、ということである。『聖書』(マタイ、七—一二)では「人にしてもらいたいと思うことは何でも、あなたがたも人にしなさい。」というように肯定形で言われており、『論語』(顔淵編)では「己の欲せざる所を、人に施すこと勿かれ」と否定形で言われている。

これに対して彼の言う「新黄金律」とは個人とコミュニティとの関係についてのものである。そして個々人の「自律」（遠心力）とコミュニティの「秩序」（求心力）という二大基本的美徳のバランスを取ることがコミュニタリアニズムの基本的発想である、というのである。

たとえば彼が住むアメリカは権利の主張が激しく自律が強すぎるから、責任を自覚して秩序の方を強調しバランスを回復する必要性がある。これに対して、中国などでは権力により秩序が保たれている反面、個人の自律が少なく権利が十分に確立していないから、個々人の自律や権利の必要性を強調する必要がある。

このようにエツィオーニはこの本ではコミュニタリアニズムとリベラリズムとの相違とともに、コミュニタリアニズムと社会的保守主義との相違も明確にしている。彼はコミュニタリアニズムにリベラルな要素も前提として含まれていることを明示したわけであり、その点では「リベラル・コミュニタリアニズム」という呼び方がふさわしいと言えるだろう。

(三) ロバート・ベラーの「心の習慣」——個人とコミュニティの相補的関係

同じように宗教社会学者のロバート・ベラーも、個人とコミュニティとの相互補完的関係を指摘している。彼は『徳川時代の宗教』（邦訳『日本近代化と宗教倫理』未來社、一九六二年、原著一九五七年）などの著作を執筆したように日本の宗教にも詳しいが、その後、彼を中心とする研究グループ（R・ベラー、R・マドセン、S・M・ティプトン、W・M・サリヴァン、A・スウィドラー）は『心の習慣——アメリカ個人主義のゆくえ』（みすず書房、一九九一年、原著一九八五年）というベストセラーによって今日のアメリカ人の精神的状況を描き出して著名になった。

この本で彼は、アメリカの「近代的個人主義」が「負荷なき自己」（マイケル・サンデル）をもたらして「分離の文化」へと導いて公共的生活を衰退させたというように指摘して、近代的個人主義を批判した。実際には私たちは「負荷ある自己」であり、私的生活と公共的生活とは対立する背反関係ではなく、双方が相補的でありうる。個人主義には、貧しい個人主義ではなく、伝統やコミュニティへの能動的な関与（コミットメント）から豊かな内容を引き出す個人主義も存在する。だから、かつては分離や個人主義は専制的な過去から私たちを解放するために必要だったが、今では関与とコミュニティを再生させる必要がある。

このように彼らはコミュニティの再生を主張したので、彼らもコミュニタリアニズムの論者の中に入れて論じられることがある。彼らは個人主義をすべて批判しているわけではなく、哲学的な存在論的個人主義やそれと結びついた近代的個人主義（功利主義的個人主義と表現的個人主義）には批判的な一方で、アメリカ建国期に大きな役割を果たした聖書的個人主義や共和主義的個人主義は高く評価している（同書、第六章）。

そして、聖書的個人主義や共和主義的個人主義を再び取り戻して、「まとまりのある文化」を再生させることを主張している。そうすることによって新しい社会的統合への道が開け、公民的美徳やつながり、相互依存、そして共通善ないし公共善へと向かうことが可能になる、というのである（同書、第一一章）。

だから、彼も倫理的個人主義（聖書的個人主義と共和主義的個人主義）を重視するという点で、リベラル・コミュニタリアニズムの論者と言えよう。

（四）両極の中庸ないし対理法的統合

このようにエツィオーニにせよ、ベラーにせよ、リベラル・コミュニタリアニズムの論者たちは個人とコミュニティを二項対立で捉えるのではなく、その双方のバランスや相互補完関係を指摘している。

アリストテレス倫理学や儒教の言う「中庸」の概念を用いれば、エツィオーニの言う個人とコミュニティのバランスは、この両極の中庸の立場に相当すると言えよう。またベラーの言う個人とコミュニティの相補的関係は、この両極の対理法的（弁証法的）な統合を志向すると言えよう。

個人とコミュニティとの関係は、哲学的には個人性・多元性・原子性（自由、自律、権利など）と社会性・共通性・全体性（秩序、責任、義務など）との関係に対応する。リベラル・コミュニタリアニズムは、リベラルな要素とコミュナルな要素というこの双方を重視し、その両極のバランスを取る中庸の立場（エツィオーニ）やその対理法的統合を目指す立場（ベラー）と言うことができよう。

二　空間的次元における全体論的・場所的個人

（一）コミュナルな場所の影響

リベラル・コミュニタリアニズムの論者たちは「コミュニティ」を重視することが多いが、地理的な空間ないし場所よりもむしろ人間関係を中心に考える傾向が強いように思われる。しかし、「コミュニティ」はさまざまな空間ないし場所において形成されており、そこには場所の特性や規模の大小が存在している。

そこで、このような空間的特性に注意を向けるコミュニタリアニズムを「空間的コミュニタリアニズム」と呼ぶことにしよう。地球・国民国家・地方というように規模の大小により、筆者は「大コミュニタリアニズム」「中コミュニタリアニズム」「小コミュニタリアニズム」と区別している。[5]たとえば近年は「インターネット・コミュニティ」も重要になっており、それは地理的な場所ではなく、不可視のインターネット空間に存在している。伝統的な閉鎖的・同質的コミュニティと、開放的・多元的コミュニティという性格の相違も存在する。またコミュニティと結社（アソシエーション）とは区別されるが、「コミュナル・アソシエーション」ないし「アソシエーショナル・コミュニティ」というような混合的類型も存在する。[6]

そして地理学では、「空間（space）」概念が三次元座標軸における抽象的・一般的・客観的・均質的で無機質なものを想定しているのに対し、「場所（place）」はそれとは違い人間の立場や思い、経験、視点などの具体的・個別的・主観的な性格を帯びる概念であるという考え方が存在する。(7) コミュニティにとってはこのような意味における「空間」が基盤として大事であると同時に、その「空間」は人間たちにとって具体的で固有の「場所」でもある。簡単に言えば、コミュニティは「空間」としては三次元空間の座標軸の中で表示することができるのに対し、コミュニティの「場所」はそこに存在する人々や動植物、土地の性質・景観、さらには世界観・人生観を含む文化や社会などのように、そこに住み生きる人々にとっての感覚や意味を帯びるのである。

たとえば都市の「場所」と山岳などの地方の「場所」とでは人間にとっての性格に相違があるから、人々の生き方に違いが生じてくる。つまり、場所の性格は「善き生」の具体的な特質に影響を与えるのである。空気や水、緑などによる場所のエコロジー的性格が人間の健康や生き方に影響を与えることは明らかだろう。さらに東洋では家相や地相のような観念が存在する。その科学的な真偽を脇に置いて思想として考えれば、気のような不可視のエネルギーが人間の生に影響を与えるという見方がここには存在しており、これは東洋的な場所論と言えるだろう。

コミュニタリアニズムと東洋哲学との関係を考える場合には、参禅体験を踏まえて構築された西田哲学における「場所」の概念に注目することが有意義だろう。もっとも、通常の「場所」概念と、西田幾多郎の思想における哲学的な「場所」の概念では、その意味に相違がある。(8) 西田哲学の「場所」の概念は、意識が対象を包み込み映し出すところであり、哲学的に言えば「述語的一般者」であり、この究極の述語である「一般者の一般者」が「無の場所」である。

通常の「場所」はあくまでも空間に存在する具体的・個別的なものであるのに対し、西田哲学における「（無の）場所」は自己の根底や根拠に論理的に想定される純粋に論理的な概念である。だから、この双方を「表層的場所」と「深層的場所」、それについての理論を「浅い（表層）場所論」と「深い（深層）場所論」と呼ぶことができよう。

もっとも西田幾多郎は後期には表層的場所との関係についても目を向けた。「場所」の究極や本質は「無の場所」であるのに対し、「環境」は人間が身体として存立する「有の場所」であり、さらに空間的には「人間の世界」、時間的には「歴史的世界」という位相を取る。[9] ここで言う「無の場所」は深層的場所であるのに対し、「有の場所」である「環境」、すなわち「人間の世界」や「歴史的世界」などは表層的場所である。[10] 以下では基本的に表層的場所を考え、必要に応じて深層的場所についても言及する。

個人だけを考えるのならば、あえて空間や場所を考える必要は少ない。けれども、コミュニティにおけるコミュナルな人間関係を考える場合には、その人間関係が存在する物理的な空間、さらには場所に目を向ける必要が生じる。たとえば、都会という空間や場所は、開放的な人間関係の形成を容易にするのに対し、田舎の空間や場所は、その文化とあいまって閉鎖的な人間関係をもたらしやすい。エコロジー的世界観が示しているように、私たちは想像以上に自分たちの生きる空間や場所の影響を受けているのである。

だからコミュニティを活性化してそこに生きる人々が幸福になるためには、場所をより良いものにすることが大切である。たとえば公害などで汚染された空間や場所では人々は健康を害されやすい。人々が健康になるためには、自然に恵まれたより良いものへとその場所の環境をエコロジー的に向上させる必要がある。

(二)　全体論的個人の概念

リベラル・コミュニタリアニズムの代表者の一人チャールズ・テイラーは論文「すれ違い――リベラル―コミュニタリアン論争」(一九九五年)において、マイケル・サンデルらのコミュニタリアニズムが集合主義であるという批判に対して、存在論的には全体論的だが、規範的には全体論的ではないと説明した。そして、存在論的には全体論的だが規範的には個人主義的な思想が存在することを指摘して、これを彼は「全体論的個人主義」と呼んだ[11]。

ここでいう「存在論的全体論」とは、私たちがバラバラな原子論的世界に存在しているのではなく、言語などを考えてみればわかるように、私たちの住む世界は存在としては相互依存の関係が存在しており、それを全体として認識する必要があるということを表している。

他方で「個人主義」とは、政治的な主張においては、政治的な全体主義とは異なって個々人が自律的で個人として考えて行動することを表している。そこで「存在論的個人主義」とは、存在論においては相互依存関係や全体性の認識を持ちながら、規範的には個人主義的な考え方を主張することになる。

つまり「存在論的全体論」がコミュナルな考え方を表し、「個人主義」はリベラルな考え方を表していると言えよう。「存在論」における「存在」の中には上述の空間や場所をも含んでいるから、「場所論的全体論」という考え方もここから提起することもできよう。

他方で「全体論的個人主義」にいう「個人主義」は、エゴイスティックな個人を意味するわけではは必ずしもない。存在論においては相互依存や全体性の認識があるので、全体に配慮した上で個人主義的に行動するということになるからである。ベラーの言う聖書的個人主義や共和主義的個人主義がそうであるように、個人とコミュニティとの相補的関係に基づいて思考し行動する個人主義もここには含まれている。

ただしテイラーは「全体論的個人主義」の観念を詳しく書いているわけではないから、その内容には不明確なところが残っている。そこで以下では存在論的な全体性を認識し、全体との関係に配慮して思考し行動する個人という意味で「全体論的個人」という概念を用いることにしよう。このような個人は、個人として自律的に思考し行動しつつ全体の要請と調和しているという点で、個人と全体、あるいは個人とコミュニティとを統合するような存在と言えよう。言い換えればこのような個人は、個と全体とを対理法的（弁証法的）に止揚する存在である。

（三）場所的個人

全体論的個人は空間的観点からすれば「場所的個人」と言うこともできよう。これを「空間的個人」と呼んでは物理的空間との関係における個人を考えてしまうので、意味がよくわからなくなってしまう。これに対して「場所的個人」とは、その具体的な場所の全体を意識し認識して、その上で思考し行動する個人という意味である。

ここでいう「場所」には、先述のように物理的な空間とともにそこに存在する動植物や人間（やその文化・社会）が含まれる。場所的個人とは、これらの存在の状況を全体的に認識して、それらの存在との関係において思考し行動する個人を指す。

だからごく簡単に言えば、そのような個人は「その場所に即した思考と行動ができる個人」、つまり「場所にふさわしい行動やふるまいができる個人」を意味する。たとえばある仕事場においては特定の服装やマナーが望ましいとされているとしよう。そのような暗黙のルールやコードを無視して行動する人は、その場には不適切ということになる。これに対してそのような場所にとって適切な行動を取ることができる人が、その点では場所的個人である。

もちろん多くの状況では求められる適切さはさらに複雑だったり高度だったりする。たとえば文章を書く際にもその文章の「場所」を考える方が良い。それが学術雑誌に掲載される学術論文なら、そのルールに基づいて学術用語を用いながら適切な注記を行って精密に論述することが必要になる。これに対してそれが一般読者を想定する雑誌や書籍ならば、書き方を変えてなるべくわかりやすい言葉や文章で説明することが望ましい。このような「場所」に基づいて、いわばチューニングを行い適切な文章を書くことのできる人がこの点においては「場所的個人」ということになる。

（四）表層的場所における人間の多様性と対話

さまざまなコミュニティにおいて場所的個人として行動することは、必ずしも容易ではない。地理的環境や動植物との関係において場所にふさわしい行動を取ることも必ずしも簡単ではないが、特に人間世界に関しては多様な人間が存在するからである。これは一般に人間の複数性・多様性と言われる問題である。

上記の例のように一定の共通ルールが存在している場合には、それを知ればそれに即して行動することが可能だろう。同じように、価値観・世界観が共通しているコミュニティにおいては比較的共通の考え方が共有されているから、それに基づいて行動すれば大きな問題が生じないことが多いかもしれない。

しかし、細かな問題においては共通ルールが存在していない場合もあるから、それについては人ごとに多様な意見が存在しうる。さらに今日の世界では価値観・世界観が多様になっているから、大きな問題に関しても共通の考え方自体が成立していない場合も数多い。

リベラリズムやリバタリアニズムのような主流派の公共哲学では、今日では「善き生」に関する考え方が多様になっているから、基本的には権利によって正義を考えるしかないと主張している。

これに対してコミュニタリアニズムでは、その多様な考え方をする人々の間で対話を通して相互に理解を深め、共通の善に接近することを目指す。

この観点からすれば、他者との対話を通じて共通善の認識へと接近し、それに即して個人としても思考と行動によって「善き生」を可能な限り実現することができる人が場所的個人に近いと考えられる。このような人がリーダーとなれば、そのコミュニティは共通善を実現することが可能になり、発展するだろう。

（五）深層的な場所的個人

ただ、これは言うは易く、行うは難しい。個々人にはその人の個性や癖があり、長所があるとともに短所や限界も存在するからである。他者との対話を行っても、どうしても自分の観点からの見方にとらわれやすく、自他関係を超えた第三者ないし超越的な高い視点からの見方にはなれないからである。だからなかなか共通善には到達できない。

自他の相対的な見方を超えるためには、究極的には自分自身の立場を超えて、その場所全体の立場から見る必要がある。そのためには一時的にでも、自分個人の原子論的な立場を離れて全体論的な視点に移行する必要がある。

このためには利己主義的（エゴイスティック）な考え方から離れる必要がある。そもそもコミュニタリアニズムでは、その地域や伝統における「善き生」が重視され、人間の自己はその文脈の中に埋め込まれていて「負荷ある自己」となっている。この「自己」は、エゴイズムを斥けそれを超える自己である。

場所的個人というときには、さらにその「自己」をも超え、仏教的には「無我」の立場が必要になるかもしれない。自分自身の個性や癖は、いわば「我」の特性である。利己主義的な「自我」ではなくとも、人間が人間である限り、個性や癖としての「我」に視野は制約されがちである。だからこのような「我」が一時的になくなることによって、我を離れた全体の視点に立つことが可能になるからである。これは、いわば「我なき我」とも言えよう。

これは、大乗仏教では「空」の直観に基づくことになるが、西田哲学ではそれを論理的に「(絶対)無の場所」の立場と捉えた。一定の「空間」に、空気やさまざまな物質や人間が存在する。しかし、この現象としての人間も世界も実相は「空」であると観じたときに、その「空間」の基底にある「場所」を意識し、自分はその「場所」に「於《お》いてある」ことがわかる。西田幾多郎がその究極は「絶対無の場所」と捉えたように、この「場所」は深層的場所である。だから、これだけでは現実の共通善や「善き生」における行動を導くのは難しい。

そこで西田幾多郎も後には、「場所」を「環境」や「社会」などの「世界」との関係で考え、「有の場所」を「媒介的場所」と捉え返して、その上で「我」と「汝」の関係を把握しようとした。前述のように、この「環境」などの「世界」は「表層的場所」である。私なりに考えれば、深層的「場所」のもとの均一的な「空間」にさまざまな電場・磁場のような「場(field)」が物理的に現れる。

東洋思想であれば「気」のような不可視の存在ないしエネルギーも想定し、その「場」も考えるかもしれない。可視的ないし不可視の場の作用のもとで具体的な「場所」が現象として存在しているというのである。

ここにおいて深層的場所が表層的場所と関わり、深層的場所の直観的認識が表層的場所における具体的思考や行動に影響するのである。このとき、深層的場所に於《お》いてある個人は、表層的場所において深層的場所の観点から我と汝の関係、言い換えれば個々人の関係を見ることができるようになる。これが先述の「場所全体の立場」からの見方である。

（六）永遠のプロセスとしての場所的個人

この立場からの見方は、その人の「我」からの見方を超えている。逆に言えばその人は自分の「我」からの見方を超えなければならないから、その認識と行動においては常に場所全体の立場に立つことによって「我」の自然な傾向性を超えなければならないという要請に挑戦し続けることが必要になる。ここには強力な注意能力や自制心ないし自己統制能力が必要になるだろう。

老荘思想で言えば水の喩えを想起すれば、これはわかりやすいだろう。「上善は水の如し。水は万物を利して争わず、衆人の悪《にく》む所に処《お》る。故に道に幾《ちか》し。」（『老子』第八章）と言われるように、水は分け隔てなく万物を潤し、器によって柔軟に対処し、姿を変える。

通常の人間は、「我」というアイデンティティ（自己同一性）を変えることはできず、その視点からしか他者を見ることができない。けれども場所全体の立場から見て行動するということは、「我」の自己同一性を変えて場所全体の観点から自分の思考と行動を行うことを意味する。それは、「場所」という器に応じて「我」を柔軟に変化させて思考し行動することを可能にするだろう。

これは、深層的場所の立場に立った個人が、表層的場所に即して自分の思考と行動を変化させて実行することを意味する。このとき通常の「我」は無我となっているから、他者の立場も深く理解した上で全体の立場からの思考と行動を行うことが可能になるのである。このような「我」を宗教的には「大我」とか「真我」と表現する人もいるだろう。

とはいえ、このような「場所的個人」は論理的には想像可能でも、現実に実行することは難しい。さらに一時的に全体論的な立場に立ったと思っても、それはすぐに失われがちである。だからこの限界を乗り越えていくためには不断の注意力や自制心が必要になるだろう。

そしてその理想を実現するためにも、他者との対話は必要不可欠だろう。それによってこそ、自分の「我」からの限界ある視点と全体の立場との乖離をチェックしていくことができるからである。

こうした努力によっても、場所全体の立場に不断に立ち続けることは有限な人間には極めて困難であり、ほとんど原理的に不可能であろう。だから全体論的個人あるいは場所的個人という理想像は、具体的な個々人にとっては、いわば永遠の理想として、それに接近する永遠のプロセスとしてのみ存在しうると思われる。それは、現実の個々人の「我」にとっては、「我」をなくして「場所」へと向かう永久革命の理想に他ならないだろう。

（七）永遠のプロセスとしての共通善の促進

そもそも多様な人間の世界において共通善を実現することは永遠の課題である。有限な人間存在にとっては、十分に対話を行っても意見の対立が続くときには、あるコミュニティにとっての共通善を確実に知ることはしばしば困難である。そしてひとたびそれを知り得たと感じたとしても、時間の経過とともにそれは変わっていき、新しい時点での共通善をまた知りうるかどうかは定かではない[12]。

もっとも、場所的個人は永遠の理想ではあるにしても、それに近い存在はコミュニティにとっての共通善についてその他の人びとよりも正しい認識を得ることができる。我を超えてコミュニティ全体の立場から認識することができるからである。だからそのような個人がコミュニティの何らかのリーダーとして人びとを牽引するときには、共通善の実現は相対的には容易である。

しかし、そのような存在が仮に最高のリーダーだったとしても、他の人びとがその意見に納得して協力するかどうかは状況によって異なるだろう。また他のリーダーが存在するときは、その人の意見は通らないことがありうるだろう。

さらに場所的個人が何のリーダーでもなく、一市民に過ぎない場合も多々ありうる。そのようなときにはその意見は多様な意見の中の一つに過ぎないから、その洞察が実現しないことは多いだろう。その場合、対話が十分に行われるにしても、コミュニティの共通善が実現することは困難だろう。

このように考えてみると、場所的個人が何らかのリーダーであっても一市民であっても、その人の全体論的洞察に基づいて共通善を十分に実現できないことは多い。しかしそうではあっても、そのような意見が提起されていることは意味を持つだろう。多数の人々の意見の一つであっても、そのような意見が他者の意見に影響を与える可能性が存在し、それによってそのコミュニティ全体の意思決定が少しでも共通善の方向に接近する可能性があるからである。

場所的個人に近い人がいようといまいと、人々は政治において対話を通じてコミュニティの共通善へと近づくように務めていく必要がある。その実現は、完全にはなかなか実現しがたいという点で、いわば永遠の理想であり、それは永遠のプロセスとなる。その永遠のプロセスにおいて場所的個人に近い人の存在は、何らかの度合いにおいてその接近を促進し、永遠の理想を現実化する可能性を地上に閃かせるのである。

三　時間的次元における地球的展開

(一) 場所の時間的展開

さて、場所的個人が意識する場所も時間的に展開する。抽象的な空間としては、有史以来、日本も地球も同じように地理的に存在するが、具体的な場所は大きく変化したからである。

地球の歴史は約四十六億年と言われているが、新人類が誕生したのは約二十万年前とされ、その間、原始的文明から今日の文明に至るまでさまざまな文明が展開してきた。それとともに、コミュニティも場所としての様相を変えつつ変化・発展してきたわけである。

コミュニタリアニズムは静態的と批判されることがあるが、筆者は時間の相のもとにコミュニティの展開を捉えることを主張し、そのようなコミュニタリアニズムを「時間的コミュニタリアニズム」ないし「生成的コミュニタリアニズム」と呼んでいる。このような観点からすれば、コミュニティの生成とともに場所も生成変化していることになる。

（二）宗教的進化とコミュニティの生成発展

この歴史的展開については文明論や歴史学でさまざまな見方が提起されているが、ここでは前述のロバート・ベラーや社会学者アイゼンシュタットらの議論に基づいて宗教的展開を俯瞰してみよう。

ベラーは論文「宗教の進化」（一九七三年）において、「原始宗教（アニミズム、シャーマニズム）↓古代宗教（王国などの宗教）↓歴史宗教（枢軸時代に発生したキリスト教、仏教などの世界宗教）↓初期近代宗教（プロテスタンティズムなど）↓現代宗教」という進化論的な見方を提起した。[13]

このような展開は、その基盤となるコミュニティの展開とも結びついている。原始宗教であるアニミズムやシャーマニズムは原始的な部族などに見られ、神話的世界観を軸にしている。これに対して古代宗教は古代王国に見られ、エジプトの宗教がその王国と結びついているように政治と宗教が相互補完関係にあった。

日本でも、縄文時代や弥生時代のような原始的な部族時代には神道の原型に相当するアニミズムやシャーマニズムが自然崇拝として存在した。古代に入ると大和朝廷が成立し、古事記や日本書紀によって古代国家を正当化する役割を持つ宗教としていわゆる神道が形成された。この古代の神道は古代宗教に相当する。神道の場合もそうであるように、古代宗教はその国家の民族に独自の民族宗教になる場合が少なくない。

原始宗教や古代宗教では、現世での繁栄や長寿などを目的とすることが多い。これに対して枢軸時代（後述）に誕生した歴史宗教では、キリスト教や仏教のように現世を拒否して超越的世界に向かう傾向が強い。だから歴史宗教が支配的だった中世には、修道院やサンガ（僧伽）が重要な役割を果たした。

そして、釈尊の出家やキリストの十字架が体現しているように、現世の王国のような政治権力とは関係を一度は絶ち、弾圧も受けた。それにもかかわらず、それらは当時の国境を超えて人々の間に普遍的に広がった。そのためこれらの宗教は大陸レベルで広がり、いわゆる世界宗教になったのである。歴史宗教は人々の心を強く捉えたので後になると政治権力はそれを無視できなくなり、ローマ帝国のような帝国が国教とすることも生じるようになる。

だから歴史宗教の段階で、その基礎となるコミュニティは王国のような一国家を超えて拡大し、ヨーロッパやインド、中国といったように大陸レベルで広がることになる。こうして基礎となるコミュニティは「部族→国家→大陸規模の帝国」というように拡大してきたわけである。

初期近代宗教は主としてキリスト教のプロテスタンティズムのことを指す。これは、マックス・ヴェーバーが『プロテスタンティズムの倫理と資本主義の精神』（岩波文庫、一九八九年）で説明したように、世俗内禁欲によって現世での市場経済の発展を促した。カトリック教会では司教などの教会を通じて人々が神につながるという考え方だったのに対し、人々が神と直接向かい合うことによって個人としての平等をそれは可能にした。そこでイギリスにおけるピューリタン革命をはじめとして、政治における民主主義の展開も促したのである。

このような発想が「（初期）近代」という時代を特徴付け、近代国家における市場経済や民主主義の発展をもたらした。今日は国民国家の時代だから、コミュニティの基礎は国民というコミュニティとなり、中世における帝国よりも縮小した。もっとも市場経済は国境を越えて展開する側面も持っており、今日では経済的グローバル化の進展によってそれが新しい時代の課題を生み出している。

（三）理念の三次元的発展と地球的コミュニティの生成

このような展開を整理すると、原始時代には小規模のコミュニティで宗教的要素と政治的要素が未分化に結びついていたのに対し、古代では王国という規模のコミュニティで権力による垂直的な次元が分化した。ただ、この次元と古代宗教のような超越的次元とは相補的に結びついていた。

ところが歴史宗教は権力の垂直的次元から宗教の超越的次元を明確に分離させた。そうすることによってコミュニティの規模は一国家を超えて大陸規模で拡大したのである。さらに近代宗教は、超越的次元から現世的秩序を再編するように働いたが、この現世的秩序は古代国家のように垂直的な権力を強化するというよりもむしろ、市場経済や民主主義のような平等な水平的次元を分化させて発展させたのである。

そして今日では経済的グローバル化の進行によって、既存の国民国家中心の政治経済体制が動揺している。グローバル経済の動揺を国民国家は統御できなくなりつつあるし、地球環境問題のような地球大の問題にも国民国家は十分に対処できない。もちろん第二次世界大戦後に国際連合が形成され、国際的協力体制は構築されたが、国際連合はこのようなグローバルな問題の解決にはまだ力が弱い。

つまり水平的なグローバル経済が国境を越えて進展しつつあるのに対して、垂直的な権力は依然として国民国家の段階を中心にしているので、対処しきれずにいる。国際連合を再編強化して垂直的な地球的権力を構築するためには、国民国家がネーションというコミュニティを基礎としているように、地球的なコミュニティが文化的に形成される必要がある。

今日は、国際交流の進展によって人類全体のコミュニティという発想は強くなりつつあるものの、まだまだ国民のネーションの方が強い。地球的コミュニティは未だに生成途上にあると言えよう。経済的コミュニティとしてはグローバル経済としてかなり発展してきているが、それに続く文化的コミュニティや政治的コミュニティはようやく今、その歩みを始めつつあるという初期的状態なのである。

（四）複層的アイデンティティと「地球的日本人」

地球的コミュニティが進展してグローバルな政治体が発展するとしても、だからといって現在の国民国家が意味を持たなくなるとは思えない。将来の地球におけるコミュニティを想像すると、「地球コミュニティ、国民的コミュニティ、地方的コミュニティ」というようにコミュニティが複層的に存在することになるだろう。

従来は国民国家が中心であったのに対し、大きくはグローバルなコミュニティが進展するとともに、国家よりも小さいローカルなコミュニティも重要性が再認識されるだろう。だからこの双方の傾向をあわせて、「グローカル」という言葉を用いることもある。地球的コミュニティの基礎の上に成立する地方的コミュニティを「グローカル・コミュニティ」と言うことができよう。日本について言えば、地球コミュニティの上に存在する日本というコミュニティを「地球的日本」と呼ぶことができる。

地球的コミュニティを想定するコミュニタリアニズムを「地球的コミュニタリアニズム」と呼んだり、あるいはローカル・コミュニティの重要性にも目を向けて「グローカル・コミュニタリアニズム」と呼んだりすることもできるだろう(14)。

このような将来のコミュニティにおいてはアイデンティティも複層化するだろう。現在では自らのアイデンティティを国民国家に置く場合が多いから、たとえば日本では「日本人」という自己認識を持つ人が多い。これに対して複層的コミュニティの時代においては、「地球人、日本人、〇〇県人（市民、町民など）」というように「複層的アイデンティティ」が成立していくだろう。これは「グローカル・アイデンティティ」とも言えるだろう。

最大の地球的コミュニティと現在の国民的コミュニティに絞って話を進めれば、基礎には「地球人」という人類共通の自己認識が存在した上で、各ネーションにおけるアイデンティティが成立するようになるだろう。日本ならば、「地球的日本人」というアイデンティティが成立するわけである。

（五）新枢軸時代の地球的スピリチュアリティ

地球人というアイデンティティが成立するためには、文化的なグローバリゼーションが進む必要がある。そのためには宗教的・精神的なグローバリゼーションが不可欠である。

現在の世界宗教と言われるものは、キリスト教にせよ仏教にせよ上述の歴史宗教であり、枢軸時代に成立したものである。枢軸時代とは、哲学者カール・ヤスパースが提起した概念で、普遍的な統一的世界史の枢軸になるような思想が世界各地で生まれた紀元前五〇〇年前後（紀元前八〇〇―二〇〇年）を指している。この時代に生まれた宗教は、民族宗教の垣根を越えた普遍性を持っているが、流布した地域は基本的にはヨーロッパやインド・中国などの大陸規模であって、真に世界全体とはなり得ていない。だから、たとえばキリスト教とイスラームの間のような宗教戦争や宗教紛争が生じたのである。

そこで本当に地球的な文明が成立するためには、それぞれの地域の宗教ないし精神性が地球化していくことが重要だろう。そこに成立すべき宗教性や精神性のことを筆者は「地球的スピリチュアリティ（霊性・精神性）[15]」と呼んでいる。これは「地球全体、人類全体において共通な普遍的霊性」を意味する。二十一世紀以降は文明論的に見て、このような精神性が誕生すべき時代と考えられる。ヤスパース自身が今後「第二の枢軸時代」が生じることを予想しており、これを「新しい枢軸時代」とも呼ぶことができよう。

スピリチュアリティという用語を筆者は「霊的実在の存在」と「心における精神性」という二つの意味で用いており、それぞれを「実在的霊性」「（主観的）精神的霊性」と呼んでいる[16]。これに対応して、この新しいスピリチュアリティの要件を次のような二点によって考えることができるだろう。

第一に、地球上において、人間の実在的霊性あるいは霊的実在・実相（神仏や超越的世界など）には地域や人種・宗教・文化などの相違を超えて一定の共通の普遍性が存在し、深層において諸宗教の間に矛盾や対立は実在せず、その間の相違は表層的な個性や特色の違いに過ぎないという認識が成立することである。

たとえば、キリスト教・イスラーム・仏教などの世界宗教にせよ、ヒンドゥー教や神道などの地域的ないし民族宗教にせよ、それぞれが示す実在ないし実相は、それぞれの個性や特色を持つものの、その中核や究極や基底などには共通の普遍的な核心が存在する。それぞれの宗教において人々が信仰する神や仏や超越的世界の具体的な姿（天国・極楽とか地獄、霊界など）はもちろん宗教ごとに異なるものの、それらの最高ないし究極の実在や実相には、呼び方や捉え方は異なっていても、実は共通性が大きい。そして、さまざまな個性的な現れとして、多様な諸宗教やその信仰する超越的実在や実相が存在しており、その間に実は矛盾や対立は存在しない。地上における宗教的対立や紛争は、人間の側の把握の仕方における対立に過ぎない。

このような認識は、キリスト教神学者ジョン・ヒックの言う「宗教的多元論」に近い。これは、究極的な実在が多元的な形で諸宗教として現れているという考え方である。ただ必ずしも究極的な実在がさまざまな宗教の超越者（神や仏など）として現れているということまでは認めなくとも、深層において地球上の諸宗教の間に矛盾や対立は存在しないということが認められていれば、それは地球的スピリチュアリティの認識と言えるだろう。

第二に、地球上において人間の精神性・主観的霊性には、地域や人種・宗教・文化などの相違を超えて一定の共通の普遍性が存在し、その間の相違は個性や特色の違いであるという認識が成立することである。

たとえばキリスト教・仏教・イスラームや儒教などのさまざまな宗教ないし精神的思想には人間が生きるべき道が示されており、その表現形態はしばしば異なっている。しかし、それぞれが信仰や帰依、愛や慈悲や同胞愛や仁を説いており、それらには一定の共通性がある。たとえばキリスト教の愛と仏教の慈悲のように、それぞれの宗教が強調する考え方には強調点や特質の相違が存在するが、それらが矛盾するというわけではない。また、仏教が悟りを目指すのに対し神道のように必ずしもそのような目標を掲げない宗教が存在するように、すべての宗教が同じ精神的な目標を説くわけではないが、それは焦点を置く箇所の相違であり、その間に矛盾は必ずしも存在しないのである。

このような見方は、カトリックの神学者ハンス・キューングの言う「地球倫理」に近い。キューングは「①殺すな、生命を尊重せよ、②盗むな、正直に公平にせよ、③嘘を言うな、真実に話し行え、④性的不道徳を犯すな、お互いに尊敬し愛せ」という四項目を世界人類に共通の「地球倫理」として抽出し、それに賛同する人々はそれを国際連合で公布して世界的な良識にしようと試みた。[17]この四つは仏教では在家信徒も守るべき五戒の中の「①不殺生、②不偸盗、③不妄語、④不邪淫」に相当する。

地球倫理は地球的スピリチュアリティの精神的（主観的）霊性の側面を倫理として具体的に明示しようという試みといえよう。この四点を必ずしも特定的に明示したりそれに同意したりしなくとも、地球上の精神的霊性に一定の共通の普遍性が存在することを認識していれば、そこには地球的スピリチュアリティの認識が生じていると言えよう。

以上のような二要件を、地球的スピリチュアリティの「地球的共通性（普遍性）」の要件と呼ぶことにしよう。

（六）宗教間対話とグローカル・スピリチュアリティ

第一の枢軸時代と類比させて考えれば、このような認識は一つの宗教的運動によって一気に世界的に生じるというよりは、世界の各所で一定の期間に同時多発的な認識として生じ、やがて世界の宗教的良識となっていくことが期待される。

それは新しい宗教的・精神的運動として生じることもあるだろうが、同時に地球上の既存の宗教における伝統の中から現れてくることもあるだろう。後者のような展開を促進するのが「宗教間対話」である。

「会話」と「対話」を区別して考えれば、「宗教間会話」が複数の宗教間で考え方の違いを棚上げにして円滑なコミュニケーションを図るものであるのに対し、「宗教間対話」は考え方の違いを正面から話し合うものである[18]。だから教義や信仰に関わる問題についての議論は「宗教間対話」であり、それによってお互いの考え方をより深く理解できるようになる。

宗教間対話が進展しても、教義や信仰の内容についてお互いの考え方は完全には一致しないことが多いだろう。けれども対話によって理解が深まることにより、お互いの考え方の共通点も明確になるだろう。それによって上述のような地球的共通性・普遍性の認識が成立すれば、対話に加わった宗教間で地球的スピリチュアリティが成立していくことになる。

そして地球的共通性の存在が確認された上で、なお残る相違点に関しては、その宗教やスピリチュアリティの特色と考えられる。ちょうど個々人について共通性と差異性が存在するように、各宗教やスピリチュアリティに関しても共通性と差異性が存在するのである。

キリスト教や仏教のような歴史宗教の場合、世界宗教とも言われているように、これまでもともと普遍的な宗教とされているから、ある意味では地球的宗教でもある。しかし上述のような認識を改めて明確に自覚することは重要であり、そのような自覚を確立したとき、「地球的キリスト教」とか「地球的仏教」などと呼ぶことができるだろう。

これに対して古代宗教ないし民族宗教のように国民や民族に即して成立している宗教の場合には、その想定する超越者や祭祀・神話・超越的世界などは、その地域に固有の色彩を帯びているだろう。これは、グローバル（地球的）・スピリチュアリティに対して「ローカル（地方的）・スピリチュアリティ」と呼ぶことができる。そして、地球的スピリチュアリティの認識を持ちつつ、地方的スピリチュアリティを認識し尊重するという考え方は「グローカル・スピリチュアリティ」と呼ぶことができよう。

（七）グローカルなスピリチュアリティとアイデンティティ

日本という地域を考えるならば、日本神道における八百万の神々という神観念はたとえば一神教の神観念とは異なるが、人間を超えた超越的存在という点では共通性があり、この二つを必ずしも排他的に捉える必要はない。これらを統合的に理解することは可能であり、歴史上そのような試みもさまざまな形で行われてきた。神道の高天原という超越的世界観は、キリスト教の天国の観念とはもちろん同じではないが、共通性も存在する。

また神道の人間観においても霊魂観（一霊四魂など）は存在し、キリスト教でも霊魂の観念が存在する。さらにその倫理における清明心は、たとえば聖書で「心の清い人たちは、さいわいである。彼らは神を見るであろう」（マタイ、五章八―九）と言われているように、キリスト教にも似た教えが存在する。

だから宗教間対話によって、神道的な立場からも地球的スピリチュアリティの存在を認識することは可能である。とはいえ、上述のさまざまな側面を考えれば自明なように、神道の考え方にはキリスト教とは異なるところも多いから、深い宗教間対話をしても、これらは神道固有の考え方として残る場合が多いだろう。

これは、世界の中では日本という地域に存在する地方的スピリチュアリティである。そして地球的スピリチュアリティと地方的スピリチュアリティの双方の要素を認識することによって、神道としてのグローカル・スピリチュアリティの認識が成立するのである。

もちろん、これまでの神道にはこのような地球的スピリチュアリティの認識を伴っていないものも多かった。だからそのような神道と区別して、グローカル・スピリチュアリティとしての認識を持っている神道を「地球的（グローバル）神道」とか「グローカル神道」と呼ぶことができるだろう。

そして仏教にせよ神道にせよ、このような地球的ないしグローカルな思想こそが、宗教的に地球人としてのアイデンティティの基礎の上に、日本人としてのアイデンティティを成立させることに寄与しうるだろう。つまり地球的神道ないしグローカル神道こそが、「地球的日本人」という地球的アイデンティティないしグローカル・アイデンティティを確立させうるのである。

もちろん、このようなアイデンティティの成立は宗教的要素がなくても可能だろう。けれども従来の国民的ないし民族的アイデンティティの相当数が宗教的側面を持っていたことを思えば、これからの新しいアイデンティティの成立において宗教ないしスピリチュアリティが重要な役割を果たしうることも決して軽視すべきではないだろう。

四　結語　スピリチュアル・コミュニタリアニズムの永遠革命
——時空間的な統合的・複層的・多次元的展開

地球的コミュニティは、すでに確立したものではなく、いま正に生成しつつある将来のコミュニティである。だから、そのようなコミュニティを理論的に考えるためには時空間的な視座が必要になる。そのようなコミュニタリアニズムは「時空間的コミュニタリアニズム」ということができよう。

そのビジョンにおいては、水平的次元において地球・国民国家・地方というような複層的な場所が存在する。それぞれに対応して、地球的なコミュニティを基礎にし、国民国家や地方におけるローカルなコミュニティが複層的に生成する。これは「複層的コミュニティ」であり、そこに成立するアイデンティティも「複層的アイデンティティ」である。日本について言えばそれは「地球的日本」であり、「地球的日本人」である。

このようなアイデンティティが成立するためには、超越的次元において地球的スピリチュアリティないしグローカル・スピリチュアリティが成立することが望ましい。たとえば神道であれば、地球的神道ないしグローカル神道が成立すれば、地球的日本人というアイデンティティも生成しやすいのである。

歴史的に見るとコミュニティは、何らかの宗教的・精神的思想を中核とするときに、力強く生成発展しやすい。その思想がそのコミュニティにおける「善き生」の理想を提示し、それによってコミュニティにおける共通性が明確になり、人々の間で連帯や助け合いが生まれやすいからである。たとえば日本というコミュニティは、神道や仏教、さらには儒教などの思想のもとに古代から成立し発展してきた。

このように超越的な次元におけるスピリチュアリティと水平的な次元におけるコミュニティとを統合的に捉えて「スピリチュアル・コミュニティ」と呼ぶこともできよう。そして、このような考え方を中核にする思想を「スピリチュアル・コミュニタリアニズム」と呼んでもいいだろう。もともとコミュニタリアニズムには宗教性・精神性・倫理性が存在し、倫理的コミュニティないし道徳的コミュニティという発想は存在するので、これはその性格が強い場合の呼称ということになる。

もっともあえてコミュニタリアニズムというからには、スピリチュアル・コミュニタリアニズムにおいては水平的・超越的次元だけではなく、垂直的な次元における権力や政治の問題も考える必要がある。グローバル経済の進展は水平的なグローバル化を進めたが、地球的スピリチュアリティないしグローカル・スピリチュアリティは超越的な次元における文化のグローバル化を進め地球的文化を成立させるだろう。同じように垂直的な次元においても政治的なグローバル化が進展していく必要がある。これはグローバル・ガバナンスを本格的に強化することを意味しており、地球連邦ないし世界連邦のような地球的公共体を実現することが大きな将来の課題となるだろう。

そして地球における複層的コミュニティにおいても、個人性と共通性・社会性・普遍性の双方が存在する。リベラル・コミュニタリアニズムは主として国民国家を想定しながら上述のようにこの二つの要素のバランスを取ることを主張している。その二つの要請を統合するのが全体論的個人ないし場所的個人であり、これに近いリーダーないし個人によってこの二要素の統合的なバランスは促進される。

地球的コミュニタリアニズムないしグローカル・コミュニタリアニズムの視点からすれば、このような二要素は国民国家だけではなく地球的コミュニティにも存在するし、地方的コミュニティにも存在する。複層的なそれぞれのコミュニティにおいて、この二要素を統合的に展開する必要が存在する。全体論的個人ないし場所的個人も、国民国家という全体ないし場所だけではなく地球や地方という全体や場所においても必要である。このような場所的個人は「地球的場所的個人」とか「グローカル場所的個人」と呼ぶことができよう。

たとえば地球的な場所的個人は、自分の個人的な「我」や、日本人やアメリカ人などにおける国家的な「我」（ナショナル・アイデンティティに基づく我）を超える必要がある。そして、地球全体の場所における多様な人びとの考え方を視野に入れながら、地球全体の要請と多様な国家や個人の要請との統合的なバランスを実現するような思考や行動を行う。そのような人がリーダーとなったり影響力を持ったりすることによって、地球的な政治における共通善の実現へと接近するだろう。

このような共通善は「地球的共通善」ないし「グローカル共通善」に他ならない。恒久平和の達成は地球的共通善の最大の要素だろう。

これは遠大な夢である。そもそも場所的個人そのものやコミュニティの共通善の実現自体が、理想としての永遠革命のプロセスである。それ故、地球的ないしグローカルな場所的個人や、地球的共通善ないしグローカル共通善の実現もまた永遠革命の課題であり、永遠のプロセスに他ならないのである。

註

（1）この論稿は、二〇一四年のＩＡＲＰシンポジウム「地球社会の新しいビジョン——心身・霊性・社会」での講演「地球的コミュニティのビジョン」をもとにしており、ＩＡＲＰの創立者である本山博氏の思想を念頭に置いている。それについては、小林正弥「『形而上学の夢』と『視霊者の夢』——魂問題と社会的ビジョン」（樫尾直樹、本山一博編『人間に魂はあるか？——本山博の学問と実践』第一章）参照。本稿と本山博氏のビジョンとには「個人性と社会性」の考え方や「場所的個人」の概念などの共通点があるが、本稿は独立した哲学的論理として展開しているので、本山氏の概念や所説と全く同じとは限らない。
（2）これについては、菊地理夫「はじめに」（小林正弥・菊地理夫編『コミュニタリアニズムのフロンティア』勁草書房、二〇一二年）四―五頁。
（3）小林正弥、終章「コミュニタリアニズムのフロンティア」（同上書）三〇三―三四五頁、特に三〇九頁。
（4）詳しくは、小林正弥監訳『ネクスト――善き社会への道』（麗澤大学出版会、二〇〇五年）解説「エツィオーニのコミュニタリアニズム」、二一二―二三七頁。
（5）小林、前掲「コミュニタリアニズムのフロンティア」三〇九―三一一頁。
（6）小林、第一章「マイケル・サンデルとリベラル――コミュニタリアン論争」一〇二―一〇四頁（菊地理夫、小林正弥編『コミュニタリアニズムの世界』勁草書房、二〇一三年）。
（7）E・レルフ『場所の現象学――没場所性を超えて』（筑摩書房、一九九九年）。
（8）一般的な場所の概念については、清水博『場の思想』（東京大学出版会、二〇〇三年）などを参照。
（9）竹内昭「西田哲学における『場所』と『環境』の関係構造」（法政大学教養部『紀要』一二三、二〇〇三年）一―二七頁。
（10）コミュニタリアニズムと京都学派との関係については、菊地、小林編、前掲『コミュニタリアニズムの世界』第一一章の補説「京都学派」（小林正弥・栩木憲一郎）および、前掲『コミュニタリアニズムのフロンティア』の終章「コミュニタリアニズムのフロンティア」二三八―二四四頁、三二九―三三五頁。

(11) 詳しくは、小林、前掲「マイケル・サンデルとリベラル―コミュニタリアン論争」一七―一九頁。

(12) 小林、同右、一〇八―一一〇頁。

(13) 詳しくは、小林正弥「地球公共的霊性の哲学的展望――『文明の衝突』を超えるために」（日本平和学会編『スピリチュアリティと平和』早稲田大学出版部、二〇〇七年）七二―七四頁。

(14) 小林、前掲「コミュニタリアニズムのフロンティア」三四三頁。

(15) これについては、小林、前掲「地球公共的霊性の哲学的展望」八九―九一頁。

(16) 同上、九二頁。

(17) 小林正弥「地球公共平和とスピリチュアリティ」（鎌田東二編『講座スピリチュアリティ学二　スピリチュアリティと平和』ビイング・ネット・プレス、二〇一五年）二九頁。

(18) 小林正弥「公共哲学と宗教間対話――コミュニタリアニズム的観点から」（樫尾直樹、本山一博編『宗教間対話のフロンティア――壁・災禍・平和』国書刊行会、二〇一五年、第九章）参照。

インタビュー・コラム四　小林正弥

聞き手　IARP本部長　本山一博
二〇一三年十一月二日　小林先生御自宅にて

小林　シンポジウムではアミタイ・エツィオーニという人の思想を少し紹介したいと思います（第八章、一四五―一四六頁参照）。エツィオーニが強調しているのは、本山博先生の言葉でいえば、個人性と社会性のバランスなのです。エツィオーニは「自律と秩序」と言っているのですが、国によってそのバランスが悪く、たとえば当時のアメリカは余りにも自律（個人性）の方にいってしまって秩序（社会性）がなくなっているから秩序を強調した方がいいとか、逆に、日本とか中国は秩序の方が重視されていて自律性が少ないから自律性を重視した方がいいというように、コミュニタリアニズムの考え方を整理してコミュニタリアン運動を行いました。そして一国のコミュニティに留まらず、グローバルなコミュニティということも言っているのですね。エツィオーニらの考え方よりもさらにグローバルな観点を強調しているのが、私たちが提起しているグローバルな公共哲学とかグローバルなコミュニタリアニズムなのです。その辺のコミュタリアニズムの概要を紹介し、それが「本山博先生の言われている個人性と社会性とか、地球社会のビジョンということと非常に近い」という話をしようかと思っています。
個人性と社会性に限らず、二項対立の状況というのは世の中にいろいろありますが、本来は、バランスで真ん中をとるというのではなく、対話を展開してもっと高いところに統合していくというのが理想だと思うのです。けれども、現実社会でそれがなかなか難しいときに、バランスとか中道というのが近似的な解かなと思っています。

本山　今のお話を伺っていて、昔僕が、「フランス革命の三原理、自由・平等・博愛（友愛）で、自由と平等は対立概念の上に具体的な政策と結びつく、でも博愛は具体的な政策と結びつかないのではないか」と言ったら、小林さんが、「いや、この具体的な政策と結びつく自由と平等の対立概念を、根底で支えて両立させるのが博愛概念ではないのか」とおっしゃったのを思い出しました。

小林　まさにそういうことです。友愛とか博愛というのは、対立を対立に留めず、統合とか止揚とかいう方向に向かわせる力であり、バランスをとるだけではない可能性を含んでいる概念だと思っています。

本山　そうすると、自由・平等・博愛という構図と、個人性・社会性・スピリチュアリティ霊性という構図は、似ているのでしょうか？

小林　非常に似ています。友愛をスピリチュアリティと言い換えてもかまわないと思います。
私は、スピリチュアリティという言葉を、人間の主観的な精神性と、不可視の実在という二つの意味で使っているのですが、友愛という概念は主として前者、精神性の方です。しかし、フランス革命の頃の人たち、たとえばジャン・ジャック・ルソーなどは自然の秩序などの実在の感覚も持っていた、と思います。

本山　この場合、実在というのは、実際にいる「神」ですね。スピリチュアリティの内在、外在ということを考えると、やはり本山博的場所概念にどうしてもいきますね。

小林　今、公共哲学とか社会哲学、環境論などでいわれている場所の概念というのは、どちらかというと時空間的な、表層的な場所の概念なのです。ただ、もちろん、そういった場所の概念と西田哲学などの深層の形而上学的な場所概念との関係を考えようという議論はありえます。ただ、その二つをはっきりと結びつけている議論は、それほど多くはないと思います。

本山　本山博場所論の概念を単純化しすぎていうと「魂の奥底を覗けばそこには他の人に通用する普遍性が自ずと備わっている」ということにつきるかもしれないのですが。

小林　そういう見方を現実の政治とか経済とか人間の生きる世界との関係でどう生かしていくかというときに、地理的な場所、時空間的な場所との関係を考えていった方が、より形而上学的な深い場所の概念が生きるのではないかと思っています。

我々が今まで政治や経済を考えるときに、どういう場所的環境にあるかということは、あまり考えないでいました。ところが、自然環境の問題などで深刻な破壊を巻き起こしているわけですから、そういう意味での場所的感覚も人間のコミュニティをより良くさせるためには重要だと思っています。

経営学の理論でも場所を重視している思想があります。企業や工場をひとつの場所ととらえて、場所をしっかり整えた方が、企業は活性化し、経済的に伸びていく。また、組織のミッションとか理念を実現させるために、現実の場所が役割を果たす。たとえば、対話しやすく、みんなが議論して活性化していくような空間の作り方もあるし、そういう対話が遮断されていて活性化しないような空間の作り方もある。部屋の作り方とか工場の造り方などは、かなり大きな影響を現実の人間の行動パターンとか思考パターンとかに影響を及ぼします。さらに言うと、今、地形や環境との関係で、どういう都市を造るかとか、エコロジカルシティという話もされている。本山博先生も、東洋的な森の文明と西洋的な砂漠の文明を比較され、土地の状況とか地形との関係で、宗教や文化の方向性、個性が変わっていくとおっしゃっていますね。

本山博先生の「場所」の概念は地球全体も含むような大きな概念が根幹にあるけれども、同時に本山先生は、「自分の中に日本という国が感じられる、県が感じられる」という感覚もお話しになっていらっしゃいますね。個人が、国レベルで場所的な意識をもったら、日本の国土が荒廃して自然がなくなるような状況には痛みを感じるわけだから、修復して自然環境をもう一回エコロジカルな環境に整えたいという気持ちが出てくるのではないでしょうか。そうだとすると、形而上的な場所が表層的な場所論とも関わってくる。

昔は、自然環境を尊重する生き方をしていて、「ここは立ち入ってはいけない、こういうふうに使ってはいけない、こういうものは尊重しなくてはいけない」などの規則があったと思います。ああいうしきたりは先祖代々確立してきたもので、人間が頭で考えつくったものもあるとは思うけれども、限定されたものにしても場所的意識に目覚めた個人がシャーマンなどにいて、その人たちが、そういう自然環境と共生する考え方を確立したという場合もあるのではないかなと思うのです。そういう智恵を今、現代社会は、科学的な方向に行っていて失ってしまっているから、自分が好き勝手に使いたいように自然を改造して、その結果として自然破壊という危機を招いているのではないかと思います。

空間的な場所の中に形而上的な次元があるし、形而上的な場所の感覚の中に現実の時空間の感覚があり、私はこの二つには結びつきがあると思っているのです（第五章、一五一頁参照）。けれども西田哲学の専門家たちと話しても、表層的な場所論と形而上的な深層の場所論の関わりの話はあまり出ない。もしかすると聞いてもおそらくその答えは出てこないかもしれません。

本山　たしかに二つの場所論を結びつけるのは知的にも実践的にもハードルが高いかもしれないですね。

場所的意識を持った人といえば、稲盛和夫先生のところにインタビューに行ったとき（『人間に魂はあるか？』所収）、私は善を追求するのに個人的なものと社会的なものとを区別しないとおっしゃっていたでしょう？

小林　普通の発想だと、個人個人で考え方が多様で違うから、個人の考える善が全体の善と違うことは十分にありうる。場合によっては対立する。そこで「議論して共通の善を模索していきましょう」というのが実はコミュニタリアニズムの基本的な思想なのです。稲盛会長がこの二つを区別して考えないというのは、私たちからみると、その二つが密接に関連しているという感覚を表現されたのかもしれません。

稲盛会長は経営判断をするときに、この行為が善に通じているのかを常々問い直して、それで重要な決定をすると話されています。自分で深く考えて判断した善が、公共善と等しいという感覚は、もし本当のものである場合には場所的な意識に近づいているときに現れるのだと思います。場所的な意識に近づけば、個人の善と公共の善が一致していくのだと思います。

本山　では、どのようにすれば、一致していくように霊性を高められるのか、思うところがおありでしょうか?

小林　東洋的な思想だったら、瞑想や修行をすることで、自分の殻を突破して場所的な意識に目覚めれば、自ずと直観的にそういう善が自覚できるということだと思います。ヨーロッパ的な発想では、対話によって個人の限界を越えてより高い立場へと止揚が生じると、自分の考え方と全体の立場が接近していくと言えると思います。そしてこの二つは、同じことの別のアプローチというふうに理解できると思います。

本山　小林先生は、よく対話の後に瞑想的なことをなさいましたよね。瞑想と対話を同じ時と場所でする、併用することによって効果が高まるのですか?

小林　私はそう思います。高校生向けの対話型講義をしたときも最後に「振り返り（瞑想的なこと）」をして、非常に評判がよかった。「振り返り」は瞑想の「外から自分を見る」というのと基本的には同じ方向を向いていると思うのです。

本山　場所論的な発想はやはり対話と瞑想を結びつけるものがあるのかもしれないですね。

第六章　スピリチュアリティと稲盛経営哲学・人生哲学

栗屋野盛一郎

私は盛和塾横浜、盛和工業株式会社の栗屋野盛一郎と申します。私のような者が、錚々たる素晴らしいパネラーの先生方と共に、この場に立てるということは、人生において大変貴重な体験をさせていただいていると恐縮すると同時に、深い感謝の念を申しあげたいと存じます。まことにありがとうございます。

盛和塾について

まず、私がお世話になっております盛和塾について紹介させていただきます。

盛和塾は、もともと京都の若手経営者が、京セラ株式会社の稲盛和夫社長（当時。現・名誉会長）から人としての生き方［人生哲学］、経営者としての考え方［経営哲学］を学ぼうと、一九八三年に集まった自主勉強会に端を発しています。真剣に学ぼうとする塾生とそれに応える稲盛塾長が、互いに魂の火花を散らす人生道場であり、また塾生同士の切磋琢磨の場となっております。現在では、全国各地の盛和塾に多くの若手経営者の皆さんが熱心に集まっております。稲盛塾長は心ある企業経営者こそが明日の日本を支えるとの信念に基づき、ボランティア活動としての盛和塾に熱心に取り組んでいらっしゃいます。

盛和塾の会員数は、七〇塾（国内五四塾、海外一六塾）、八〇五九名（二〇一二年一〇月末現在）となっております。一九九二年より始まった全国大会（二〇一一年より世界大会に名称変更）には、真摯に経営を学ぼうとする経営者が国内外から集まります。年に一度二日間にわたる勉強会は、会場全体が塾生の熱気と一体感に包まれます。二〇一二年第二十回世界大会では四千名の参加者がありました。世界大会では、選ばれた塾生による経営体験発表と塾長の講評、さらに魂を打つ塾長講話、稲盛経営者賞の表彰式、他塾生との出会いや交流の場となる懇親会など、一人ひとりの利他の精神が波動となって、明日への誓いを新たにする大きな感動の波紋が広がっています。私も二〇一〇年この盛和塾第十八回全国大会で三六〇〇名を超える参加者の前で経営体験発表をさせていただきました。

会社紹介

弊社は次の経営理念を掲げております。

・全従業員の物心両面にわたる幸福を追求し社会の進歩に貢献する。

・お客様に喜んで頂ける技術、サービス、製品を提供し、売上を最大に経費を最小にして公明正大に利益を追求する。

事業の概要は次の通りです。

機械装置部と環境機器部という二部門があります。

機械装置部では、宇宙開発用開発設備の供給、シールド（トンネル掘削機）の油圧装置台車、各種試験機、一般産業機械、工作機械プレスの油圧源製作、建設機械掘削機、大型産業用機械の油圧装置を、設計から製造まで行っております。それらのほとんどが特注の一品生産品であり、さまざまな分野のものを幅広く取り扱っております。

環境機器部では、光触媒関連商品、光触媒フィルター、光触媒環境浄化装置の開発製造をしており、第十八回神奈川工業技術開発大賞の地域環境技術賞受賞商品、第三十一回日立環境財団・日刊工業新聞社の環境賞優良賞受賞商品があり、平成十九年度横浜市企業提案型ＳＢＩＲ環境部門認定を受け、平成十九年からは、ＮＥＤＯ「循環社会構築型光触媒産業創成ＰＪ」に参加しております。

スピリチュアリティと稲盛哲学

それではシンポジウムの本題へ入らせていただきます。

まずは「スピリチュアリティ」という言葉の意味がよく解らなかったので、早速調べてみますと、ウィキペディアでは次のように「スピリチュアリティ」を九つの要素に分解して定義されていました。

※編注：二〇一五年七月現在、ウィキペディアにおいて、現象学派心理学（phenomenological psychology）のDavid N. Elkinsらの視点からの定義として、以下の定義が掲載されている。

一　超越的次元の存在……超越的次元、すなわち何かしら「見えない世界」の存在を信じ、それと繋がることで力を得ていると感じる。

二　人生の意味と目的……人生には意味があり、存在には目的があると確信している。

三　人生における使命……生への責任、天命、果たすべき使命があると感じる。

四　生命の神聖さ……生命は神聖であると感じ、畏怖《いふ》の念を抱く。

五　物質的価値……金銭や財産を最大の満足とは考えない。

六　愛他主義……誰もが同じ人間であると思い、他人に対する愛他的感情を持つ。

七　理想主義……高い理想を持ち、その実現のために努力する。

八　悲劇の自覚……人間存在の悲劇的現実（苦痛、災害、病気、死など）を自覚している。そのことが逆に生きる喜び、感謝、価値を高める。

九　スピリチュアリティの効果……スピリチュアリティは生活の中に結実するもので、自己、他者、自然、生命、何かしら至高なる存在等とその個人との関係に影響を与える。

それでは、このスピリチュアリティと関連して、われわれ塾生がお世話になっています盛和塾での「哲学」について考えていきますと、次の三つの偉大なる「教え」に行き着きます。一つ目は「経営の原点十二カ条」、二つ目は「六つの精進」、三つ目は仏教の教えでもある「六波羅蜜」であります。塾生はこの三つの「教え」を実践できるように日々努力をしております。

それでは内容を紹介させていただきます。

「経営の原点十二ヵ条」

一　事業の目的、意義を明確にする……公明正大で大義名分のある高い目的を立てる。

二　具体的な目標を立てる……立てた目標は常に社員と共有する。

三　強烈な願望を心に抱く……潜在意識に透徹するほどの強く持続した願望を持つこと。

四　誰にも負けない努力をする……地味な仕事を一歩一歩堅実に、弛まぬ努力を続ける。

五　売上を最大限に伸ばし、経費を最小限に抑える……入るを量って、出ずるを制する。利益を追うのではない。利益は後からついてくる。

六　値決めは経営……値決めはトップの仕事。お客様も喜び、自分も儲かるポイントは一点である。

七　経営は強い意志で決まる……経営には岩をもうがつ強い意志が必要。

八　燃える闘魂……経営にはいかなる格闘技にもまさる激しい闘争心が必要。
九　勇気をもって事に当たる……卑怯な振る舞いがあってはならない。
一〇　常に創造的な仕事をする……今日よりは明日、明日よりは明後日と、常に改良改善を絶え間なく続ける。創意工夫を重ねる。
一一　思いやりの心で誠実に……商いには相手がある。相手を含めて、ハッピーであること。皆が喜ぶこと。
一二　常に明るく前向きに、夢と希望を抱いて素直な心で

以上が稲盛哲学の根幹であります「経営の原点十二ヵ条」になります。続きまして、「六つの精進」をご紹介します。

「六つの精進」
一　誰にも負けない努力をする
二　謙虚にして驕らず
三　反省のある毎日を送る
四　生きていることに感謝する
五　善行、利他行を積む

六　感性的な悩みをしない

それぞれの項目について説明いたしましょう。

「誰にも負けない努力をする」

より充実した人生を生きていこうとするならば、人一倍努力を払い、仕事に一生懸命打ち込まなければなりません。自然界に生きている動植物はみな、必死に生きています。われわれ人間もまた、まじめに、一生懸命に働くということが、生を受けたものとしての最低の務めであろうと思います。仕事に惚れ込み、夢中になり、人並み以上の努力をする。この誰にも負けない努力が素晴らしい結果をもたらしてくれるのです。

「謙虚にして驕らず（さらなる努力を）」

中国の古典に「ただ謙のみ福を受く」という言葉があります。人は謙虚にして初めて幸福を受けることができるという意味です。謙虚に努力をしていた人が、知らず知らずのうちに慢心し、人生を踏み誤ることさえあるのです。「謙虚にして驕らず（さらなる努力を）」。このことを深く心に刻んで生きていくことが必要です。

のです。

「反省のある毎日を送る」

一日を終えた後、その日を静かに振り返り、反省をする習慣を持ちましょう。その日の行い、自分の行動や発言に反省すべき点があれば、改めなければなりません。反省のある毎日を送ることは、人格を向上させ、人間性を高めていくことにつながります。日々の反省が、自分の悪い心を抑え、よい心を伸ばしてくれるからです。常に進歩向上できる人は「反省のある毎日」を送っている人なのです。

「生きていることに感謝する」

人は自分一人では生きていけません。空気、水、食料、また家族や職場の人たち、さらには社会など、自分を取り巻くあらゆるものに支えられて生きているのです。そう考えれば、自然と感謝の心が出てくるはずです。不幸続きであったり、不健康であったりすると「感謝をしなさい」と言われても無理かもしれません。それでも生きていることに対して感謝することが大切です。そう考えれば、自然と感謝の心が出てくるはずです。感謝の心が生まれてくれば、自然と幸せが感じられるようになってきます。生かされていることに感謝し、幸せを感じる心によって、人生を豊かで潤いのあるものに変えていくことができるのです。いたずらに不平不満を持って生きるのではなく、今あることに素直に感謝する。その感謝の心を「ありがとう」という言葉や笑顔で周囲の人たちに伝える。そのことが、自分だけでなく、周りの人たちの心をも和ませ、幸せな気持ちにしてくれるのです。

「善行、利他行を積む」

中国には「積善の家に必ず余慶あり」という言葉があります。これは善行を積んできた家には、よい報いがあるということです。世の中には因果応報の法則があり、善きことを思い、善きことを行えば、運命をよき方向へ変えることができます。当然、仕事もよい方向へ進めていくことができるのです。善きこととは、人に優しくあれ、正直であれ、誠実であれ、謙虚であれ、などという人として最も基本的な価値観です。昔から「情けは人の為ならず。巡り巡って己が為」と言われているように、善きことを積み重ねていくことで、私たちの人生もよりよいものとなっていくのです。

「感性的な悩みをしない」

人生では、誰でも失敗をしますし間違いを起こします。しかし、そうした過失を繰り返しながら人は成長していくのですから、失敗をしても悔やみ続ける必要はありません。「覆水盆に返らず」という言葉がありますように、一度こぼれた水は元に戻りません。起こってしまったことをいつまでも思い悩んでいても何の役にも立ちません。それどころか心の病のもとになり、人生を不幸なものにしてしまいます。自分のどこが悪かったのかは反省しなければなりませんが、十分に反省した後は、くよくよせずに新しい道を歩み始めることが大切です。済んだことに対して、いつまでも悩み、心労を重ねるのではなく、理性で考え新たな行動に移るべきです。そうすることが、すばらしい人生を切り拓いていくのです。

そして、最後に稲盛哲学における「六波羅蜜」です。

「六波羅蜜」
布施《ふせ》……利他の心で世のため人のため尽くすこと、他への思いやり
持戒《じかい》……人としてやってはならないことをしない、戒律を守る、足るを知る
精進《しょうじん》……一生懸命働き、誰にも負けない努力をする
忍辱《にんにく》……苦難に負けず、耐え忍ぶ
禅定《ぜんじょう》……一日のうちひと時でいいから心を静めること
智慧《ちえ》……悟りを開く

以上を考察してみますと、先に示した「スピリチュアリティ」の九つの要素のそれぞれが、この三つの教えの中に見ることができます。「スピリチュアリティ」の定義の「二一　人生の意味と目的」「三　人生における使命」「七　理想主義」は「経営の原点十二カ条」を通して、その意義が理解されます。また、「四　生命の神聖さ」「八　悲劇の自覚」は「六つの精進」との関連で理解されます。

そして、「五　物質的価値」「六　愛他主義」は「六波羅蜜」で教えをいただいていることが分かります。そして、「九　スピリチュアリティの効果」については、「スピリチュアリティは生活の中に結実するもので、自己、他者、自然、生命、何かしら至高なる存在等とその個人との関係に影響を与える」という内容から、実践しなければ何の意味もないとする実践哲学である稲盛哲学が、「スピリチュアリティ」そのものであると確信しました。

このシンポジウムの準備をしているうちに、われわれ塾生は稲盛哲学の「学び」を通して、素晴らしい「知恵」と「スピリチュアリティ」を授かっていることが分かり、大変感銘を受けました。「スピリチュアリティ」の最初の定義「一　超越的次元の存在」、つまり「超越的次元、すなわち何かしら『見えない世界』の存在を信じ、それとつながることで力を得ていると感じる」に関連して、「サムシング・グレート」について思うところを述べてみたいと存じます。

私は小さい頃から、両親に神棚に手を合わせることを教えられてきました。また、それをずっと続けてきております。しかしながら、「なぜ神に対して手を合わせなければならないのか」の疑問に対して、答えを論理的に出してくれる方はおられませんでした。とにかく手を合わせていれば自然と「幸せ」が寄ってくるとか、「待ち人来たる」とか、「祈願することが実現する」など、非常に抽象的な論理などのようなものが多かった気がします。しかし、盛和塾の学びの中で、ある大学の先生のお話を伺い、私の中に次のような理解が生じました。

サムシング・グレート（宇宙の見えざる偉大な力と、理解しています）から「良質な燃料」を得るために、祈りを捧げる。（良き）「念」を「気」を集中する。そのためには、普段から「心を高める」訓練をすることが必須である。そうして得たプラスエネルギーを、自分と自分の周りの人の「心というエンジン」を回すことに使用して、自他共（社会・会社）の理想世界の実現につなげていく。それが宇宙の生成発展の源、人間の本来価値、存在意義なのである。

以上のように、盛和塾において「サムシング・グレート」について大変深い学びを得たことを、とても幸せに感じております。

最後に私の「霊性体験」について発表します。このことを通じて、私自身は大変大きな人間的成長をしたのではないかと、神に感謝しております。

人生の大きな事象

二〇〇七年一月のある朝、家内より電話が入り、妻は緊急入院することになりました。ＭＲＩを撮ってみると脊髄に異常が見られ、緊急の手術を要するということでした。妻は脊髄梗塞を起こしたとみられ、足がしびれて立てない状態になっていました。その後手術は無事成功いたしましたが、後遺症で歩行不能となり、そこからがさらなる試練の始まりでした。妻も健康な状態からいきなりの発病、へこまない訳がありません。

妻が本当に苦しんでいる姿を見て、私は塾長が師事されています中村天風先生のことを思い出し、天風先生の本を読み漁りました。「悪運は天命ではない」、「たとえ身体に病があっても心まで病すまい」、「医者にかかっても治らない病は治らない。しかし治らない病は一生にいっぺんしかかからない。もしあるなら二度も三度も死ななければならない。寿命尽きるまで死にはしないのだから安心しなさい」。私と妻は、これらの言葉にどのくらい救われたでしょう。そして初めて、これらの言葉から塾長の言われる「感性的な悩みをしない」という意味がストンと心の底に落ちて行くのがわかりました。

それから二人でよく話をしました。「悪運は天命ではない」、そう自分たちに言い聞かせ、明るく前向きに生きていく覚悟を決め、「不自由であっても不幸ではない」と良いことを思い、良いことをする、そうした人生を送ることにしました。それがたぶん「神の啓示」だったのかもしれません。

私はこの体験を通して「言葉」、いえ「言霊」の持つ力、天風先生もおっしゃっていますが、「言葉の力」のすごさをしみじみ感じました。言葉により人間は救われることを、心の底に染み渡るように教えていただきました。

締めくくりとなりますが、先に紹介した「スピリチュアリティ」の定義にはなく、自分の学んできたことであるものは何かと考えますと、中村天風先生の言われる「笑顔の力」、そして「感謝」「反省」「創造力」など宇宙（神）が人間に対してだけ授けてくださっているものを十二分に生かしていくことが、我々の存在意義、そして地球社会の新しくて昔からのビジョン、心身・霊性・社会をコントロールしていくことかもしれません。また、この資本主義社会における欲望の渦から解放されるために、みんなが「足を知る」ことが幸せへの近道だと信じております。

インタビュー・コラム五　栗屋野盛一郎

聞き手　IARP本部長　本山一博
二〇一三年九月十三日　盛和工業にて

本山　御社の経営理念を読ませていただくと、「悪い心で人生を送らない。悪い心とは後向きで、否定的で、非協調的で、暗く、悪意に満ちて、他人を陥れ、不真面目で、嘘つきで、傲慢で、怠け者で、利己的で、意地悪で、強欲で、不平不満ばかり言い、人を恨み妬むこと」というところがあります。これは稲盛先生のフィロソフィー、たとえば「経営十二ヵ条」などには出てこない、ネガティブな表現だと思いますが。

栗屋野　経営理念を決めたときに、自分も人間として全然できていませんので、「こうやってはいけない」という方が分かりやすかった。ちょっとネガティブかもしれないのですけれど、私としてはこれはやっちゃいけないということを学んだ方が、自分的には気持ちが楽だったのですね。その後、中村天風先生の本も読んで、マイナスの言葉を使わないで人生を送ろうというのは学んだのですけれど、理念を決めた当時は、自分にとってマイナスの言葉も大事だったというか、こうやってはいけないという意味で、ですね。きれいな言葉だけだとできないという自分がいたのです。

本山　「経営十二ヵ条」の理念は普遍的な内容ではあるけれども、その内容を自分の中で消化して、自分の言葉にするときには、やっぱり栗屋野盛一郎さんという人物抜きにはありえないような言葉になっていないと、説得力がないですよね。

栗屋野　わたしはけっしてネガティブな言葉が嫌いではないのですよ。人間の本性というか本質も大事だと思っているので。そういうのを抜きで、きれいな言葉だけでは人生哲学は実践できないと思っています。自分自身が日々葛藤していて、つねに感性的な悩みもします。

本山　稲盛先生の「感性的な悩みはしない」というのは、非常に強靱な精神力の方の話ですよね。僕らは、いつもくよくよするではないですか。

栗屋野　そうですね。「感性的な悩みをしない」というのは、凡人にはたしかに大変だと思います。これは、中村天風先生から学んだことの一つだと思います。マイナスのことは考えないというか、そういうふうに日々心を向けていこうという努力の話だと思います。

本山　マイナスのことを考えないということは、そのように心をコントロールするということですけれども、心は心をコントロールできないですよね。心をコントロールする主体は、心より一段、ちょっと上にいるのですね。それをスピリチュアリティと捉えることもできると思うのですね。

栗屋野　ああ、なるほど。お話を聞いてよく納得しました。現実から離れたスピリチュアリティではなく、現実と対峙しながら、良い状態に持っていくという、そういうことですよね。

本山　話は変わりますが、御社の売り上げがいきなり五分の一になった時期は、どのくらい続いたのですか（産業用油圧制御装置で高いシェアを持つ盛和工業は、二〇〇一年のバブル崩壊後、取引先の企業が設備投資を抑えたことなどから大変な経営危機に陥った）。

栗屋野　一年近いですね、もうつぶれると思いましたから。

本山　それを乗り越えられたというのと、売り上げが四割ぐらいで黒字を確保したというのは大変なことですね。お会いすると穏やかな方に見えますけれど、相当の修羅場ではなかったかなと思いまして。

栗屋野　そうですね。そのときに、言葉は人間を救うということをすごく感じました。「もうダメだというときが仕事の始まり」という稲盛塾長の言葉、その言霊にどのくらい救われたか。人間、ダメだと思ってしまうと、もうダメなんですね。そのときにあの言葉が出てきたのですよ。すごいご縁だなと思っています。あの言葉がなければ、この「盛和工業」はもうないです。

本山　もっとも、稲盛先生は、自分がもうダメだと思ったことがないと書いていらっしゃるのですけれどもね。

栗屋野　強靱な精神力でいらっしゃるのは間違いないです。私は三十台の前半で、人間もできていないときに、自分が経験もしたことのない修羅場に遭遇したわけですから、どうすればいいのか分からなかったわけです。でも、たった一点、あきらめないということを教えていただいた。それは一般的にはよく聞く言葉かもしれないですけれども、それを「盛和塾」では、ちゃんと経営手法とセットで教えていただけるわけです。要するに、従業員をモチベートすること、経費とか売り上げを管理することも一緒に教示いただける。だから出口が見えてきたわけですね。

本山　その当時たしか、三分の一くらいの従業員が辞められたということですけれども。

栗屋野　当時まだ二十何人しかいませんでしたから、七人とかそういう感じでしたね。

本山　その規模のときに、どうして管理会計（アメーバ式）を取り入れたのですか？

栗屋野　少し立ち直ってからです。経営の道をつけなければいけないと思いまして、自分が管理会計というのを理解するために始めました。皆のためということではないのです。自分が経営者として学ばなければならないことをやるために始めたのです。

本山　しかし、その規模で管理会計（アメーバ式）を取り入れるというのは、原則があっても、仕組みとしてご自分の会社に落とし込むには、そうとうの創意工夫が必要だったのではないですか。

栗屋野　そうですね。創意工夫というのはあるとは思うのですけれど、それ以上に自分が学ぶということだったと思います。経営が分かってないですから。経営の真理を何とか理解したかったというのが本当のところです。

その当時はですね、私の周りは、ＭＢＡとかアメリカに留学するとか、そういうのがステータスだった時代なんですね。

本山　九〇年代ですね。

栗屋野　そうです。そのような人たちが身につけるのはマネジメントなんですね。いわゆる管理手法というか、マネジメントだけなんですね。しかし、稲盛塾長はそこに哲学を入れられたので、そこがまったく違うわけですね。当時は出ている本も全部マネジメントに関してで、管理手法とか、回転率とか、資本投下率がどうだこうだとか、そんなことばっかり書かれていました。まさに「勉強する」って感じなんです。

一方、「盛和塾」の場合は、最後はリーダーシップの話に必ずなります。従業員をたらしこめよ、と教えられます。たらしこまなかったら何もできないよ、自分が何かを実現したいと思ったら、たらしこむしかないんだよ、って教えていただいたのですね。そして、そのためにはどうすればいいのかというと、「率先垂範」という言葉になる。リーダーは、リーダーたる「率先垂範」をしなければいけない。そのように学んだので、その当時は一人で工場を外から掃いて回ったり、便所掃除をしてみたり、そういうことからまず始めたのですね。従業員に強要をしたことはないです。

朝礼で会社の「格」の話をするのですけれど、もし小汚い工場だったらお客様は仕事くれませんよね。付加価値のある仕事をとりたい、少しでも儲けを出したいわけです。しかし、お客さんが工場に来たときにそこが汚かったら、「なんだ、この汚い工場は。こんなところじゃ何百万・何千万もする仕事なんか出せないよ」って、けんもほろろに帰られてしまいますよね。その当時は、大手企業の方々がＩＳＯ九〇〇一などの品質管理の規格を押してくるわけです、ガンガン、ガンガン。こういうふうに会社というものは管理しなさいと。それを一つでも具現化していくということが、お客さんに受け入れてもらう方法だったのです。

しかし、それを実現するためには、それを従業員に受け入れてもらわなければできない。従業員に受け入れてもらうために最初にしたことは、頭ごなしですよね。頭ごなしにしか言えないですよ。こういうことを習ってきて、こうなんだ、というわけです。しかし、難しいことは相手も理解できません。それを一つ一つひもときながら、どうしてそういうことをしなければいけないかということを、自分も学びながら他人に伝えるということが、だんだんとできるようになっていった。だんだん言葉を覚えていって、文章に落としていく。けっして哲学的なことだけではないですよ。技術的にも、いろいろな管理手法の言葉に関しても。たとえば、「5S」とか「見える化」とかいろんなことがあるのですけれど、それを自分がきちんと学んで、自分の中に落とし込んで、自分の言葉として従業員に伝えないと伝わらない。これが一番重要なことで、いわゆる「率先垂範」だということが、だんだん分かってきたのですね。

リーダーシップがどういうものなのかは、本を読んだところで分からないし、実践できない。従業員を愛するとか、人を思うことが思いやりだって、言葉にすればその一言かもしれないですが、凡人からすれば大変なことですね、やっぱり。

本山　そうですね。愛などの抽象的な言葉だけでは、雲をつかむような感じがしますよね。

栗屋野　自分も腑に落ちないことを人に伝えられませんので、その雲をつかむような部分を、ひとつひとつ自分の中に落とし込んでいきました。ここがいちばん大変だった時期ですね。三十台はそういう意味ではものすごく苦しかったですけれど、今振り返ればすごくいい勉強をさせていただいたなと思います。人間として少しでも上に行くことを目指すためには、自分自身が猛烈に勉強しなければいけなかった、そういう時期だったと思います。

本山　なるほど。今のお掃除の話を聞いて思い出したのですけれど、ある経営コンサルタントの方の本に次のようなことが書いてありました。ある会社の社長と専務が、会社をよくしようと思って、二人で毎朝一生懸命掃除したんだそうです。ところが社員は全然やってくれない。そこで、悩んでいたら、その経営コンサルタントと出会って、「毎朝掃除するだけでは足りない。会社がどこを目指しているのか従業員に伝えられなければいけない」と言われて、はっと気が付いたという話なのです。盛和塾ではその両方があるわけですね。

御社では、どのような過程を経て、従業員の皆さんが社長の真似をして会社を掃除するようになっていったのですか?

栗屋野　流石は、その経営コンサルタントの方のおっしゃる通りですね。会社の方向性です。さっき言ったように、大手のメーカーさん、商社さんとかとお付き合いできるためには、会社に「格」がなければダメです。その格が、入ったときの瞬間の雰囲気であったり、「気」であったりするんです。当然、整理整頓されているとか、整然としているとか、従業員が生き生きと働いているとか、それを持たなければならない。

そして、そのような格をもってこそ、稲盛経営の「経営十二ヵ条」にある「値決めは経営」ができるようになったんです。「値決めは経営」というのは、実は「十二ヵ条」の中でも理解するのがすごく難しいと思います。塾生でも、できている方とできていない方が両極端に分かれていると思います。経常利益率が十パーセント以上の方は全員理解できているのだと思います。できていない方は、「値決めは経営」という意味がきっと分からないかもしれません。「値決めは経営」というのは会社の「格」を作らないとできない。経営者が自分で値段が決められるかどうかには、会社としてのアイデンティティ、技術力、働いている人の雰囲気とか知識とか人格とか、いろんなことが関わります。だらしない会社に、高いお金を支払ってくれるお客様なんていないわけですよ。「やっぱり、ここの会社にやってもらいたい」と思わせなければダメなんです。その真理が「値決めは経営」です。何かスペシャルなところがある、一目置いてもらう企業にならないと。そのことをすごく強く思ってやってきました。

本山　なるほど。「値決め」というのは、本を読んだだけで理解するのとは違って、もっといろんなものを包含したものだったのですね。

栗屋野　「値決めは経営」についての考え方は、業種によってまったく違うと思うんですよね。だんだんと利益が出せるようになったときのことを思い出しますとですね、実は仕入れの方の「値決めは経営」というのがあると思ったわけです。自分で評価できなければ、相手が持ってきた価格でお金を払うしかできません。せいぜい値切って「ちょっと五%安くしてよ」とか、そんな程度ではないですか。それでは、とても大きな利益というのは生み出せないんです。だいたいの方は、「値決めは経営」とは売り先に対してだけのものだと思うのでしょうけれど、わたしはやっているうちに、仕入れも「値決めは経営」だということに気が付いたんです。

私どもが製造している機械装置は、一品一様というか、ひとつひとつが一個づくりなので、量産の価格とまったく考え方が違うのです。目標利益に近づくためには、「経費最少」、要するに仕入れを抑えなければいけないわけですね。そのときに、自分本位のむちゃくちゃなこと言ったって取引先は仕事を受けてくれません。相手のやっている仕事（価値）を評価できれば、こんなもんだったら大丈夫だろう、このくらいでやってもらえないかと言って、納得してもらって、仕入れの値決めをするわけです。それが、仕入れをする取引先に対して、めちゃくちゃではない、厳しいけれど相手も仕事を確保しなければいけないから、と思わせるような値決めです。

本山　利益を出すためには「経営十二ヵ条」にある「売り上げ最大、仕入れ最少」が大切だと書かれていますが、それは「自分のところだけがよければいい」みたいに聞こえるような言葉でもあるのですよね。しかし、稲盛先生は利他の心を重視されている。このような個人性と社会性の問題はここでもあるわけですが、そのへんはどのようにお考えでしょう。

栗屋野　たとえば利他という観点では、相手を理解する、これでは損だと思わせないためには、こちらができることをできるだけ承ることです。たとえば、「運賃を含んでいます」とくれば、「じゃ、うちが引き取ります」と応じる。「塗装しなきゃいけないですよ、それでないと錆びちゃうから」、「じゃあいいよ、引き取ったらうちですぐ塗るから」。そういうことで、相手の原価を下げていって協力する。そこは話し合いなので、ただ上から「この値段じゃなきゃダメだよ」ということはしないのです。客先にはちょっと強気かもしれないですが、仕入れ先にはすごくお願いモードです。

本山　どちらかというと逆なんですね。

栗屋野　逆なんです。逆にしなければいけないということを、学んでいた当時に分かったんです。そのバランスというか、協力してくれないかばかりではダメなので、相手にもいい思いをしてもらわなければならない、そこらへんが利他だと思います。そういうのがないとついてきてくれないですので。

本山　「利他」というよりは、栗屋野社長から出た言葉ですと、「誠実さ」ですね。

栗屋野　そうですね。「自利利他」ですね。先輩塾生の方はよく「自利利他」と言われます。自利がなければ利他にも通じないので、そのスパイラルの状況を説明しました。

本山　私はこの一月（二〇一三年）に稲盛先生にインタビューさせていただいて、けっこう驚いた言葉がありました。一緒に公共哲学の小林正弥先生もいらしたので、彼が「公共」という言葉を出してお話しになったのですよ。すると稲盛先生が、「私は善の探求においては『個』と『公』を区別しない」とおっしゃったのですね（『人間に魂はあるか？』二一三頁参照）。そのような話というのは、稲盛先生は盛和塾の中ではお話しされるのですか。

栗屋野　それはかなりハイレベルのお話だと思うので、ぱっと聞いて理解できる人が何人いるかというとちょっと疑問です。

ただ、塾長は「利他」と言いながら、一方では「燃える闘魂」ともおっしゃいます。「燃える闘魂」というのは自分の理解では「欲望」なんです。人間は「欲望」がなければ燃えないと思うのですよ。最初は「個」なんだけれども、少しでも「公共性」に近づけようということです。しかし、実際には儲けるのがうまいとか、商売がうまいという人が、経営者として高く評価されます。まずそこが原点なのです。自分が成り立たないのに、利他はできません。優れた経営者と呼ばれる方は、当然お金をものすごく稼げるわけです。その中でホスピタリティも持ちなさいよというのは、少しでも自分ができることを他人にも「施しなさいよ」ということなんですね。お釈迦様の教えの一つですね。

本山　欲望といえば稲盛先生も、本田宗一郎さんが若いころに、「カネを儲けたい。儲けたいのは遊びたいからだ」と言って芸者とどんちゃん騒ぎをしていたのを、否定しないで肯定的にとらえられていらっしゃいますね。稲盛先生の「両極を併せ持つ」ではないけれど、二面性がまた面白いですね。

栗屋野　両極を併せ持つというのが、私は稲盛塾長の、他の経営者とはまったく違うポイントだと思っています。

本山　私は稲盛先生から叱られることはなかったのですけれども、本から察すると、ものすごく怖い叱り方をなさるそうですね。私がお会いするときにはいつも、仏のように柔和で謙虚で、私などにもこちらが申しわけないと思うくらい頭を下げてくださるのですね。ですから、すごいなと思います。

栗屋野　「場面が変わるといっぺんに変わる」ということは講話の中でもおっしゃっているので、そうだと思います。

両極を併せ持つというのは、人間にとって、本当に精神が分裂してしまうくらいたいへんなことです。盛和塾の中でよく話題になりますが、みなさん「良い人」になりたいわけですよね。

本山　特に宗教家はそうですよ。

栗屋野　一般に「良い人」が立派だというふうに思われているところがあるのですけれど、経営という場面では、儲けを出さないと立派とは言われないわけですね。そこは「欲」がなければできない。「欲」という「エンジン」がないとできない。そこに「良心」という「エンジン」も持ちなさい、と教えられています。しかし、欲望と良心の二つのエンジンを併せ持つことは、並大抵のことではできない。それはすごく難しいことだと私は思っています。

本山　じつはですね、パネリストを経営者の方にお願いしたい、できれば盛和塾の方にと思った理由が今のところにあります。この十数年の宗教界の動向を見ておりますと、「癒し」とか「慰め」とかに偏っているように思えます。出てくる言葉は、「寄り添う」とか「耳を傾ける」とか、そういうやさしい言葉ばかりです。もちろん、それらは大事なんですよ。しかし、たとえば、旧約聖書に出てくる神様は何を最初になさるかというと、世界の創造ですよね。この宗教の持っている創りだす力というものが、この十数年の宗教界では軽視されているような気がします。「癒し」「赦し」「和解」ばかりです。

今の若い人たちは「癒し」だけでは救われません。彼らは、上の世代が膨大な借金をしていて、その借金をあなた方が返しなさいと言われて、なおかつ上の世代の面倒を見なさいと言われている状況です。癒しだけではどうしようもない。彼ら自身がクリエイティブでないと、自分たちを食べさせることができなくなってしまう。癒しだけの宗教では彼らは救われないのです。彼らの創造性を掻き立てるような宗教でないと。

今ちょうど「燃える闘魂」とおっしゃったのですが、最近出た稲盛先生のご本のタイトルがまさにそれでしたね。その第六章が日本再生のシナリオなんですね。そこには、日本はこれから高い付加価値を創りだすようにしていかないと生き残れないと、そのためには精神性を物に投入する、つまり「物心一如」の精神で、ものになりきり道具になりきり製品の声を聴き、という旨のことが書いてあるのです。そして、物になりきるとか、物に精神を投入するとかいうことは、きわめて宗教体験的なことなんですね。この心を物に投入して、高い価値の物を創りだしていくというところに、僕は非常に惹かれましてね。やはり、稲盛先生には、物を作りだすエネルギーがある。そして、この部分が今の宗教界に非常に欠けていると思うのです。そこが、僕が経営者に、それも製造業の方に、さらには盛和塾の方にお願いしたいと思った理由なのですね。

栗屋野　なるほど、それで製造業にこだわったわけですね。なんでわたしにお鉢が回ってくるのかなと、本当に思っていました。

昔の盛和工業と今の盛和工業とは何が違うかというと、やっぱり難しいものにチャレンジしていこう、人とは違うことをやろう、というのがあります。人とは違うことをやろうというのは、すごく大変なことを自分が背負いこむことになります。それでも逃げずにやるというのは、稲盛塾長の教えがあるからです。クリエイティブな仕事をしなければならないということで、塾長からは「叡知」という言葉が必ず出てきますよね。なぜ梯子ができたのか、靴が、傘ができたのか、そういう人間の叡知です。街にはこれだけのビルが建っている。それは、ある人間の思いが実現した、というところだと思うのです。

うちの会社で取り組んでいるものの中では、光触媒という日本で発見された技術がありまして、酸化チタンという白の顔料を特殊処理して、ある波長の光を当てるとですね、有機物を分解するのです。ニオイの成分や菌、ウィルスを分解できるわけです。日本で発見された技術なので、日本で開花させて世界へということでやっているんです。東京大学とも二十数年一緒にやらせていただいていて、なんとかこれを開花させたいなあと思っています。

本山　（製品とカタログを見て）新幹線のN七〇〇系にも盛和工業さんの製品が入っているのですか。そりゃすごいなあ。

栗屋野　千歳空港にも三七〇台くらいこういうものがはいっていて、ウィルスコントロールしています。

本山　話は元に戻りますが、僕は「癒し」を否定しているわけではないですよ。

栗屋野　もちろん、我々も否定しません。その上で、「燃える闘魂」も大事だということです。それと世の中をいい方向に変えたいというのも一緒です。稲盛塾長が盛和塾を始められた理由も、世直しのためです。企業の九割以上が中小企業なんです。その経営者がよくなる、その会社がよくなることで、世の中がよくなるとおっしゃっています。我々も盛和塾として活動しているのは、そういう経営者の人たちに少しでも、稲盛塾長の哲学、その経営手法をお届けしたいからです。そうすれば、私みたいに会社もろとも潰れそうだった人が再生できるということをお伝えしていきたいからです。

この国のいちばん危惧しなければいけないのは、経営者になりたい人がすごく少なくなっていることですよね。他国に比べたら、そういうモチベーションがあまりにもないというか、リスクばかりが先行して耳に入ってくる世の中になっていますが、リスクがあるのは当たり前の話で、それはどこの国の人でも同じです。それを乗り越えて次のジェネレーションを作っていかなければいけないのではないかと思うのです。

本山　この稲盛先生の最新の本の最後の方に、燃える闘魂をもって産業界を引っ張り、産業界の先頭に立って尽力する。そのような経営者が輩出する活力ある社会に、何としても日本を変えていかねばならない、という旨のことが書いてあります。そのためには、多くの方が、経営者に限らず社会のリーダーになっていこうという気概を持たないといけない。経営者だけでなく、社会にはいろんなリーダーが必要です。ところが、いまリーダーが出てこないのですよね。そのようなリーダーが出てくる社会にするにはどうしたらいいのか。もちろん、僕にだって答えはないのですけれど。

そう言えば、稲盛先生は、ＪＡＬ再生のために、まずリーダー教育をされましたね。

栗屋野　数々の名経営者はおられましたけれど、他の会社をこれだけ立て直すという偉業を達成された方というのはそうはいらっしゃらないですね。

本山　まったく異なる業種で二つ起業なさって、さらに病める巨象と言われたＪＡＬに外から入ってきて立て直すというのはすごいことです。それはもうノウハウだけでは語れないことなのでしょうね。

栗屋野　ですから、それこそが本当の霊性ではないですかね。

本山　盛和塾では、カリスマである塾長がいない場面でも、みなさんが情熱を伝播し合っていますよね。それはいったいどのようにしてなんですか。

栗屋野　それがフィロソフィーを通じてということですね。共通の言語がありますので。ＪＡＬの再生に関する本にも、「共通言語ができ上がったことで、皆の心の壁がとれていった」というようなことが書いてありました。我々の場合も、まったくの異業種で、今まで関係がなかった人たちが集まって、突然二十年来の友達みたいに話ができるというのは、その場の持っている「磁場」とフィロソフィーという用語のおかげです。

まず、そのような人たちが集まってくるということ自体が稀有なことです。しかし、その中で淘汰はあります。淘汰というのは、「これは合わないな」という人が辞めていくということを言っています。たとえば、アメーバ経営の手法だけを取り入れたいと思って入塾してきた方たちは、辞めていってしまうのですよ。アメーバ経営というのは、フィロソフィーがあって、「人間として何が正しいか」、「こういうふうに生きていこうという哲学」と対になって、初めて意味があるんです。そこをはき違えて、あそこへ行けば儲かっている企業がいっぱいあって、なんか独特のノウハウを教えてくれるのだろう、という思いで入塾にくる人が多い。または、仕事が欲しくて、営業で来られる人も多いわけです。そういう方は淘汰されてしまいます。盛和塾の持つ「磁場」は、損得勘定なしにここで勉強したいという人が集まっているから、できてくるのだと思います。

本山　盛和塾の持っている磁場に合わない人ははじき出されるという傾向もあるわけですね。
栗屋野　自分から辞めていくということですね。
本山　結果的にですね。そういう意味で言うと宗教団体と似た側面はあるのですね。
栗屋野　われわれは経営者ですから、数字で割り切ることも考えますし、法律の問題なども割り切って考えます。経営哲学なのですから、塾長が話されることを宗教であると思ったことはないです。

自分は、子供のころから横浜にある「○○教会」に通っていました。妹が大病をして、それをきっかけに両親が入って手を合わせるようになりました。私も小さいころから少年部とか青年部とかに行ったりして、あれをやっちゃいけない、これをやっちゃいけない、というのを教えてもらいました。人の気持ちを考えるとか、人に迷惑をかけてはいけないとか、いろいろと教えてもらうのだけれども、先ほど言った「燃える闘魂」というのは、宗教にはないのですね。思いやりというのはあるのだけれど、「燃える闘魂」の方はないのですよ。ところが、私が放り出されたのは経営者というフィールドですから、思いやりだけだと実際やっていけないのですね。それだけではないのですよ、欲しいものは。

子供のころから祈りをしてきていますから、頭の中でスピリチュアリティがまったく理解できないわけでもないのです。今回のシンポジウムのテーマである個と公共で言えば、私も手を合わせるとき、誰かに手を合わせるときに、何を考えているかというと、私という小宇宙と大宇宙とが、折り重なるような感じになることがあります。もう、四十年、四十五年くらい祈って、手を合わせているのですけれども。自分の思いが不純だと暗いんですよね、目をつぶっているときに。ところが「公共性」というか「利他」、誰かのためという心で祈るときには、すごく広がるというか、ぱぁ〜と明るくなるのですよ。心の中というか、目をつぶっている目の前が、ぱぁ〜と明るくなる。そのような体験が何回かあります。そのためには、もちろん本気で祈らないとダメなんですけれど。そのようなときには、何かいいことが起こる、信じられないことが起こるのですよ。たとえば、全然うまくいかなかった交渉がうまくいくとかですね。そういうことがたくさんありましたね。

私は、親が遺してくれたいちばん大きな遺産というのは、祈るということ、祈願するということだと思います。毎日毎日祈願するというのは、できそうでできないことですね。決まった時間に決まったようにするという習慣が自分の身についていることで、ずいぶん人格も変えていただいたような気がしますね。

本山　私は稲盛先生とお話しさせていただいたときに、生意気にも、「強い願望を抱き続けるというのは、それは祈りではないですか」とコメントを申し上げたら、稲盛先生は意外なほど率直に、「あ！　そうですね。私もそう思います」とおっしゃっていました。

栗屋野　祈るという行為がすごく大事なんですね。心に描いた通りになるという、その心というのが、何となく分ります。長くやっているので。

本山　祈りについて、稲盛先生のこのご本の中で、一カ所記されているところがあるのですよ。開発がなかなかうまくいかない人に、「お前、神様に祈ったのか」とおっしゃったそうです。

意味するところは、神様に祈らなければいけないほど努力しろ、その後に祈りだ、ということなんです。宗教をやっている人だと逆なんですよね、祈りが先なんですね。そのあたりはどう思われますか。

栗屋野　稲盛塾長の哲学の中には、「だれにも負けない努力」という言葉が出てきますけれども、それなんです。それが、宗教の中で私が欠けていると思っていた部分だったのです。うちの母は、神に一生懸命祈る人だったのです。その母と話していると心は和むのだけれど、燃えないのですね。燃えるものがほしいわけですよ、エンジンが。仕事をしていると、すごく嫌な思いもします。お客様から「あなたの会社は何やってるんだ。あなたの会社なんかに、金なんか払えないよ」と言われることもあります。そういうことが、実はモチベーションになるのではないですか。超えていくというか、「今に見てろ！」と思わせるというか。きれいごとだけでは絶対に前に進まないなとずっと思っていたので。だから、先に努力、その後に祈りというのは、すごく分かるのです。先に欲望がないと。欲を捨てて生きていけるのですか、と問われているみたいな感じがします。

本山　稲盛先生は不思議な方ですよね、そこなんですね。欲望を肯定しているのですか、否定しているのですか、いったいどっちなんですか、みたいなところありますよね。

栗屋野　塾長は、三毒を抑えなさい、強欲を抑えなさいって仰いますから。しかし、欲がないと、エンジンがないと、人間はたぶん行動できないんだと思うのです。そして、経営者の場合には、お金につなげていかなければならないというのが、はっきりとしています。お金がなければ人を幸せにできない、生活を守ってあげられない、それはその通りです。お金がなければ寄付もできない。塾長も「京都賞」をされていますけれど、それができるのも土台になるお金がちゃんとあるからです。お金に操られるよりお金を操る方になれというふうに、自分では言い直しています。

本山　「お金に操られるのは心、お金を操るのは魂であり、霊性である」というようなことでしょうか。

栗屋野　そうですね。おっしゃる通りだと思います。答えそのものだと思います。凡人は心がお金に支配されてしまう。

本山　僕もそうですよ。宗教家って言っていますけどね。

栗屋野　同じです僕も。たぶん盛和塾生の目標の一つは、魂でお金を操るということですね。そこまで昇華しないと、お金は集まってこない。お金を追っている限りは、お金が付いてこないから。

本山　あと盛和塾の皆さんに共通しているのは、リーダーたれということですよね。

栗屋野　それが一番です。もう稲盛塾長のシンポジウムはリーダーシップ論が中心ですから。

本山　それに関連して言いますと、僕は稲盛先生のご本を勉強させていただいて、稲盛哲学には三つの柱があるように思いました。「全社員の物心両面の幸福」という理念と、「フィロソフィー」と、それから「アメーバ経営」ですよね。理念とフィロソフィーとアメーバ経営の三角形ができます。この三角形をどう見ればいいのかな、この三角形を統合する言葉は何だろう、と考えていましたら、「そうだ！　リーダーか！」と気が付きました。全社員の幸福という理念はリーダーの「使命」、フィロソフィーはそれを実現するためのリーダーの「考え方」、そしてアメーバ経営はリーダーを育て活躍させる「仕組み」あるいは「現場」ですよね。「理念」「フィロソフィー」「アメーバ経営」の三角形が、リーダーの「使命」「考え方」「現場」という言葉で結ばれると気が付いた。やはり、稲盛先生がされようとしていることは、リーダー作りなんだなと思ったのですよ。いまの言い方でよろしいですか。

栗屋野　その通りだと思います。そこまで理解されているというのは、素晴らしいと思います。

本山　栗屋野さんは、盛和塾のミッション、つまり「よい日本を創っていくためにリーダーを輩出していく」ということに関しては、どのような思いを持たれているのですか。

栗屋野　これは稲盛塾長の思いそのものです。そういうリーダーを一人でも多く輩出するための勉強をしていく。体験談としては自分の言葉を語りますけれど、基本的な考え方というのは稲盛哲学です。これに沿って自分はこういう体験をしたとか、そういう話はしますけど、持論をぶつつもりは毛頭ありません。

本山　僕が宗教団体で難しいなと思っていることがあります。教えの言葉をそのままオウム返しに言っているような人は、教えを伝えることができません。あくまで自分の言葉にできる人でないと。でも、自分の言葉にする時点で必ずオリジナルとは違ってくるんですね。だから、教えの継承とは難しいなと思っています。その辺についてはどう思われていますか。

栗屋野　強力なリーダーシップをとれる人ほど、その人の考え方が入ってくるとは思います。いたし方ないことだと思います。その上で、オリジナルを伝えていくには、その人の思いと裏腹の謙虚さが必要なのではないですかね。哲学に関しては、それで救われた人間ですから、自分自身のオリジナルを作るつもりはまったくありません。盛和塾で最後に我々が話すのは、「塾長だったらどう考えるか」ということですね。そこに持っていくしかない。盛和塾横浜にはいませんが、他塾の塾生の方では、やはり持論を話す人もいます。私なんかはそれを聞き分けています。稲盛塾長だったらどう言われるかというところで我々は集っていかないと、おかしな集団になってしまうと思います。筋を通していかないと。

本山　しかし、一人のカリスマに皆が付いていくのは危険な社会ですから、多数の質の良いリーダーを生み出し続けていけることが、社会の活力になるかとは思うのですね。とにかく、おっしゃるように経営の世界に限らずリーダーになろうという人が、今は少ないですね。そのためにどうしたらいいのかな。

栗屋野　リーダー論は、今の日本に最も必要なことだと思います、この国の行く末はそれで決まってしまうんではないかなと思っています。人から聞いた話ですが、かつての日本では、各時代にスーパーヒーローが出てくる環境があったというのですね。源頼朝とか、豊臣秀吉とか、その都度にですね。社会が閉塞しているときに、スーパーヒーローが生まれる環境があるというわけですよ。スーパーヒーローを創りだすのは教育なんで、そのための教育を伝播する人たちが残っていなければいけない。

本山　スーパーヒーローがいてあとは無能な大衆になると、危険な社会になってしまうので、スーパーヒーローが出てくるときには、スーパーヒーローまで行かなくてもかなりのレベルのヒーローがすでに出ている社会でないといけない。そういう人たちをまとめられるのがスーパーヒーローだと思います。だから、リーダー層の底上げみたいなことが必要です。盛和塾はそういうリーダー層の底上げをする教育的な団体でもあると思っているんです。そのためには、続いていって欲しいと思いますね。

栗屋野　私自身も勉強を続けたいと思いますし、せっかくこんなに素晴らしい文化を遺していただいているのだから、活用しない手はないと思いますね。

本山　関連してお話しますと、お釈迦様やイエス様がおっしゃったことを弟子が勝手に再解釈して歪めたと、うちの父もよく言います。たぶん、稲盛先生もそう思われているように思います。そういう一面ももちろんあるでしょうけれども、一方では、偉大な創始者の後に優れたお弟子さんが綿々と続いていって、集団としてお釈迦様やイエス様を受け継いでいるという側面もあるのです。どんな宗教でもはじめは新興宗教です。その新興宗教が偉大な伝統宗教になれるかなれないかの大きな分かれ目がそこです。お釈迦様やイエス様がどんなに優れていても、弟子にロクなのがいなかったら、世界を動かす力にはなりませんよね。ですから、継承というのは多くの人で一緒に担いでいくしかないのではないかと僕は思っているんです。

栗屋野　そうですね。皆も社会はよくしたいと思っていますし、閉塞感も打破したいと思っている。だから、どうすればいいのか。塾生は自社の中で一生懸命やってはいるのですけれど、どんどん末広がりになっていくということを望んでいることも事実なのです。それがイコール

「利他」ですから。

本山　あともう一つ、私たちは若い世代の人たちに対して責任がありますからね。彼らには我々の世代よりも大きな苦難が待っているのは目に見えていますから。

栗屋野　それを乗り越える精神性、精神力というのを身につけないとたいへんですよね。そういう意味での霊性というのはすごく大事だとわたしも思います。

本山　そう思います。御社のように売り上げ五分の一がそんなに長期間続いたら、経営者は普通そこで折れますよね。

栗屋野　折れますね。折れそうになりましたね。でも、運があったのですよ、今考えると。いろんなことをしました。

本山　売り上げ五分の一で、従業員の首は切らないという方針だったということですが、実際は辞めてほしくない人から辞めていったそうですね。

栗屋野　つぶれた経営者の方と話をしたりすると、やっぱりいちばんできる人から辞めいくわけです。自分で歩んでいける人だから。辞めない人は自分で歩けない。でも、その歩けない人たちを信じてやらなければ、やはり会社はやっていけないのだなと思います。今、その人たちが育ってくれましてね。どうしても経営者というのはないものねだりする動物なので、こんな人が来てくれれば、あんな人がいてくれればいいと思って経営するのですけれど、そんな人は実際に現れません。愚直でまじめで、しゃべり方もとつとつとした人を大事にしなさいと、塾長もおっしゃっています。

本山　大きな声では聞きにくいのですけれども、できると思っている人は辞める。ということはできないと思っている人、言い方を変えれば信じにくい人たちが残る。そういう人たちを信じるときというのは、どういうときなんですか？

栗屋野　偉大なる「教え」を信じて、自分の心をそこに持っていくしかないですね。人には役割分担があるということ、意味があってそこにその人がいるということを理解するしかないです。しかも、頭ではなくて、心で。

本山　そこは「教え」なんですね。

栗屋野　「教え」だと思います。まず、なぜ私はこの人と出会ったのだろうということから考えていくっていう感じですかね。その必然性がなぜあるのかという、そういうことを考えるしか方法がないですね。

本山　中には能力がない人だけではなくて、むしろ栗屋野さんの足を引っ張ろうとする人もいたはずですね。そういう人も、やはり信じるように努力なさったわけですか。

栗屋野　しましたね。そうですね、それがいちばんきつかったですね。自分の既成概念、価値観をぶち壊さなければいけないので。ただ、ぶち壊したなかでも、自分が伝えなければいけないという原理原則だけは、稲盛哲学で学んだことだけは伝えるという、それだけですね。

既成概念を壊さないと、経営者はやはりやっていけないのだなと、よくよく分かりますね。もっと柔軟に、自分の既成概念を壊さないと次のステージに行けないので、どう考えればいいのだろうと日々葛藤しますよね。いろんな人と話をして、突破口を突き抜けた、見出した人の話を聞きたいわけですよね。

本山　それは稲盛先生その人だけではなくて、稲盛先生の教えを学んで、それでブレイクスルーした人の話を身近で聞きたいと、そういう人と出会いたいと思って、塾に行かれるということなのですね。言うは易しで、人に親切にしましょうといったって、それだけでは難しいですよ。人に親切にするには、その人の価値観を理解してあげないとできませんから。

栗屋野　塾長に言っていただけるのは、そういう高いレベルのことなんです。我々は本を読んだり塾長の講話を聞いたりして、心で消化しているからそういうレベルで話ができるんだと思うのですけれど。

本山　では、塾生の皆さんは、もう何度も何度もご著書を読んでいるのですね。

栗屋野　そうですね。著書もそうですし、年に四回でる盛和塾の機関誌も輪読していますから。読み返すと、初めに読んだときの自分と今の自分とが違いますから、腑に落ちる言葉が変わってくるのですよね。それもすごく大きな気づきなんですよ。もう同じことを何回も繰り返し学ぶという感じですね。

本山　言葉にすれば単純な原則なんですけれど、繰り返し学ぶ中で、その意味が多角的に理解されていくのですね。「経営十二ヵ条」を読んでも、なんか当たり前のことを書いているとしか理解できない人は、やはりダメだと思います。当たり前の奥に何があるのだろう、具体的にはそれはどういうことなんだろうというふうに考える人が、少しは果実を受け取れると思います。そのためには、繰り返ししかないのですよね、繰り返ししか。

栗屋野　本当に繰り返しです。我々はまさに繰り返しのために勉強会をやっています。実践哲学なので、結局やったかやらないかだけです。やったことだけがやったことになるわけですから。聞いただけではダメなんですね。

本山　あと、同じ原則的な言葉でも、それを実践する場合は、やったやり方は十人十色、千人千色だと思います。そういう多様な話を聞いているうちに勉強になるのですか。

栗屋野　たとえば、「経費最少」というのを皆で語るとしますよね。そうすると、ある人はグリーン車に乗らないとか、タクシーに乗らないでバスを使うとかですね、人によってレベルが違います。車に乗って往来している人というのは、電車賃より高いんではないかという話もあるわけですよね。どっちがどっちだかわからないです。本当に、それは十人十色なんです。でも「意識」が大事で、意識が「心に描いた通りになる」ということだと思うのです。そう「意識」したことで、経費が下がっていくのですよね。

この間、塾生と話していたら、あるとき塾長がソフトクリームをおごってくれることになったらしいのですよ。海水浴があってですね。ミックスは三二〇円でバニラは三〇〇円なんです。ごちそうしてやるって塾長が言うから、彼は「じゃあミックスください」と言ったらしい。そうしたら、塾長が「バカ！　バニラにしろ。二〇円高い」。そういう方なんです。そういうふうに、普段からの意識というのですか、習い性になっている、と塾長はおっしゃるんですね。しかし、恩を受けたら、すごい料亭でごちそうしてくれたりするわけです。

やはり、魂でお金を使うというか、そういう感じですね。両極端なんですよね。

お金の使い方というのはすごく重要で、それが実践哲学そのものなんですね。本当に時間がないのに、タクシー使わないで時間に遅れたら本末転倒だし、そういう細かい話をするのが、我々の盛和塾で勉強しているコンパの場面だと思ってください。

本山　分かりました。やはり、具体的で細かい場面で学ばなければいけないのですね。

栗屋野　そういう感じなんですよ。実際はどうしているのかを人に聞くわけですよ。自分は悩んでいますので。それぞれの会社でするコンパのコンパ代の扱いも、会社によってさまざまです。ある会社は、社員から募っているというわけです。ある会社は、会社が出している。私のところは、コンパは会社で出すのですね。というのは、たぶん平均としてはそんなに高い給料を払えているとは思えない。やはり、千円二千円を少ない小遣いの中から出すのはたいへんだと思うから、出してあげる。四人五人だったらわたしのポケットマネーで出せるのだけれども、十人とかだったらわたしのお金でも間に合わないから。つまり、程度問題です。他の会社に聞くと、そういうお金の使い方なんかはすごく勉強になりますよね。「経費最少」の実現の仕方は、その会社の格とかいろいろな内情とかで変わってくるだろうなって、いつも思っています。

本山　なるほど。原則ははっきりしているけれど、具体的なルールはない。

栗屋野　そう言っていいと思います。その辺りのことで、盛和塾の集まりは具体的な勉強の場になっていると思います。各人各様の考え方を聞くことを通して、お金の使い方について、お金に使われるのではなくて、使う方にならなければいけないということが具体的にわかってくる。だから、そういう勉強はすごく大事です。逆に、誕生日会をものすごく派手にやっている人はいますよ。ポケットマネーではなくて、会社の行事として花束とかケーキとかを買って、お誕生日会をする方もいます。それはそれぞれですね。あと、ある人は、社員さんの奥さんの誕生日には必ず花を贈るとか。いろいろ見習うべきことがあるなと思っています。

本山　なるほど。そういう細かい具体的なことまでは、稲盛先生がすべて教えてくださるわけではないですから。信仰されている「○○教会」での宗教活動は、そういう盛和塾でするような、教えを繰り返し皆で語り合う座談会的なものはなさっているのですか。

栗屋野　ビデオで、こういう事例があって、こういう考え方で子供と仲たがいになったのを、神に祈ってこういう考え方になって打ち解けるようになった、というような事例を観る、そういうのがあります。けれども、そこには強い意志がないのですよ。塾長には、先にも言ったように、「燃える闘魂」とか、「強い意志」があるのですよね。言葉が悪くてすいませんが、僕が宗教に飽き足らなくなったのはそこなんです。ものすごく「汚い世界」と「きれいな世界」は、実は本当は一緒ではないのかという問いに、答えを出してくれたのが稲盛塾長です。

本山　盛和塾も教会も、同じように座談会的に集まって、語り合って学び合う。そこでは、先に言ったような教えの繰り返しの学びをしていると思います。していることは、ある意味同じですよね。両者の一番の違いはどこですか。

栗屋野　もう、そこに闘魂があるかないかです。宗教のそういう場に来る人は、救われたいと思ってきているのですよね。救われるというのは、たぶん癒されることなのでしょう。被害者意識が強いかもしれませんね。被害者意識が強い人の方が、人数的に多いのでは？

盛和塾は、被害者として来るところではなくて、明日への希望につなげるためにはどういうふうにやっていけばいいのか習うために来るところです。希望、欲、闘魂がありますよ。日々闘っていくにはどうすればいいのだろうという、知恵をもらいに行くところだと思ってください。そこのところが、まったく違うと思いますよね。

「あそこに行くと和むなぁ」と、「ここに来ると、明日また頑張るかと思える」というのはだいぶ違いますよね。盛和塾では、「ああ、こんなことやってちゃいけないな。早く帰って事務所で仕事でもしよう」と、常に皆がそういうふうに言いますよ。「今日は良かった」みたいな、そういうのはないですね。みな焚きつけられて、「やっぱり明日も頑張ろう。負けてられないな」、そういう感じの雰囲気ですよ。宗教にはない世界ですよね。

今、日本に足りないのはエンジンですね。「エンジン」つまり「欲望」というものを、すっかり削がれてしまっている。

本山　日本の若い人たちに、そういう意味での救済が、慰めだけではない救済があるように、我々の世代が責任を持たなければいけないですね。

栗屋野　その通りです。私も息子がいますから、彼らには頑張ってほしいのです。そういうモチベーションというか、世界に冠たる日本の復活を目指し、もっともっと高みに行ってもらいたいですよね。

よく従業員に話をするのですけど、家電店とかでエアコンを買いますよね。すると、取り付けに来てくれるではないですか。あの工事屋さんは、一日二十台やって何とか採算が合うと聞いています。取付工賃七~八千円。たぶん工事費一台が五千円もらえないのではないですか。三千円ぐらいしかもらえないのではないかな。それに比べて弊社は、ちゃんとした見積もりを提出します。一日が四万円くらいなんですね。お客様のところに技術屋として送り出す。お客様はそれをちゃんと認定してくれて、うちは四万円と交通費、諸経費ももらえるのですね。エアコン取り付け工事の方は、一台につき三~五千円もらって二十台の取り付け工事をこなして、自分たちでガソリン代、高速代、駐車料金を払って、材料仕入れて……本当に大変な仕事だと思います。毎日二十台取り付けがあるかも保証はないですから。弊社の社員は、いかに特殊な仕事をやっていて、技術料をもらっているかということです。本当にありがたいことです。それはいつも、従業員にしゃべっています。

本山　なるほど。従業員さんもモチベーション上がりますね。

栗屋野　そのくらい価格の高い仕事なんだから、手を抜けないよ、技術もしっかりしてないとダメだよと言って、仕事をしてもらっています。やはり、仕事の意義を説きなさいと塾長から教えられているんで、そういう話をしています。

本山　なるほど。仕事の意義を説きなさいというのは原則ですけれど、その説き方は会社によってまったく内容が違うわけですね。ところが、そういう異なる話を聞いて、なにかヒントがあるわけですね。

栗屋野　そういう自分で作った話というのも、人から話を聞いて覚えていったわけですよ。それが盛和塾でのいろいろな話です。その情報というのがすごく大事なんですね。それを自分の言葉に変えて語りかける。自分たちが世の中のどこの立ち位置にいるのかというのを、理解してもらうことが重要ですからね。社長の役目って何ですかとよく聞かれることがありますけれど、給料を稼いでいただくというか、とってもらうということだと思います。ということは、それだけの仕事を与えるのも大事だし、準備することも大事でしょうしね。

第四部　共生のシステム

――制御の要としての霊性

第七章　経済・国家と科学技術を制御する倫理性とスピリチュアリティ
――福島原発災害後の脱原発論を中心に

島薗　進

一　国家と経済組織の利益が優越する現代

原子力研究における闇

現代世界では個人の自由が尊重されているようだが、実際には国家と経済組織の利益が優先されて、そのためにしばしば個人の自由が大いに制限されている。しかも、そのことに気づかぬようになっている。そして、個人の自由が制限されているのは、社会性が重視されているからではない。健全な社会性の指標である開かれた公共的な意志決定も軽視されていることが少なくない。

よい例が原子力発電の問題だ。原子力発電は科学技術を基礎にしている。では、原子力発電に関わる自由な科学技術の研究が行われていただろうか。個々人の自由な研究体制が整えられ、科学的知性が十二分に開花するような環境があっただろうか。

原子力関係ではまったくそうではなかった。国家や企業の利益のために、科学技術研究がある方向に誘導され、多くの科学者がその誘導に従って、偏った研究へと傾斜していく事態が当たり前のように生じていた。

原子力研究はもともと軍事的な目的のために国家主導で行われ、秘密のベールに包まれてきた。原爆の被害についても、加害者であるアメリカ側が主導権を握って研究を進め、たとえば内部被曝をまったく考慮しない研究が何十年も進められてきた。

放射線の健康影響についての研究は、その後、低線量被曝は健康への影響が小さいということを示すための研究に大いに力を入れることになる。日本はそうした研究の国際的な牽引役ともなっていった。ここでは軍事目的の国家管理という側面も加わっているが、それ以上に原子力発電の推進に利益を得る機械メーカーや電力会社が大きな力をもつようになる。国家や経済組織の利益に従属した科学研究が当然のこととされるようになった。

科学技術と経済や国家の深い関わり

だが、これは原子力だけに関わることではない。医学と製薬会社など、医療関係の研究と経済組織の関係もますます深くなっている。そして自国での科学研究を後押しすることで、自国の経済を活性化しようとする国家の意図も強力に作用するようになっている。そうした体制の下では、科学者の自由も医療を受ける市民の自由も大きな制限を受けることになる。

では、国家や経済組織は誰の利益を重んじているのか。国民や世界の人々のために市場経済を拡大させ、人類全体の福祉を増大させるという建前だ。だが、実際にそうなるのだろうか。原子力開発のあり方を見ていると、たいへん危ういものと感じられる。近い未来の利益の極大化に努め、遠い未来についてはよく検討せずに甘い希望を広めてきた。

放射性廃棄物は核燃料サイクルができれば心配がなくなるかのように言ってきたが、未だに見通しは立たず、大量の開発費が空費されている。そして、放射性廃棄物の管理という重荷を将来世代に押し付けようとしている。また、ひとたび大事故が起これば大量の住民や作業員に甚大な被害が及ぶが、そのことに目をつぶろうとしてきた。

医学や生命科学も同様である。最新の医療技術の開発によって、人間改造のような事態が進んだ場合、人類社会はどうなるのか、そのような変化を起こしてよいのか、というような問いは先送りにされ続けている。そのときになって、とんでもないことを起こしてしまったとようやく気付くというような事態になりかねない。

科学技術と経済や国家をめぐる現代世界のあり方は、重い倫理的な問題を私たちにつきつけている。では、このような問いに応える倫理的な応答とその根拠はどこから引き出せるのだろうか。そこには「いのちの尊さ」をめぐる価値意識が深く関わっている、そして、「いのちの尊さ」はスピリチュアリティの核心に関わるものだろう。

実際、原子力や現代生命科学がもつ倫理的な危うさについて、制御するための議論を示そうとする論者たちはスピリチュアルな次元にふれることが多い。日本でも福島原発事故後の状況で、スピリチュアリティを基礎にした原発批判が広く見られるようになってきている。これは二十一世紀の新しい世界の思想動向と言えるかもしれない。

二　組織の視点と「いのち」の視点

原発否定の世論と大組織の立場

脱原発の世論は根強い。二〇一四年三月十五、十六日に電話によって行われた朝日新聞世論調査では、原発再稼働「反対」が五十九%で、「賛成」の二十八%を大きく上回っていた。他方、政府・与党は原発を重視するエネルギー基本計画案をすでに閣議決定し（四月十一日）、民主党まで原発輸出に賛成する始末だ（四月一日の「次の内閣」会合）。

政府・与党は世論に逆行する政策を強引に押し進めようとしている。そして民主党や連合のような組織もそれに乗っている。国会で与党が野党に大きな差をつけて多数派となっているためかもしれないが、世論と政策のこの乖離は異様だ。どうしてこんなことになるのか。

国と大組織が原発依存を支持しているのに対して、大組織から距離がある人々は原発ゼロに向かうことを是とする傾向にある。二〇一三年春まで私が所属した東京大学のような大組織では、大きな予算を使う部署で教育研究にあたる科学者は原発推進、あるいは維持を支持する率が高い。予算消費額がだいぶ少ない文系の研究者の間では、脱原発の立場が圧倒的とまでは言えないかもしれないが多数派だ。大組織に近い立場の科学者は、原発事故被災者の思いに心動かされるよりも、大組織から見た現存の経済体制の維持・発展に気持ちが向かうのだろう。

　行政組織に目を転じると、国は堅固に原発推進の立場を維持している。福島県は原発推進派だったが今はだいぶ姿勢が変わってきている。原発立地周辺の自治体も揺れている。原発立地以外の市町村となるとさまざまだが、原発事故の被害が及ぶ可能性がある地域など、被害者の感覚が伝わりやすい地域は脱原発に近づくところが多い。メディアではどうか。全国紙と地方紙では、地方紙の方が原発に批判的だ。全国紙の科学部は大組織側の見解、大組織に近い専門家の見解をそのまま伝える傾向が強い。放射線の健康影響の問題では顕著にこの傾向が現れた。

大組織寄りに移ってきた科学者集団

　では、このような分裂傾向は核開発の初めからそうだったのかというと、必ずしもそうでもない。科学研究の側面について見てみたい。一九五四年のビキニ核実験による第五福竜丸の被曝以来、日本の科学者・研究者は被曝の被害を受ける側に立って調査研究や言論活動に取り組んだ。放射能による健康影響はないはずだとするアメリカ政府の立場に批判的な考えをもつ科学者たちが協力し、独自の調査体制を作り、俊鶻丸による調査航海を行うなど大きな成果をあげた（三宅泰雄『死の灰と闘う科学者』岩波新書、一九七二年）。

核実験反対は多様な社会層を巻き込んで大きなうねりとなった。科学者らがこぞって「科学の悪用」に反対するという動きもあった。湯川秀樹、朝永振一郎、田島英三、茅誠司、大内兵衛、南原繁、平塚らいてうらが名を連ね、一九六二年には「科学者京都会議声明」を公表した。そこでは六項目の合意事項が示されているが、第一項目には、「科学にもとづいて技術的に実現し得ることのすべてが、人間にとって、また人類全体にとって望ましいものとはいえません」とある（湯川秀樹他編『平和自体を創造するために――科学者は訴える』岩波新書、一九六三年）。そこでは、自然科学に携わる科学者も、他分野の研究者や有識者も平和という目標を共有しつつ、科学の悪用を制御すべき責任を自覚しようとしていた。

こうした状況は、一九七〇年代以降、大きく変わっていった。競争的資金・外部資金の獲得が奨励されるようになり、科学者共同体は経済的・政治的な力と連携する傾向が強まっていった。産官学協同が国家目標となり、科学技術庁の役割は拡大し、通商産業省は科学が先導する日本丸のかじ取り役として称賛された。核開発はこの体制の象徴となった。福島原発事故は現代の科学技術が、大組織中心の経済・政治的利益を優先し、地域住民や作業員、そして未来の人々のいのちを軽んじる傾向をもっていることを露わにした。

宗教界は脱原発の方向性

ところで宗教界はどうか。二〇一一年三月以前は宗教界の脱原発の姿勢は目立たなかった。しかし、東京電力福島第一原発事故以後、宗教界では脱原発派が原発支持派をかなり引き離して多数派となった。伝統仏教界ではほとんどの宗派が所属している全日本仏教会が二〇一一年十二月一日に宣言文「原子力発電によらない生き方を求めて」を公表している。これは広く読まれたものだ。

キリスト教会では日本カトリック司教団の「いますぐ原発の廃止を～福島第一原発事故という悲劇的な災害を前にして～」（二〇一一年十一月八日）をはじめとして、日本基督教団、日本聖公会など多くの教派が同様の声明を出している。新宗教では、立正佼成会や大本が脱原発の姿勢を明らかにしている。創価学会については、二〇一二年一月二十六日の池田大作名誉会長第三十七回「ＳＧＩの日」記念提言「生命尊厳の絆輝く世紀を」で脱原発のおおよその方向性は提示されている。幸福の科学のように原発推進を強く主張している教団もあるが、ごくわずかに限られている。

神社神道は明確な態度表明はしていないが、二〇一二年六月二日に「天台座主 半田孝淳、高野山真言宗管長・総本山金剛峯寺座主 松長有慶、神社本庁総長・石清水八幡宮宮司 田中恆清」の三者の連名で出された「自然環境を守る共同提言」には、以下のような一節がある。「このような状況下、昨年三月に東日本を襲った大地震、大津波、それに伴う原子力発電所の大事故を経験し、ようやく従来の生活態度を根本的に変革することなくして、私たちに希望ある未来は約束されないと気付き始めました」。明快とは言えないが、原発依存と結びついたエネルギー浪費型の経済に懐疑的な姿勢を示していると言ってよいだろう。

いのちを生む大地に近い宗教

このように宗教団体が脱原発の立場をとるのは、たとえ大きな組織をもっているにせよ、組織の凝集力はそれほどでもないことが多く、構成員の生活感覚にそった考え方をするという特徴が反映しているのではなかろうか。多くの宗教教団は、福島県をはじめとする原発事故被災地に宗教施設をもっていたり、相当数の構成員が被災地に在住していたりする。被害者の立場をよく理解できる位置、理解せざるをえない立場にいるのだ。仏教寺院の住職はその典型だ。

実際、被災地の宗教者や信徒の声を聞けば、生活の基盤の総体を壊してしまう原発を容認するにはよほど慎重にならざるをえない。原発を止めてしまえば電気代が上がって生活が危うくなるという人もいる。そういう声も宗教者の耳には入って来るだろう。もちろん別の犠牲が生じないような配慮が必要だ。だが、だからといって、今、すでに生じている痛み、遠い将来にまで及ぶだろう痛みを見逃しておく気持にはならない。原発の利益を主張したい人々が身近にいる宗教者も、被災地の声が無視できない場合が多い。

これを「いのちを生む大地への近さ」といいかえてもよいだろう。宗教者の感覚は農産物、畜産物、水産物、林産物に関わる人たちのそれに通じるものがあり、子どもを持つ親の感覚に近いところもある。いのちを育み、継承して来た者の感覚だ。そもそも宗教はいのちを受け継ぎ、育む社会装置と見なすこともできるものだろう。そのように考えると、宗教界から出されている脱原発声明の意義がより分かりやすくなるのではないだろうか。

全日本仏教会の声明文「原子力発電によらない生き方を求めて」は、「いのち」の語が基軸に置かれている。日本仏教において「いのち」は仏や仏性に通じる意味をもつことが背景にある。阿弥陀仏は「無限のいのちの仏」だし、法華経のもっとも重んじられる章は「ほとけの尊いいのちの章」（如来寿量品）と名づけられている。人々のいのちも、大地から育つあらゆるいのちも、仏の尊いいのちの恵みに与るものである。声明文は、その「いのち」の痛みについて述べていく。

東京電力福島第一原子力発電所事故による放射性物質の拡散により、多くの人々が住み慣れた故郷を追われ、避難生活を強いられています。避難されている人々は、やり場のない怒りと見通しのつかない不安の中、苦悩の日々を過ごされています。また、乳幼児や児童をもつ多くのご家族が子どもたちへの放射線による健康被害を心配し、「いのち」に対する大きな不安の中、生活を送っています。

「いのち」の尊さという基軸

続いて声明文は、原爆の経験に言及する。「私たち日本人はその悲惨さ、苦しみをとおして「いのち」の尊さを世界の人々に伝え続けています」。確かに核兵器の脅威を訴え、「仏教精神にもとづき、一人ひとりの「いのち」が尊重される社会を築くため、世界平和の実現に取り組んで」きた。

だが、「その一方で私たちは、もっと快適に、もっと便利にと欲望を拡大して」きた。その利便性の追求の陰には、原子力発電所立地の人々が事故による「いのち」の不安に脅かされながら日々生活を送り、さらには負の遺産となる処理不可能な放射性廃棄物を生み出し、未来に問題を残しているという現実があります。だからこそ、私たちはこのような原発事故による「いのち」と平和な生活が脅かされるような事態をまねいたことを深く反省しなければなりません。

ここでは第二次世界大戦後の日本人の生き方の全体に関わる事柄として、原発の問題が捉え返されている。声明文は続いて、原発が私たちに問うている倫理的課題の核心に関わる事柄に触れていく。「誰かの犠牲の上に成り立つ豊かさを願うのではなく、個人の幸福が人類の福祉と調和する道を選ばなければなりません」と。厳格に実行するのが容易ではない倫理命題だ。だが、原発を通して、よく見えるようになってきた問題をしっかりと直視することは重要だろう。

最後の部分で、この声明文は、もう一つ、脱原発に伴う倫理的課題にふれていう。「そして、私たちはこの問題に一人ひとりが自分の問題として向き合い、自身の生活のあり方を見直す中で、過剰な物質的欲望から脱し、足ることを知り、自然の前で謙虚である生活の実現にむけて最善を尽くし、一人ひとりの「いのち」が守られる社会を築くことを宣言いたします」と。

全日本仏教会の声明文「原子力発電によらない生き方を求めて」は、福島原発災害後に問われている倫理的問題を分かりやすい言葉で表現している。かんたんに言えば「いのちを大切にする生き方」ということになるだろう。私がそう述べたところ、ある倫理学者の友人が「陳腐な言葉では力にならない」と批評した。

確かに豊かに肉づけをしていく必要はあると思う。だが、問われていることの核心を分かりやすい言葉で述べ分かち合うことも大切だ。責任は連帯に支えられるからだ。宗教界がそうした役割を果たすことができるとすれば、それは日本の現代文化史に新しい局面を開くものとなるのではないだろうか。

三　原発問題への倫理的問いかけとスピリチュアリティ

原子力市民委員会『原発ゼロ社会への道』

二〇一四年四月十二日、原子力市民委員会は『原発ゼロ社会への道――市民がつくる脱原子力政策大綱』を公表した。原発が倫理的に受け入れがたいものであり、原発ゼロ社会が現実的な選択肢であることを示し、その選択にそって必要な法的・政治的措置を丁寧に示していこうとしたものだ。その後、簡易版の『これならできる原発ゼロ！　市民がつくった脱原子力政策大綱』(原子力市民委員会編、宝島社、二〇一四年六月)も刊行されている。

この文書を作成した原子力市民委員会は、科学者・研究者、市民、ジャーナリスト、弁護士らが加わり、十一人の委員、二十二人のアドバイザーらによって構成されている。座長は舩橋晴俊氏(法政大教授、社会学者）、座長代理は吉岡斉氏（九州大教授・前副学長、元政府事故調委員、科学史研究者）が務め、私も委員の一人として加わっている。二〇一三年の四月に設立され、集中的な審議を重ねて同年十月に「中間報告」を公表し、それをもとに全国各地で市民・専門家との意見交換を数多く重ね、二〇一四年四月十二日『脱原子力政策大綱』の公表に至った。なお、その後、舩橋氏が急逝したため、座長は吉岡斉氏にかわっている。

刊行の翌日、四月十三日には、東京の国立教育会館で脱原発フォーラムが行われ、八四〇人が参加した。壇上には原子力市民委員会のメンバーの他、日本学術会議の大西隆会長、ＪＡ全中の村上光雄副会長、東海村の村上達也前村長、福島県生協連の佐藤一夫専務理事らが『脱原子力政策大綱』の意義について、またこれを踏まえた今後の課題について語り合った。東電福島原発災害の被害と復興の問題に関わって来た福島大学の若手教員や福島原発告訴団の武藤類子団長の発言はとくに聴衆の心を揺さぶった。

『脱原子力政策大綱』は長期的なエネルギー転換や放射性廃棄物の処理・処分の展望を考えれば「原発ゼロ社会」を選ぶのが妥当だとしている（第三章、第五章）。また、短期的には安全性に確かな配慮をすれば再稼働は容認できないこと、事故収束のための考え方を改めるべきこと、原発作業員の雇用形態を改め健康管理を徹底すべきこと（第二章、第四章）などを説いている。これらは、現今の政府側や原発推進側の論や施策と比べて道義にかなっているとともに、現実的でもある判断として示されている。個々の問題は、福島原発事故後、さまざまに論じられてきたものだが、この『脱

『原子力政策大綱』では、それらの問題が包括的に取り上げられ、一貫した論述にまとめあげられている。

原子力発電の倫理的欠格

だが、そもそもなぜ原発の継続が適切でないのか。それはコストや経済の問題からだけでは論じきることができない。序章「なぜ原発ゼロ社会を目指すべきなのか」では、原発がとても回復できず賠償もできないような巨大な被害を招くハイリスク事業だという難点などをあげて、法律によって廃止すべきだとしている。しかし、もっとも重要な難点として「原子力発電の倫理的欠格」をあげている。このような倫理的観点が前面に提示されることについては、日本の、また世界の宗教界からの声が一定の役割を果たしたと私は考えている。

ドイツのメルケル政権は二〇一一年五月に「ドイツのエネルギー大転換――未来のための共同事業」という報告書をまとめ、国をあげて脱原発への歩みを押し進めていくこととなった。この報告書をまとめた委員会は「安全なエネルギー供給に関する倫理委員会」と名づけられた。ドイツは倫理的な判断によって脱原発を決めたのだが、こうした考え方は受け入れるにあたってはドイツのキリスト教界の取り組みが大いに影響を及ぼしている。そこでは、地球環境の持続可能性と未来の世代への責任が基調をなす考え方となっている。

『脱原子力政策大綱』もこのドイツの倫理委員会の立場を支持し、「原子力過酷事故の被害規模は計量不可能なほど大きく、また生み出された放射性物質はのちの世代にも負担を強いるので、原子力発電は倫理的観点からは認められない」とする。そして、日本では核爆弾による惨禍を経験し、この度、また原子力過酷事故の試練に直面したから、「核技術に対して示す倫理的判断は、より強固かつ予防的なものであってしかるべきである」と述べている。倫理的判断を下すには歴史的経験の適切な振り返りが役立つことが多いが、『脱原子力政策大綱』もその立場をとっている。

原発の倫理的批判の諸側面

倫理的判断を重んじる『脱原子力政策大綱』の立場は、福島原発事故被害をどう受け止めどのような復興を目指すのかという問題を論ずる章（第一章）でも示されている。福島原発からの復興について、政府側は産業の復興を重んじ、たとえば巨額を投じてがん治療施設を建設することを掲げている。他方、帰還の促進を急ぎ、帰還を選ばない人たちへの支援を打ち切る措置を取ろうとしている。こうした物財中心の復興は、避難地域の住民と社会学者の討議で明らかにされているように、「人間なき復興」とならざるをえない。これに対して、『脱原子力政策大綱』では「人間の復興」を目指すべきだとしている。「被害者一人一人が尊ばれ、良き生活への希望を取り戻し、それを創り出すことができるような」復興のありかたである。

また、『脱原子力政策大綱』は終章で、「「原子力複合体」主導の政策決定システムの欠陥と民主的政策の実現への道」を示してもいる。「原子力複合体」とは「原子力ムラ」ともよばれるもので、政財官から学界・報道機関までを巻き込み、原発推進勢力が一体となって特殊利害の追及を行ってきた体制だ。「原発マネー」で人々の同意を取り付けるようなシステムは民主主義的な公論の形成に反するもので、倫理的にも支持できるものではない。原発をめぐり道義にかなった政策決定の仕組みを目指すことは、脱原発への歩みを進めることと表裏一体である。

大飯原発差し止め訴訟判決

『脱原子力政策大綱』が公表されて一ヶ月余り後、福井地方裁判所は、関西電力に対して、大飯原発の「運転をしてはならない」との判決を言い渡した。この「大飯原発差し止め訴訟」の原告団代表であり、真言宗御室派明通寺の住職でもある中嶌哲演氏は、この判決が「原発から二五〇キロメートル圏内の原告のかけがえのない「人格権」を根拠に」している点に注目している（「置きざりにされた倫理的責任」『中外日報』二〇一四年六月四日）。中嶌氏は、福井地方裁判所が示した「人格権」というこの根拠は、この問題の倫理的次元を尊ぶという考え方にのっとったものだと受け止めている。

かつて置き去りにされ、現にされているのは、何よりも「倫理」ではないでしょうか。あり得ないことですが、仮に安全運転の条件が満たされても、後の数千世代に新たな負担を強いる死の灰などを増加させることになる一事だけでも、またフクシマの惨禍をもたらした以上、再稼働は断じて許されるものではありません。原発現地の後世代への巨大な負の遺産、過疎地に原発群を押し付けてきた大電力消費圏、五〇万人をこえる被曝労働者の犠牲、放射能災害弱者の子どもたちへの被曝強要、海外輸出、全環境・生命の汚染や被曝。

それらへの倫理的責任を「自利利他円満―少欲知足」の仏教精神に照らしつつ問い直し続けていく必要があります。（同前）

『中外日報』は週三回刊行されている宗教界の情報紙だが、二〇一四年六月四日、「宗教界はどう受け止めるのか　原発ゼロ社会への道――市民がつくる脱原子力政策大綱」という特集を行っている。原発問題の倫理的次元について、宗教界に応答が期待されていることを反映した企画と言えるだろう。

ところで、中嶌哲演氏は一九九三年に結成された「原子力行政を問い直す宗教者の会」のメンバーでもある。この団体は仏教とキリスト教を中心に、さまざまな教団と関わりをもつ宗教者が連携して、長期にわたって原発問題に取り組んできた。このような宗教者の連合体による持続的な取り組みが、福島原発後の宗教教団や宗教者による問いかけの基盤を形作ってきた。二〇一二年七月十三日にも、超宗教・超宗派の数十名の宗教者により、「宗教者は原子力発電所の廃止を求めます」という文書が公表されている。

四　仏教系新宗教教団の倫理的批判とスピリチュアリティ

仏教系、立正佼成会の声明

かなりの数の日本の宗教団体が原発災害を踏まえ脱原発に向けて声をあげてきており、そこでは倫理的な次元が重視されている。ここでは、先に紹介した全日本仏教会の宣言文とはいくらか異なる内容をもった仏教系の新宗教教団、立正佼成会の声明を紹介したい。

立正佼成会は庭野日敬と長沼妙佼によって一九三七年に設立され、法華経を尊び在家信徒それぞれが先祖供養を実践し日常生活を変えていこうとしてきた新宗教教団だ。他方、宗教協力により公共的な活動に積極的に関わってきており、世界宗教者平和会議（ＷＣＲＰ、一九七〇年設立）や庭野平和財団などの活動を通じて世界の平和のためにも力を注いできた。新宗教諸団体の連合体である新日本宗教団体連合会（新宗連）の有力メンバーの一つでもある。

世界宗教者平和会議はニューヨークに本部があり、世界数十ヶ国に支部組織があるが、日本は設立時から中心的な役割を果たして来ている。日本では多くの仏教宗派、神社神道、教派神道、新宗教教団が加わっており、きわめて幅の広い宗教組織の連合体である。そして、世界宗教者平和会議日本委員会は立正佼成会の本部施設内にあることからも知られるように、立正佼成会はその有力な担い手だ。

世界宗教者平和会議は平和のための発信や行動を積極的に行ってきている。二〇〇一年九月十一日のアメリカ同時多発テロの後にはそこから暴力の連鎖が広がらないように早くから声明を出していた（島薗進「心なおしによる平和――現代日本の新宗教の平和主義」『大巡思想論叢』第十六輯、二〇〇三年十二月、同「国民的宗教協力から宗教の国際協力へ――戦後の平和運動とその歴史的背景」中牧弘允、ウェンディ・スミス編『グローバル化するアジア系宗教――経営とマーケティング』東方出版、二〇一二年）。平和や紛争に関わる問題についてだけではなく、生命倫理問題や憲法改正問題についても独自の態度表明を行ってきている。このような経歴をもつ宗教教団が原発災害に際して、何らかの態度表明を行うに到ったことは理解しやすいところだろう。

声明「真に豊かな社会をめざして――原発を超えて」（二〇一二年六月十八日）では、原発災害による苦難に思いを寄せる言葉に続いて、それだけではなく「近隣諸国をはじめ世界の人々に大きな不安をもたらし、未来世代に計り知れない多大な負担を残し」たことにもふれている。そして、原発に依存してきたことに大きな誤りがあったとの論点に入っていく。

原子力は「未来のエネルギー」と言われ、私たち国民もその恩恵を受けてきました。しかし、ひとたび事故が起きれば、甚大な被害をもたらすことを思い知らされました。経済的な豊かさが人間の幸せの源泉であると信じ、原発の負の部分から目を背けて、その依存度を高めてきた責任は私たち一人ひとりにあります。私たちに問われていることは、原子力発電によらない、真に豊かな社会を可能な限り速やかに築きあげていくことです。そのためには、より安全性の高い再生可能エネルギーの開発と活用に叡智を結集しなければなりません。
ここでは、①事故による被害の大きさ、またそれが世界に、また将来世代に及ぶこと、②経済的な豊かさを求めるあまり、真の豊かさ、真の幸福を見失ってきたことが、省みられている。その場合、他を批判するというより、③自分たち自身の生き方を省みるという姿勢が基軸に置かれている。

自らの生き方を振り返る

続く部分で、そのことは明確に述べられていく。

しかし、一番大切なことは、多くの犠牲の上に際限なくエネルギー消費を拡大してきた価値観や生活スタイルを見直すことです。今こそ、過剰な消費を抑えた「少欲知足（足るを知る）」の心を養い、簡素な生活の中に幸せの価値を見いだす最大の機会であると考えます。

ここでは、「経済的な豊かさ」と「真の豊かさ」を分けるものは、「過剰な消費」と「簡素な生活」であることが示唆されている。それを「少欲知足（足るを知る）」の語で言い換えてもいるが、これは全日本仏教会の宣言文に「過剰な物質的欲望から脱し、足ることを知り」とあるのと照応している。なお、ここで「価値観や生活スタイルを見直すこと」が、「一番大切なこと」とされている理由はここだけではよく分からない。だが、日頃から個々人が自らを謙虚に省みて足もとから態度を改めていくことを説く立正佼成会の教えにのっとった考え方と見ることができるだろう。

なお、立正佼成会は先の声明を受けて九月一日に「教団と教会、会員が願いを一つにして、真に豊かな社会の実現につなげていく」「行動指針」を発表している（http://www.kosei-kai.or.jp/news/2012/09/post_2487.html）。そこでは、教団、教会、会員の三つに分け、具体的にできることが並べ上げられている。「会員」については「本会会員は「真の豊かさとは何か」について関心を持ち続け、教団が環境方針の基本姿勢として掲げる「いのちの尊重」「共生の実現」「簡素なライフスタイル」を旨として、自らの衣食住や交通手段など日々の暮らしのあり方を振り返ります」「家族や地域の人々と、自然の恵みへの感謝や平和の祈りのある生活などについて話し合い、身の回りの出来ることから実践します」というものだ。個々人の日常生活の中での修養を尊ぶ立正佼成会の実際の信仰活動と結びつけるという姿勢が明確だ。

真に豊かな社会をめざして

だが、これは個々人の修養的実践にすべてを集約させようとするものではない。同時に人類社会の事柄であり、社会的意志決定に関わる事柄でもある。声明「真に豊かな社会をめざして――原発を超えて」にもどる。

世界は今、文明の転換を迫られています。これまでの経済的・物質的な豊かさを求める生き方を続けていては、限られた地球環境を守り、未来世代によりよい社会を残していくことはできないでしょう。また、貧富の格差が広がる今日の経済や社会のあり方は、人類全体にとって決して幸せなものではありません。私たちの生き方のものさしを「共生」や「自然との調和」、すべての人が安心して暮らせる公正な「分かち合いの経済」などの実現に変えていかなければなりません。

④「貧富の格差」、「すべての人が安心して暮らせる公正な「分かち合いの経済」」はもちろん社会政策の課題であり、国家の政策に関わることである。また、⑤「地球環境を守り、未来世代によりよい社会を残していくこと」もそうである。また、⑥「共生や自然との調和」は、人類だけの事柄ではなく、人類と自然との関わりという次元にも及んでいる。この声明で明確に述べられているわけではないが、この④〜⑥は原発に対する倫理的批判に関わるものだからこそ、ここにあげられているのだろう。

以上を踏まえて、この声明は次のように結ばれている。

立正佼成会は、すべてのいのちを尊び、慈しみ、自然と人間との共生に基づく心豊かな平和な社会の実現に向け努力してまいります。これこそが今、仏教徒として私たちの果たすべき菩薩行と信じるものであります。

「菩薩行」とは「利他行」、すなわち他者への奉仕の行を指している。立正佼成会が尊ぶ法華経は菩薩行を重視する経典だ。また、仏教の伝統の中には、人間だけではなくすべての生きもの、また生命体と環境の全体を仏の現れと見るような考え方があり、日本では有力だ。立正佼成会はそうした伝統を継承してもいる。だから、①〜⑥に述べてきたような事柄は、いずれも立正佼成会が尊ぶ仏教本来の倫理性の表明と理解されている。声明「真に豊かな社会をめざして――原発を超えて」の結びはあらためてそのことを思い出させてくれるものとなっている。

五　指導的仏教者の倫理的省察とスピリチュアリティ

仏教教団や仏教者からの声

宗教団体のリーダー個人の発言が伝えられることもある。浄土真宗本願寺派の大谷光真門主（二〇一四年まで在任）は早い段階で、「後の世代に犠牲を強いて、今の経済的豊かさを優先する生き方は仏教から見ても大きな問題です」、「文明そのものの問題として、人間の知恵の範囲内でできることをすべきでなかったということです」と発言したことが伝えられた（『中外日報』二〇一一年十一月一日号）。

大谷光真門主はまた、二〇一二年七月二十日の宗教倫理学会の研究会で、「私的発言」と前置きして原子力発電は「倫理的宗教的に問題」とも述べたと報道されている（『佛教タイムス』二〇一二年七月二十六日号）。それによると、同氏は二十年以上前から「原発は人間の処理能力を超えたものとの認識をもっていた」という。この記事はさらに、以下のように同氏の論旨を紹介している。「一番の問題はトイレのないマンション」と使用済み燃料の処理方法がない点を指摘。「そんなものをどうして許したのか。原発以外で廃棄物を処理する方法がないから溜まる一方でよろしいというものがあるだろうか」と疑問を呈し、「それほど歪んだ発電事業である」とした。

さらに「昔の人は孫の代が使う木を植えた。今の人は自分が使えるものは使って孫にはゴミだけ残して、こういう生き方そのものが私自身にとっては非常に辛い」「廃棄物だけ残していくのはとても倫理的宗教的に問題である」と語った。

この発言内容に相応する考えは、大谷光真『いまを生かされて』（文藝春秋、二〇一四年三月）の「あとがき」にまとめて述べられている。この著書は、同年六月に門主を退任するに先立って刊行されたもので、「はじめに」には「退任のあいさつに代えて」と添えられている。

大谷光真前門主が捉える原発の非倫理性

「あとがき」では、三つの点で原発は「未解決の根本問題」を掲げていることが示されている。「第一に、現在の科学技術では、放射性廃棄物の無害化ができないことです」。放射性廃棄物が人類にとって危険でなくなるまでに、数万年から十万年、あるいは百万年かかるという。「原子力発電所の建設では、目先の利益に心を奪われて、将来のことが疎かにされたとしか考えられません」。「仏教的に見れば、長い時間軸で物事を考えていないといわざるをえません」。これは原発だけではなく、昨今の内外の情勢に広く見られる問題に通じている。政治の動きを見ると、「あとは野となれ山となれです。自分の子や孫の世代のことさえ、真剣に取り組まれていません」。

「第二に、一度大きな事故が起これば、対処できなくなる可能性があることです。今回の事故は、その典型といえるでしょう」。処理できない事柄を背負ってしまったが、それでももっとひどい事態にならなかったのは幸いと見なくてはならない。「人間のすることには完全ということはありえません。浄土真宗では、とくに「凡夫」ということばで言い表してきましたが、そのことを承知で、原子力発電を実用化すべきかどうか議論が必要でした」。日本は世界でも有数の火山・地震・津波国だ。自然環境が人間の制御を超えた事態を引き起こすことはよく分かっていたはずだ。「諸行無常が当てはまらない場所などあるでしょうか」。

「第三は、原子力発電所を運転するためには、平常時でも、一定数の労働者の被曝が避けられません。同じ給料で他に仕事があれば、危険な仕事を好むはずはありません。やむを得ず被曝を覚悟してはたらく人、弱い者が犠牲になります」。今後、国内で人が集まらなくなれば、経済状態の良くない外国から、労働者を入れることになりかねない。「差別の国際化が進むでしょう。それが美しい国のすることでしょうか。賢い国のすることでしょうか」。

仏教から示唆される倫理性

以上、三点をあげた上で、大谷氏は「阿弥陀如来に願われる「われら」として」という見出しの下に次のように述べている。

人間には限りない欲望があります。時代を遡るほど、外部からの物理的・社会的制約が大きかったため、おのずから欲望に歯止めがかかりました。しかし、現代においては、知能がはたらき、さまざまの制約が取り除かれ、欲望がそのまま実現するようになりました。

それでも人間の知能は不完全であり、欲望の実現から生じる負の結果を十分制御できません。その極端なものが核エネルギーの利用でしょう。いま必要かだけで物事を決めず、将来の人類はじめ生物の生存と調和することができるかどうかを考慮しなければ、人類の将来はないと思います。欲望をなくすのではなく、調和できる方向に導くことこそが課題です。

そのためには、日常生活の損得を超えた価値観が必要になります。仏教の目指すさとり、すなわち仏に成ることはそのヒントになると思います。

ここで、大谷氏は原発の非倫理性に目をこらし、それを超えていくには「日常生活の損得を超えた価値観が必要」であり、仏教はそれを提示できるはずだと述べている。

大谷氏は浄土真宗本願寺派の門主という地位を意識しながらも、一人の仏教者として原発の倫理的問題がどこにあるかを明示し、それを克服していくための倫理性が仏教、広く言えば宗教に求められる所以を述べている。福島原発事故後、多くの宗教教団や宗教者が原発の非倫理性の問題を論じ、脱原発を訴えてきたが、大谷氏の論は際立って説得力ある叙述と言ってよいだろう。宗教者個人としての考えを述べるという形をとったことによって、鋭く明快な叙述が可能になったと言えるかもしれない。

おわりに

社会的に取り組むべき倫理的問題について、欧米ではカトリック教会という強大な宗教組織があって、統一見解を示す。キリスト教といってもカトリック教会がすべてではないが、組織性という点で他を圧倒しているカトリック教会の影響力は格段に大きい。それをもとにグローバルな公共空間では、キリスト教的な立場からの倫理的見解が一定のプレゼンスをもってきた。現在までのところ、グローバルな規模で、経済・国家と科学技術を制御する倫理性を提示できる宗教勢力となるとキリスト教ということになり、なかでもカトリック教会ということになるだろう。

しかし、世界の宗教文化、精神文化、思想文化の多様性はますます拡充している。地球上の多くの地域で、特定宗教による倫理的見解が支配的であるとは言えなくなりつつある。日本のように、早くから宗教的な多様性が顕著な社会では、特定宗教による倫理的見解が際立つということはない。福島原発災害後に、日本の宗教界からは倫理的な視点から脱原発を求める声明や発言がさまざまになされているが、それが一本にまとまり、明確な論点を構成するということにはなりにくい。

こうした状況において、宗教学、仏教学、神学、倫理学などに携わる研究者には、多様な倫理的見解を横断的に捉えながら、論点の明確化を進めていく任務が課せられてくる。そしてまた、それらの倫理的見解がどのようなスピリチュアリティに基づくものであるかを明らかにしていくことも求められている。こうした学術的論説を通して、一国の、またグローバルな公共空間において、経済・国家と科学技術を制御する倫理性がどのようなものであるかが分節化されていくことが期待される。また、そうした倫理性とスピリチュアリティとがどのように関わりあっていくかも明らかになってくるだろう。

この課題は容易なものではない。長期的な課題として、じっくり腰をすえて取り組んでいくべきものだろう。スピリチュアリティについて論ずるとき、このような公共哲学的な課題がたいへん重要であることが、今後ますます強く意識されることを望んでいる。

付記　本稿の一部は、拙稿「原発の是非の倫理的問いと宗教界の声」（小林正弥監修・藤丸智雄編『本願寺白熱教室』法藏館）を用いている。

インタビュー・コラム六　島薗進

聞き手　ＩＡＲＰ本部長　本山一博
二〇一三年十一月十四日　上智大学にて

本山　シンポジウムは、個人性と社会性を「霊性」という観点から両立・統合するというような内容なのです。

島薗　人はもともと共に生きている存在ですから、個人として開花するにも、共にある場所というのを持っていないと、と思うのです。

本山　共にある場所？

島薗　場所。あるいは共にある相手。

しかし、宗教の中には自分自身に閉じこもらざるをえないような経験とか状況があります。そもそも、苦しいときには人に伝えようがない。何とか伝えることでそこから少しでも楽になりたいと思っても、それもできない。そういうときにこそ宗教が求められると思うのです。

病気で長いこと苦しんでいる方は病のことで頭の中がいっぱいになって、病気の中に閉じこめられるということがありますね。また、生きていく上で難しい問題に突き当たって、一度そこにひっかかってしまうとそこから抜け出せない。そういう精神的なひきこもりもある。ひきこもる、孤独の中に退いていくというのは、人間の創造性の基にもなるわけです。孤独があるからこそ深まりが出てくるし、人の苦しみや悲しみに対する共感力も出てくる。人類文化を豊かにしていくには孤独というものを大切にしていかなければならないと思いますね。

ところが、現代社会は孤独になることを許さないように組織化されてしまい、社会の都合の方に人間をひっぱっていく。個人主義であるようにみえながら実はそういう特徴を持っている。孤独を深めていく場所も、人と共にある場所があるからこそ深まるのですが、現代はそういうものも大変貧弱になっています。

ひきこもりというものが創造的にならないで、細く狭くなって、そこにしかいられなくなってしまう。というのは、社会に出ていくとある方向へ方向づけられてしまって、自分なりの生き方を実現する仕方がみえないから。社会が経済価値を極端に強調しているので、そこから自由になるのは、大変なわけです。社会が準備している場所が、経済的競争という画一的なものしか生み出せない場所なのです。

本山　画一的な場所とポジティブなひきこもりを作れるクリエイティブな場所の違いは？

島薗　この間、松山に講演に行ったのですが、松山は俳句が盛んなのです。俳人というのはよく旅をする、そして仲間を作る。旅をする人はどこか孤独で、孤独な死に向き合う人生の中から豊かな作品が生まれてくる。それを仲間で分け合い、糧にしてそれぞれの人が俳句を作る。そういう共同性と個人の孤独が相互に支え合うというような感じになっていました。

本山　その両面を生かし合うという点で、スピリチュアリティとか霊性の役割は？

島薗　スピリチュアリティというのは、個人の方へ注目しているのです。個人個人が自分の中にある宗教的な感性を育てる、宗教的な経験を持つようにする。そちらの方に惹かれる人が多いのですが、やってみると、何も枠組みのないところであなたなりのスピリチュアリティを育てなさい、と言われても途方に暮れてしまう。仲間や指導者も必要だということになってくるが、仲間や指導者がいると、そこに閉ざされた集団が作られるのではないかと感じてしまう。

そのような閉ざされた集団は作りたくないが共に学んだり、共に育ったりすることは必要なので、従来型の教団や集団のような固定的な枠組でないものを求めている。それはネットワーク、場所と言っていいと思うのですが、これも必ずしも創造的なものになりにくいという難しさがあると思うのです。

本山　閉じこもっている人たちというのは自分一人では自分を癒せない、他者がいるから癒されると思うのですけれども。

島薗　これはやはり人は「いのち」を分かち合うふうにできているからだと言わざるをえないのではないでしょうか。だから、単身で生きているということはつらいことですよね。親しい家族がいるということはとても大事ですが、それもなかなか難しくなってきている。そういう人たちがお互いに支え合う場所というのも必要になってきていますよね。

個人の自由を尊ばなければならない、そのために社交の能力さえ失われていく。社交の能力が弱まると同時に、競争心が強くなりすぎて、自分を受け容れられていないという感覚で傷んでしまう。自分も傷んでいるから人にそれを転嫁し、他者から受けた痛みを別の他者に押し付けることで、仲間を固めようとするという社会になってしまっているのですね。

本山　他者を受け容れるというのは社会性、それとも個人性なのでしょうか。

島薗　両方があるからこそ他者を受け容れられるのだと思います。お互いが緊張感を持っているような関係を苦にしない。ある人から圧迫を感じてもそれを超えていける。そういうのは孤独の強さだと思うのです。そういうものが養われていないために、仲間の作り方が下手になる。仲間を作っても排除するような仲間の作り方をする。

本山　「個人」というものには、ポジティブな側面とネガティブな側面、両方あるのですか。

島薗　孤独が力になるという側面と、孤立して力を奪われてしまうという側面がある。

人に支えられる場所があるからこそ孤独になれる。子どもが遊ぶときに、母親がいて、「あなたが何をやっても守ってあげる」という感覚があると、子どもはいろいろなことに挑戦できます。そして、挑戦するときはどこか新しいことが怖い、孤独を味わい始めているわけです。それが深刻になってくる思春期になり、青年になり、社会の中に一人で巣立っていくとき、自分なりに足場を見出していくことがどこまでできているか、ということですよね。

大人になるために必要な孤独と社会性、これが現代社会ではなかなかやりにくくなってしまった。昔なら職場へ行けばその中に訓練の場があり、支えられながら鍛えられる。しかし、現代社会ではそういう見守りながら育てる、そしてそこで孤独になって自立していく、自立することによってまた共同性に応えていく、というプロセスが成り立ちにくくなってきている。

本山　孤独になってもそれを受け容れたり見守ってくれたりする人たちの存在があるかないか、ということですね。

島薗　現代社会は、経済競争に勝つためにいろいろなシワ寄せを人々に強いている。子どもは勉強しろ、勉強しろと言われて偏差値を気にして、自分は受け容れられていないという感覚をいつも持ち、会社からはみ出るとひきこもりになったり路上生活者になったり、どこにも居場所がなくなる。そういうようなことが多すぎます。

スピリチュアリティというのは、霊性の優れたものを目指す側面と、苦しみや痛みに寄り添うという両面があると思うのです。その両面がうまく噛み合ってこそ深みがある、価値のある霊性というものになると思います。

本山　たとえば、噛み合っていないのはどういう事態でしょうか？

島薗　立派になることだけを目指していくと、どこかでエゴセントリックになっていく。分かち合う喜びが狭くなって、自分が特別だと思う、そういう満足の方に向いてしまうのですね。

また、分かち合い、慰めの方は、他者のために、ということばかり考えてしまうと、自分自身の目標を見失って他者に引きずられるということも起こってくる。集団の一体感に依存しているという傾向が見られると思いますね。仲間の中での喜びで閉じこもっていく。その辺は、集団性を重んじる宗教が陥りがちで、その場合に指導者を特に高く崇拝して、特定の指導者と一体化することで集団の連帯感を作っていくと、それも他を排除するということになりますね。それもまた開かれてほしい。開かれるためには、外に向かって開くと同時に、個々人がもっと豊かにならないと。

本山　高みを求めることと、癒し・慰めが嚙み合っているという具体的なケースはありますか？

島薗　私の経験でいえば、まず、アメリカの黒人の教会ですよね。そこには本当に慰めがある。慰めがあるからこそ、厳しい環境にいても、それぞれの人が社会でしっかり生きていける。そして自分たちの集団だけではなくて、外に対しても活発な関心を持っていましたね。

社会の弱さに対して敏感であるけれども、そういうものと向き合う活動としてそれぞれの人が自分の個性を磨いている集団というのは、いろいろなところで経験したように思います。日本の中でもありますね。

本山　最後にスピリチュアリティとか霊性というところに戻ってみますと。

島薗　これからはますますスピリチュアリティというようなものを求める傾向が強まっていくと思うのです。つまり、何かを集団的に信じるということで生きがいを満たすことが実感しにくくなってきているので、それぞれのやり方で霊性、スピリチュアリティを深めていくということが求められるようになる。ところが、それをどのような形で支えていくか、ですよね。一人でやるといっても実際はそう簡単にはできないわけで、それを支えていくシステムを作っていかなければならないのですが、いま日本社会でもそれをいろいろ模索している。

本山　スピリチュアリティ自体も個人的な側面と集団的な側面がある。

島薗　そう言っていいと思いますね。たとえば、病院やケアの場のグリーフケアとかスピリチュアルケアですが、やはり訓練を受け、相互啓発を続けながらやっていかないと、一人ひとりがバラバラということではやっていかれない。訓練や統制が必要になってくると同時に、それぞれの人がそれぞれのやり方でスピリチュアリティというようなものを養っていく。できる限りそういうものを進めていきたいわけなのです。

第八章　社会と他界をつなぐシステム・モデル

津城寛文

はじめに

さまざまなレベルや領域にそれぞれのシステム論があり、同じ（ような）名称によって、しばしばかなり異なることが論じられている。ためしに、雑多な情報を得るために、「世界システム」という（全体性を期待させる）用語でインターネット検索をかける、あるいは少し絞って各種の図書検索をかけると、I・ウォーラーステインの主唱した世界システムに関するものが最も多く、ついで、N・テスラの描いた世界システムも少なからずヒットする。多少の知識があれば、この二つは同じ名称ながら、まったく異なる文脈で、まったく別の映像を描いていることがわかる。

他方、一般システム論の創唱者L・フォン・ベルタランフィと親しかった、システム理論家E・ラズロは、のちに見るように、「世界システム」の用語から期待されるより以上の、もっと包括的で網羅的なシステム論を試みており、かつ現在、いわば他界的要素を、今にも組み込もうとしている。本稿でラズロを一つの伏線とするのは、この理由からである。

システム論に限らず、特定の領域や方法で、偏った要素を偏った視点から見て偏った映像を描くのは、ありがちなことである。ただし、モデルを考える段階で要素を取捨選択せざるを得ないとはいえ、除外された要素の重要度に応じて、必ず死角ができる。すべてのシステムは死角を孕むと織り込んでおくことで、その弊害は最小化される。

ここでは、何を要素としているかに留意して、あれこれのシステム論を検討し、諸宗教が提供してきたような他界的要素への配慮が、そこに欠落していることを確認する。その上で、社会システムと他界システムを組み合わせるモデルが、これからの「パラダイム」として望まれることを、「原理的」に論じてみたい[1]。

一　三つの「世界システム」

一―一　経済的な世界システム

社会科学は、定義上、「社会的事実」を説明し、ときにその知見を社会に応用し、処方する。社会の中に、「宗教」と称される「社会的事実」があることは、誰が考えても明らかであり、じっさい「社会学」の創唱者以来大いに考慮されている。宗教社会学においては、これも定義上宗教は主要な関心事である。

ただし、宗教には「他界」的要素があり、敢えて言えば「他界的事実」がある。この当たり前のことを、私がこの数年来強調しているのは、社会科学一般はもちろん、宗教の社会学においてすら、「他界」を要素として組み込むことは、極力回避されるからである。

Ｉ・ウォーラーステインの世界システム論を見ると、これは、十五（十六）世紀のヨーロッパに始まり現在に至る、世界規模の資本主義経済システムのことである。「コア」「ペリフェリ」「準ペリフェリ」を地理的なキーワードに、堅固に張り巡らされた「ディペンダンス」のシステムを限定的に記述するもので、経済学、政治学、歴史学の分野でさかんに論じられている。部外者から見て明らかなのは、そこでは、科学（自然科学、人文社会科学）や、また「文化」という一般語、とくに宗教や芸術という要素が、「社会的事実」としても、ほぼ考慮されていないことである。

ただし、将来の展望においては、無視しきれない要素として、宗教が警戒される。このテーマに参加する多くの論者が取り組んだ、一九九〇年代の論集の冒頭に、「混乱と無秩序の時代の到来」という暗鬱な「予告」で、とくに言及されているとおりである。[2]

「混乱と無秩序」というのは、「世界システム」の将来を考える段になると、ウォーラーステインらのモデルでは死角に押し込められていた宗教が、覆いようもなくクローズアップされてくるからである。近未来の「展望」において、現行システムを揺るがす動きの一つとして、「原理主義的・統合主義的・新伝統主義的な宗教」といった「反世俗主義の台頭」をあげ、それら未知の「宗教の世界的大攻勢」によって「闘争が暴発……爆発」し、「システムの混乱……危機……分岐……混乱」が到来することまでは、高い確率で予測される。しかしその後の「行き着く先」については、既存のシステム論で「見抜くことは不可能」「不確実」であるという理由で、「予測」は断念される。ただし、「混乱の後に何らかの新しい秩序」が来ることも間違いないので、「いかなる秩序であってほしいかを論じること、またそのような望ましい秩序に向かって闘うことならば、不可能ではあるまい」というのが、ウォーラーステインの「展望」の結びである。(3)

これはつまり、宗教を重要な要素として組み込んでいないウォーラーステインらの「世界システム」論は、やがて死角から襲いかかってくるであろう予想外の宗教的動きによって致命的に破れる、ということである。埒外の要素を扱うために、システムを修正あるいは新規に構築する必要があるならば、システム論としては破綻したに等しい。

一―二　科学技術の世界システム

マッド・サイエンティストの典型とされるニコラ・テスラも、「世界システム」という用語を用いた。これは、情報やエネルギー伝達のための世界規模の無線ネットワーク・システムであり、社会科学者の考える制度・機関のシステムとはまったく別ものである。

「情報と電力を全世界に」、ただし「電信線や送電線」ではなく、「無線」で、というのがテスラの言う「世界システム」である。無線送信は当時すでに実現され、無線送電も実験段階では成功した、ともされる。無線送電の発想としては、空中を無線送電するものと、「導体であり、かつ帯電している」地球を媒体として世界中に送電するものと、二通りが考えられた。[4]

世界中を無線で結ぶ情報システムは、電信・電話やラジオ・テレビに始まり、wwwで完成し、今や大多数の個人が無線の情報端末を持ち歩く状況となっている。無線送電については、最近になって日本のグループが実験に成功したことが報道されている。[5]テスラの「世界システム」のビジョンは、実現されたといってよい。

交流発電の原理と実用化、テスラ・コイル、磁束の単位としてのテスラなど、科学史・技術史に残る業績の一方、未完の、あるいは未公表の業績とされるのが、人工地震発生器、無限エネルギーシステム、などの軍事技術であり、表立って流通しないのは、フリー・エネルギーが普及すると、エスタブリッシュメントの独占するエネルギー利権が失われるからであり、地震兵器などによる軍事行動が露見するからであるという、いわゆる陰謀論にもつながって語られる。[6]

『日本で初めてのニコラ・テスラ正伝』をまとめた新戸雅章によれば、科学史でテスラの業績が不当に忘れられていた原因となったのは、このような「マッド・サイエンティスト」の称号に相応しい側面であるが、日本でこの印象がとくに強いのは、阪神淡路大震災と、オウム真理教事件の前後、オウム真理教がテスラを引用して「地震兵器」を語ったことも一因だという、その際にこの伝記が参考文献とされたという苦い経緯も述べられている。[7]

しかし一方で、「オカルト」と呼ばれながら、テスラの世界システムにも宗教や他界の入る余地はない。無線の情報システム、エネルギーシステムという考えを推し進めると、肉体の有無にかかわらず、意識の送受信は可能であると考えることは不可能ではないが、テスラはそのような、いわゆる死後の生の可能性は、母の死に際して「一瞬」考えただけで、人間は自働機械だと考えていた。[8]

一―三　初期ラズロの世界システム論

システム論者としてのラズロは、ベルタランフィの一般理論で示唆された「システム哲学」の延長線上にある。[9]「世界システム」をタイトルとする初期の著作においてすでに、つぎのように、考え得る限りの世界のシステムが、包括的・一般的（ジェネラル）に模索されている。

問題が多次元のプロセスの相互関係に由来するとき、システム論的アプローチは他の何にも増して優位な位置を占める。「世界システム」は、人類の現在の需要を扱うために最適の概念である。さまざまな内容にこの概念を応用できるが、その基本的な射程と性格は明快である。世界システムは多次元的な相互依存の領域であり、惑星地球に住む人間と、その有機的・無機的な環境を結びつける。[10]

しかし、このように宣言される包括的・一般的なシステム論は、ラズロによって実質的に展開されてはいない。共著者の「世界システムと人間的価値」と題する論考を見ても、究極的な最高レベルのシステムである「ゴッド」と、適者生存を基準とする進化システムとを、無媒介につなげて説明しており、漠然とした概説に留まっている。一方で、「システム分析は、本質的に、人間がゴッドと呼んできたものと同じリアリティについて、語っている。とくに、われわれの分析が、システム階層の中の、世界システムや究極の宇宙エコシステムなど、より高くより包括的なシステムにまで至るときには、そうである」という、究極レベルのシステムが語られ、他方で、「生命システムが環境世界の要求に適応するために、それはどれほど役立つか」という基準が社会進化にも応用され、「人間のより高い審美的、精神的、宗教的経験の飛躍……諸宗教の長期的な諸価値は、社会の存続のために、個人を社会的価値や目標へと統合する機能を持つ」として、システムの統合・維持機能が強調される。(11) 究極のシステムと社会の諸システムをつなぐには、架橋すべき間隙があまりに多い。

二　他界のシステム

この世界とは別の他界のありさまは、伝統宗教でも民間信仰でも、精粗に思い描かれてきた。現代ではリアリティを大きく失ったそのような他界的な要素が、社会に何らかの作用を及ぼすとすれば、それを無視することは、全体＝システムの理解にとって、致命的な死角になる。他界の古風な映像を振り返ってみることは、無駄ではない。

二－一　輪廻と解脱のシステム

ヒンドゥー教圏の共通の人間観として輪廻の思想があり、仏教もこれを前提としている。ヒンドゥー教圏、と限定するまでもなく、人は死後、いつか再びこの世（かどこか別の世界）に生まれてくる、という考えは、普遍的である。ただ、そのような考えを最も精緻に語り続けてきた一つが、ヒンドゥー教圏であるのは、確かである。

仏教の三界（欲界、色界、無色界）や、六道（地獄、餓鬼、畜生、修羅、人間、天）、その他さまざまに区別して描かれる世界は、いずれも永住の世界ではなく、因果応報の原理に基づき、自らの業に応じて、繰り返し輪廻するものと考えられた。したがって民衆向けの道徳としては、よりよい再生のための善行が、「功徳」を積む「積徳」として勧められた。他方で達人にとって最終的な理想の状態は、輪廻から解脱することにあるとされた。

輪廻を前提としたブッダの教えを最も短くまとめると、巡る車輪のように繰り返されるこの苦しい輪廻から、人はいかにして離脱し、安楽な境地に至るか、ということであるが、解脱は、説明によって至極困難なようでもあり、案外容易なようでもある。両方の可能性を組み合わせた巧みな経典が、『バルド・ソドル（チベットの死者の書）』として残されており、死に行く人が、生と死の中間段階（バルド）で出会う状況に対応できるよう、段階的に教えが続いている。死の間際はその人にとって解脱のチャンスであること、しかし解脱に達することができない人は、少しでも良い来世を選択すること、という順番で、生者によって死（に行く）者の耳元で教えが説かれる。

この『チベットの死者の書』と同じ状況を設定しながら、真逆の教え方をしているテキストがある。シュタイナーは、死に行く人が見るビジョンについて、その人には、神々の世界へ参入する機会が訪れるが、その誘惑に負けて霊界へ入ってしまうと、輪廻によって進歩する機会を放棄することになる、未熟なまま霊界に入るよりは、経験を積み知識を学び、十分に成熟してから入ったほうがよい、と教示する。

死後「私たちの眼の前」に、創造の目的としての「人間の理想像」が「壮大な霊的構成体として」立ち続けている。私たちは「霊的存在者たち……神々」による教育を受けながら、「死から新しい誕生までの間のもっとも遥かな地点……人間理想を見つめる地点に到る」、その瞬間、「自分がまったく霊的な存在になれる」という「大きな誘惑」が近寄ってくる。しかしそれが可能なのは、私たちが「不完全なものを担ったまま、霊界への道を進むとき」である。この誘惑はルツィフェルから来る。もし「進化を遂げる神々」が助けてくれなければ、人間はこの誘惑に耐えることはできない。「人間の魂をめぐる戦い」の結果、「両親による磁力的な吸引力」が生じ、「霊界に留まろうとする誘惑の力」が人間の周りから覆い隠される。「その覆いが身体」である。[12] 死から再生まで、状況は『チベットの死者の書』と同じで、意味付けが反転されているのがわかる。

シュタイナーがチベットの死者の書の内容を、どれほど正確に知っていたかどうかはともかく、時間的な関係から、何らかの情報は持っていたはずであり、輪廻の意義の捉え方の違いを、敢えて同じ状況設定で示した可能性がある。

解脱による究極の境地を教えるエリート向け仏教も、積徳により来世の幸せを求める庶民向け仏教も、輪廻や死後世界のあり方を緩やかに共有し、それぞれ特徴ある教え方がなされている。これらをシステム・モデルとして洗練すると、輪廻を説く宗教圏の有益な教えとなるのではないかと思う。

二―二　死後世界の贖罪システム

キリスト教において、未分化な死後世界が天国と地獄に二分されたのち、二分法の猶予段階として、やがて「第三の世界」である煉獄が説かれるようになった。十二世紀から十三世紀にかけて発生し確立する「煉獄」を描いたル・ゴッフの『煉獄の誕生』は、民衆（個人としての聖職者も含む）がそれを要望し体験し伝承する心性と、教会が信者を支配するための政治とが絡み合ったプロセスを、綿密に跡付けている。

その「心性」論については、「信仰者の世界は、一切が死とともにやむわけではないと考えた途端に一変」し、「死後世界は諸々の宗教や社会の広大な領土の一部」となり、「キリスト教の想像領域の空間的・時間的枠組みが実質的に変化」する、といった説明になる。心性論の材料のうち、最もインパクトの強い震源地となってきたのは、死後世界の幻視者の報告である。「死者の幻影」についても同様で、中世のある枢機卿が「さまざまの亡霊出現と奇跡について」記録した中に、「浄罪の罪罰に服役中の魂」の出現が二例あり、そこには「一群の悪魔」の姿や、「鎖につながれた」

様子や、「懲罰の場や責め具」が描写されており、「将来の煉獄」に材料を提供しているとされる。[13]「政治」論については、「来世の責め苦をもって世俗の君主を脅かすのは、教会の手に握られた有力な武器であった」「来世の想像が政治的武器となった」「煉獄はそうした威嚇に変化をつけることを可能にする」などなど、一言では「死後世界の政治的利用」となる。「煉獄」という第三の場所は、死後に「状態が緩和される可能性」を示唆し、「死者のために祈るという習慣」を促進したことで、教会の支配力を増したと指摘される。[14]

「煉獄」論をシステム論的に読み直すと、そこでは地理そのもののシステムと、他界とこの世の関わり方のシステムと、二通りのシステムが論じられているのがわかる。そして前者は心性論と、後者は政治論と、それぞれほぼ重なっている。

煉獄の地理については、「明確な観念」から「多少抽象的な意味」まで幅があったが、幻視者から、聖職者、信者まで、煉獄は「状態」であるだけでなく「確かに一つの場所」と考えられた。それが「一つの崇高な到達点である……ダンテ」において、「中間的死後世界」のシステムとして「天国の方に片寄った場所」として描かれることで、「詩的勝利」を得る。[15]

政治論を見直しても、教会はこの煉獄という「新システム」から「大きな権力を引き出した」のだが、煉獄の住人が外部からの「とりなしの祈り」によって「特赦とか早期釈放とかいった恩恵」に浴することができるのは、「現世における正義の諸観念とその慣行」の反映とされて、この時期に煉獄が持つようになった「矯正と補償の機能」は、「現世の司法的現実」とシステム的に対応していることが浮き彫りになっている。[16]

二—三　多元的他界のシステム

「宗教多元主義」の提唱で名高いヒックが、死後世界の比較宗教学と呼ぶべき作業をしていることは、ほとんど知られていない。『死と永生』において、ヒックは『チベットの死者の書』、近代スピリチュアリズム、心霊研究、超心理学なども材料に加え、いわば「最も近い他界としての死後生」をめぐる比較神学を展開していた。そして、もし死後生があるならば、「究極の」局面である終末論より、その手前にある「近似した映像」のほうが、「より類比的」なものとして、「より有益に」思索できるはずだとして、「中間的終末論」を提案した。そこでは、「あり得る中間的終末論」として、キリスト教のような永遠の天国か地獄かというのでもなく、ヒンドゥー教のような繰り返される地上生でもなく、「今いる空間とは違った他の諸世界」における「生死に類似した何かに縛られたいくつもの生命の連続」という第三の可能性が構想され、それらが「諸世界」として、多元主義的に図解された。[17]

死後生に関して、ヒックが、ある一定のまとまりを持った死者たちの共通の集合的な（無）意識や記憶が、互いの「テレパシー」によって共通の世界を構成するもの、と説明しているのは、スピリチュアリズム的な他界観と、社会は人間（生者）によって構築されるという社会学的な構築説を組み合わせたものにほかならない。死後世界は死者によって構築されて、生者によるこの世界と同程度のリアリティを持つのである。そしてヒックは終章で、「多くの人格がある」とは「パーソナルな関係の諸中心点（センター）」が多くあるという意味であり、それらは「互いに内在的あるいは相互浸透的」であり、「境界によって互いに閉じているのではなくまったく開かれて」おり、やがては「完全な共同体のメンバー」になり、「究極の状態」においては「人類の究極的な一性」に至る、と説いている[18]。

この先行説として、スヴェーデンボルイの、いわば「他界の社会」論がある。それは、天界にも地獄にも、「無数の社会」「大小様々な社会」があり、「霊はそれぞれ自分の社会に所属し、そこから流入をうけて生きており、その社会と行動をひとつにして」いるというものである。そのような他界は、「人がそれぞれ肉体をつけて生きているあいだでも、知らないまま、霊の面で他の霊たちと交際している」と言われるように、この世との関係が密接であり、かつ、「自然的世界にあるものが、霊の世界によって存続」すると言われるように、システムとしては他界（死後世界）が上位に考えられている[19]。

三　ラズロのシステム論から

一般システム論の中の「形而上学的あるいは哲学的な側面」を、ベルタランフィは「システム哲学」と位置付けていた[20]。システム論を「パラダイム」として捉える場合、このシステム哲学が焦点となる。そして現在この名称をかかげて活動を行っているのは、「主としてラズロー氏一人」とされる。[21] しかもラズロは、社会システム論の分野でも、理論モデルとして参照される。[22] システム論において、ラズロが第一に注目すべき人物であるのは疑いない。

三―一　自然のシステム論的見方

初期ラズロのまとまった作業としては、まず自然哲学的なシステム論がある。「原子論的見方」が単なる加算的総和であるのに対して、システムは「集積体」に還元できない「全体」に関わるとして、「システム論的見方」が提案されるのは、ベルタランフィの「パラダイム」「モデル」「パースペクティブ」に直結している。[23]

ラズロのオリジナルな見方が出てくるのは、「無機的、有機的、社会的というごく普通の範疇分け」を、実体ではない組織の様態として、「レベルを意味する下位有機的（suborganic）、有機的（organic）、上位有機的（supraorganic）という概念」で置き換えて考える、というあたりからである。「有機的」システムを基準に、その上・下を考えることで、世界全体はシステムの重なりとして見えてくる。人間はそのシステムの連鎖の中で、「特殊地球的変形物となって現れてきた宇宙の諸課程の具体的な権化」として、名誉ある地位を占めるのである。[24]

その後の宇宙論、量子論の進展を受けて、後期ラズロの自然科学的なシステム論は、極大レベルの宇宙論と、極小レベルの量子論を融合したものになり、ニューサイエンスの世界でも高い評価を得た[25]。その特徴は、先端科学のビジョンが、古代的、伝統的な形而上学の用語（「反対の一致」「虚空」など）を再生して、論じられることである。「ヒンドゥー教の宇宙観では、結びつきと相関の原因となるものは、アーカーシャ（虚空）と呼ばれており、宇宙の五元素のなかで最も根本的」であり、「空間と時間との外側にある」という洞察に因んで、真空に基づくホログラフィック・フィールドが「アカシック・フィールド（A-フィールド）」と名付けられた[26]。

これら、アカシック・フィールドなどを論じる著作で「システム」がキーワードになっていないのに対して、「システム」をキーワードとする後期著作の一つが、『進化の一般理論』である。ここでは、宇宙論と量子論、また人文社会科学が、進化論を軸にして、統合的に語り直されている。目指されているのは、包括的・一般的進化論（GET、General Evolution Theory）である[27]。

強調されるのは、「非平衡系」「複雑系」の力学が、「開かれたシステム」「自己創出システム」を記述し、「GETに対して、最も論理的な基盤を提供する」という点である。意識とエネルギーに満ちた究極の世界（量子真空、アカシック・フィールドその他の名称で呼ばれる）があり、その表現された世界では、開かれたシステムが上下に入れ子構造を成すととらえられた。システムはすべて、下位システム subsystem と上位システム suprasystem を持つという、「単純でエレガント」な理論は、永遠の洞察を言い換えたものである[28]。

ところで、こうした究極のビジョンを説くラズロが、ある時点から、死後世界、死後存続の可能性という、ナイーブすぎるテーマを語り始めている。そこには「システム」の用語は出てこないが、もし死者や死後世界を要素に加えるとしたら、世界システムはどうなるだろうか。

三―二　情報の記録から意識の存続へ

ラズロは情報とエネルギーの宇宙的連続体のビジョンをまとめるに際して、時折ジェイムズを引用している。他方、ジェイムズの心霊研究と同じような「死後存続」の問題に突き当たって、同じような揺らぎを示している。つまり、ラズロの死者観も、意識の存続を思わせる死者の記憶は「情報体としての宇宙」に由来するとされたり、あるいは、肉体の死を超えて存続するこの別の個人は、「個人の魂（個霊）という古くからの概念に似たもの」として、「どこか別の場所に、おそらくリアリティの別の次元に生きている」という説明になったりする。その決定的な変わり目は、二〇〇四年と二〇〇六年のあいだにある。

二〇〇四年段階では、「私たちの肉体が死んだあとも、意識は存続するだろうか？」という「問いのなかでも最も刺激的な……重要な問いかけ」に対して、つぎのように結論付けた。死者が「別の次元の現実のなかに、なおも存在する」なら、これは「真の不死」ということになるが、しかし「真実ではなさそうである」。これに対して、「より可能性の高い説明」は「情報体としての宇宙」というものである、と。[29]

二〇〇六年の著書では、同じ材料を同じ順序で並べて、結論だけ真逆になった。死んだあとの個人の意識が残るのは、「回想の一部として」だろうか、それとも「生きている人々とコミュニケーションすることのできる、その人特有の「霊」ないし「魂」として」だろうかと、やはり二つの選択肢を示した上で、今回は「どこか別の場所に、おそらくリアリティの別の次元に生きている」という答えが選択された[30]。

三―三　意識（＝精神、霊、魂、あるいはこころ）のセンター

微妙な問題について、同じような材料により同じように推論し、かつ異なった結論に導かれるからには、欄外のさまざまな事情がかかわっているに違いない。ラズロ自らに密接にかかわる事情の一つは、二〇一四年刊の共著『不滅の精神――脳を超えた意識の連続と科学』によれば、つぎのようなものだった。

二〇〇七年四月七日、私はイタリアの町グロセットで、六十二人の人たちのグループと一緒に、照明を落とした部屋に座っていた……霊媒はマルチェロ・バッキという、職業的ではなく研究者として有名な人物であった……バッキは「私の真後ろに座っているのは誰か、分かりますか？」と言った。すると、別の男の声で「Erivin」と言うのが聞こえた。その発音はハンガリー語かドイツ語のようだった……[31]。

これは典型的な交霊会の報告であり、語られる状況、語られた内容、語り方その他が、当事者に強いリアリティを感じさせるという、これも典型的なストーリーである。同書にはこのほかにも、臨死体験、前世、輪廻、霊媒による霊界通信、ラジオやテープレコーダー、ビデオレコーダーによ

る霊界通信など、私には旧知に属する心霊研究や超心理学のトピックが羅列されている。そしてそこでは「意識（精神、霊、魂）は、肉体（脳）が消えても終わらない。それは宇宙の別の次元、つまり私たちがアーカーシャと呼ぶ深い次元に存在し続けている」と結論付けられた。[32]

まったく同じ材料を並べて、記憶や情報は宇宙のどこかに「痕跡」として刻まれているだけで、古い信仰が描く死後の魂のような人格の持続はありそうにない、と結論付けることも可能であり、それは百年以上に及ぶ批判的心霊研究や、ラズロ自身の数年前の論考でも見られたとおりである。では、記憶や情報が痕跡としてどこかに保存されるという説明と、死後の人格が存続するという説明は、最後の足場から目をつぶってジャンプするかしないか、賭博のようなものなのだろうか。

すでに紹介したヒックの『死と永生』を思い出すと、「多くの人格がある」とは「パーソナルな関係の諸センター」が多くあるという意味であり、それらは互いに「共同体のメンバー」である、という説明があった。そして「センター」というキーワードに注目して読み直すと、ジェイムズもこの言葉を使っているのに気付く。死者の情報はどこからくるかという問いに対して、ジェイムズは、「宇宙的貯蔵庫のようなもの」があり、「そこでは地上の諸事実のすべての記憶が貯蔵されて、連想を成すパーソナルな諸センターのまわりに集められて」おり、そこへアクセスすることによる、と説明していた。また別の文脈では、霊媒の情報が「支離滅裂」であったり優れていたりするのは、霊媒だけの責任ではなく、「より劣位の意識のセンター」が関与したり、「より優位のセンター」が関与することによるのかもしれないとも説明していた。[33]ジェイムズが、随所で死者の「意識のセンター」を想定しているのは、明らかである。

＊　＊　＊

共同体というシステムがあり、そのメンバーの個人というシステムがあること、そしてサブシステムとしての個人は相互関係の「センター」であること、これらは「社会的」には自明である。日常の生活世界という、陳腐ながら「至高の」リアリティを持った世界では、私たちが持続的な人格のセンターを維持しているのは、疑ってはならない前提である。さまざまな社会システムが、このような責任あるセンターの持ち主を要素としており、これが不安定化すると、心理的、倫理的、医学的、社会的なトラブルのもととなる。そしてシステムとしての個人が死後に崩壊し、センターとしての機能が失われるなら、死者の記憶や意志は、生者によって構成されるだけになる(34)。

まさにこの、社会的相互関係のシステムの「センター」である個人が、死後も自律した「センター」であり続けるかどうか、これが死後存続の問題を考えるときのポイントである。ラズロが「意識は、肉体が消えても……存在し続ける」と言っているのは、システム論的に言い直すと、肉体のシステムは消えても、意識のシステムは、「センター」を維持して存続するという意味である。ただ、そのラズロも、死後世界の「スピリチュアリズム的なリアリティ(35)」を考え始めたばかりである。

生者と同様、死者がそのような人格のセンターを維持すると考えると、生者の社会と死者の他界をつなぐシステム・モデルが課題となる。現在、そのような死者を組み込んだ公的な制度＝システムはない。現行の社会科学において、死後世界を組み込むことは、思いも寄らないことである。

しかし適切なモデル化の第一歩は、適切な要素の確定である。上位、下位に無限に連なるシステム・モデルを想定すると、そのどこかに、何らかのあり方（存在論的であれ、認識論的であれ、情報論的であれ、また短期的であれ長期的であれ、刹那滅的であれ半永久的であれ）をしている死者の世界が「最も近い他界」に位置している。社会と他界をつなぐシステムは、究極の距離にある他界よりも、まずはこの至近の死後世界を、生者の日常世界につなぐ卑俗なシステムとして、モデル化することが第一の課題になるだろう。このモデルを作るのに適格なのは、他界的な問題設定をする宗教研究の一群であり、とくにこれまで死後存続、死後世界を主題としてきた心霊研究である。これらの主題の、諸学の共同による再検討が、改めて期待される。

註

（1）システム論のうち、最も包括的であることを目指すものは、一般システム理論を自称する。創唱者ベルタランフィは、英語版への序文において、広い意味でのシステム論は、新たなシステム的な見方の必然性を「原理的」に提案するもの、クーンの言う「パラダイム」に関わるもので、システム工学のような「技術的な」理論とは異なる、と区別している。ルートヴィッヒ・フォン・ベルタランフィ、長野敬・太田邦昌訳『一般システム理論——その基礎・発展・応用』みすず書房、一九七三年、xi―xv頁。
(2) イマヌエル・ウォーラーステイン編、丸山勝訳『転移する時代――世界システムの軌道 1945―2025』藤原書店、一九九九年、五頁。
(3) 同書、二八七、二八八、二九四、二九七、三一一、三一七、三一八頁。
(4) 新戸雅章『発明超人ニコラ・テスラ』ちくま文庫、一九九七年（初版一九九三年）、一八九―一九三、二三四、二三五、二四八、二四九、二六六―二六九頁。
(5) http://www.sankei.com/life/news/150330/lif1503300022-n1.html。SFの世界では早くから、無線エネルギーを応用したバリア・システムが描かれている。科学技術史の通則は、ビジョンは何かの方法によって実現する、ということである。
(6) 新戸『発明超人ニコラ・テスラ』三五、三四〇―三五四頁。
(7) 同書、四三九―四四三頁。
(8) ニコラ・テスラ、宮本寿代訳『ニコラ・ステラ秘密の告白』成甲書房、二〇一三年、一二一―一二三頁。
(9) Ludwich von Bertalanffy, ed. By Edgar Taschdjian, *Perspectives on General System Theory: Scientific-Philosophical Studies*, George Braziller, New York, 1975, Forewords by Ervin Laszlo, pp. 10~12.
(10) Ervin Laszlo ed., *The World System: Models, Norms, Applications*, George Braziller, New York, 1973, p. v.
(11) *Ibid.*, pp. 163, 169, 174, 182.
(12) R・シュタイナー、高橋巌訳『死後の生活』イザラ書房、一九八九年、一〇六―一一三頁。

(13) ジャック・ル・ゴッフ／渡辺香根夫、内田洋訳『煉獄の誕生』法政大学出版局、一九八八年、四、一六一―一六二、二六五―二六八頁。

(14) 同書、六九、一四三頁。

(15) 同書、三七九、三八四、四三二、五〇〇、五〇一、五二七頁。

(16) 同書、三一三―三一五、三七二頁。

(17) John Hick, *Death and Eternal Life*, Collins, 1976, pp. 29, 31, 456.

(18) *Ibid.*, pp. 50-54, 412, 461, 462.

(19) エマヌエル・スヴェーデンボルイ、スヴェーデンボルイ原典翻訳委員会訳『天界と地獄』アルカナ出版、一八八五年、二三、三五、八二、二四〇、三九一頁。

(20) ベルタランフィ『一般システム理論』v頁。

(21) アーヴィン・ラズロー、伊藤重行訳『システム哲学入門』紀伊国屋書店、一九八〇年、序文（訳者）一―三頁。

(22) たとえば、「システムの出現は、発展する傾向の産物として説明されており、そしてそれが、そのシステムに上位する諸システムを作動させている……ラズロー（Laszlo, 1972）によれば、すべての社会システムは、二つのセットからなるメカニズムの作用により動かされる。この二つとは、制御のメカニズムと発展のメカニズムである。第一のメカニズムは、コントロールの過程であり、これにより安定性が説明される。第二のメカニズムは、成長過程であり、これにより変化が説明される」（ジョージ・モデルスキー、浦野起央、信夫隆司訳『世界システムの動態――世界システムの長期サイクル』

晃洋書房、一九九一年、三八、三九頁）。「制御」と「発展」の二つのメカニズムに注目することで、あらゆるシステムは上下内外に無限につらなる包括的・一般的なモデルが示唆される。

（23）ラズロー『システム哲学入門』一八、四〇頁。

（24）同書、四三、一四六頁。

（25）「万物の理論」を主張する著作として、K・ウィルバーとE・ラズロを上げて、じっさいにそれを提供したのはラズロである、というS・グロフの評価がある。アーヴィン・ラズロ、吉田三知世訳『生ける宇宙——科学による万物の一貫性の発見』日本教文社、二〇〇八年、二〇三頁。

（26）同書、三七—五三頁。

（27）アーヴィン・ラズロ、吉田三知世訳『進化の総合真理——宇宙、物質、生命、社会、精神を繋ぐ総合真理』アレフ、二〇〇六年、八一—一〇頁。

（28）同書、三三、三六、四四—四八頁。

（29）アーヴィン・ラズロ、吉田三知世訳『叡智の海・宇宙——物質・生命・意識の統合理論をもとめて』日本教文社、二〇〇五年、二二八、二三五頁。

（30）ラズロ『生ける宇宙』一〇八頁。

（31）Ervin Laszlo with Anthony Peake, *The Immortal Mind: Science and the Continuity of Consciousness beyond the Brain*, Inner Traditions, 2014, pp. 83ff.

（32）*Ibid*., p. 143.

（33）William James, *Essays in Psychical Research*, Harvard University Press, 1986, pp. 255, 356-357.

(34) このような人格のセンターは、究極的な無我論、極端な非我論からすれば迷妄であり、社会構築主義から見れば仮構であり、いずれにしても、束の間の関係を実体化、個体化するものとされる。たしかにそうであり、人格のセンターの仮構性、迷妄性は、社会の仮構性、迷妄性と同等であり、死者のセンターの仮構性、迷妄性すら、これと異質ではない。とすれば、やはりまったく同等に、社会を重視するのと同程度には、死後世界を重視しなければならない。

(35)「スピリチュアリズム的なリアリティ」の概念については、準備中の拙論「スピリチュアリティ特区としての近代スピリチュアリズム（仮題）」『講座スピリチュアル学　第7巻　スピリチュアリティと宗教』（ビイングネットプレス、二〇一六年八月刊行予定）で主題化して論ずる。

第五部　調和にみちた世界を求める

――近未来の地球を見てみよう

第九章　徹底討論「地球社会の新しいビジョン――心身・霊性・社会」

司会：本山一博
パネリスト：樫尾直樹、加藤眞三、栗屋野盛一郎、小林正弥、島薗進、宮本惠司

一　パネルディスカッション

司会（本山）　それではパネルディスカッションを始めたいと思います。よろしくお願いいたします。先生方もどうぞよろしくお願いいします。

この二、三日非常に悩んでおりまして、非常に論点が多様ですので、昨日もずっと悩んでおりまして、今朝も悩んでいたのですが、悩んでおったらいつの間にか自分の出番になっちゃって、ああ、そうだ！　と思った次第なのですが、その後も悩み続けまして、ちょっと悟りを得ましてね。あ、これはもう、これほどの皆さんですからお任せという（笑）……で、なるべくフリートークに近い形でさせていただきたいと思います。

今日それぞれお互いの講演を聴かれたわけですから、まず各先生方に、講演の全体を聴かれた後のコメント、感想をお一人、三分か五分でお述べいただいた後でフリートークに突入したいと思います。

それでは改めて講師の先生方をご紹介いたします。皆様から向かって左側から樫尾先生、加藤先生、島薗先生、栗屋野先生、宮本先生、小林先生です。よろしくお願いいいたします。

では、樫尾先生。

垂直・水平軸／自己否定／共生的システム

樫尾　今日最初に話そうかなと思っていたことがあったのですが、トップバッターで上がっちゃって話せなかったので、今ちょっと簡単に話したいと思っているのですが。

最近沖縄に行ってきて、久高島に行って聖地で瞑想するというのもあったのですが、もう一つの目的は、日本で一番たくさんの顧客を抱えているパワーストーンの「舞」という店が那覇市の松山にあるのですが、そこに行って、いろいろと自分の人生の悩みを打ち明けてカウンセリングしてもらって、パワーストーンを作ってもらってきたんですね。で、日本のプロ野球で沖縄でキャンプを張っているとこの選手はみんなそこでこれを作っているそうですね。だから、「あなたが今座っているところに原監督もいたのよ」とか言われて、巨人ファンの私としては、ああ、よかったなと思ったのですけども。

で、その人は知念さんという、ユタさんなんですが、そういう宗教的な職能者でこのパワーストーンを作っているから、すごく霊験あらたかというか、今試しているのですけどね（笑）。これをすることによって私の運命は好転するのかどうかと今実験中なのですが、まだちょっと結果が出ていないのでね。結果が出たらお知らせしたいと思っているのですけども（笑）。まあ、これで神仏とつながれるのかどうかわかりませんけれども、カウンセリングしてもらいながら心も癒されていくという仕組みになっているのだな、ということがよくわかりました。

今日のお話でもいくつか――私は司会者ではありませんけれども――重要なポイントがあって、まずはスピリチュアリティの問題を考えるときに、水平と垂直という二つの軸が非常に重要だと思います。それは個人性と社会性ということとも相似的な関係にあると思うのですが、カウンセリングしてもらって言葉を交わして、悩みを打ち明けて、それで分かり合っていくという、横の関係、人間と人間との水平的な関係ですね。もう一つは、たとえばこういうパワーストーンというものを媒介にしながら神仏とつながっていくという、垂直的な関係があるのだと思います。ですから、この両方の軸があってはじめて、ここでいうところの個人性と社会性の両方を包み込んだスピリチュアリティ、霊性があるのだと。そういうことを、今日の皆さんのお話から、一つ重要なポイントとして指摘できると思いました。

二点目は、私自身はスピリチュアリティを瞑想と臨床という観点から捉えて、その両者に共通しているのは「自己否定」なのだと言いました。「自己否定」というとネガティブな言い方に聞こえるのですが、今ある自分を無にしていくとか、今ある自分を越えてより高次の自分になっていくとか、そういうようなことです。その延長線上に、神仏といった超越的な存在者との合一もある、と。ただ今日気がついたのは、そうした自己否定というのは、スピリチュアリティの行為とか実践としての一つの軸だということです。もう一つは認識としての軸があって、それが、今日皆さんがいろいろ言われたような、見えない他者を思うこととか、縁起とか、コミュニタリアニズムとか、全体論的個人とか、地球的なコミュニティといったような、ある一体性ですよね。だから、行為として実践としての自己否定と認識としての一体性とがあって、それらは往還運動です。その両者、要するに自己否定をして超越的存在者と一体化していく、というのがよくわかるし、一体性を認識していくためにはやはり自己否定をしていかなければいけない、その往還運動があるのだなということがよくわかりました。

三点目は、さっき言った水平的な軸と垂直的な軸というのを両方合わせて考えるときに、いくつか私たちの生活の空間とか場所の問題について考えないといけないと思います。簡単に言うと、人と人とが出会って話し合ったりとか、グループでいろいろ悩みを打ち明け合ったりするような日常生活での場面と、それから神仏とつながっていくという超越的な次元とがあるのですけども、これら二点は島薗先生が提起されたたいへん重要なことだったかと思いますが、その間のところですよね。要するに制度とかシステムとか環境とかといったところですね。そこのところというのは、たぶん、瞑想と利他行だけやっていれば原発がなくなるいい社会になるかというと、なかなかそうはいかない。より良い共生的、あるいは命の尊厳をしっかり考えるような、実現するようなより良いシステムを作っていくためには、瞑想と臨床だけではダメで、何か他のこともやらなければいけないのじゃないかと思うのですね。おそらくそこのところも、ここでの重要な議論のポイントになるのかなと思いました。

司会　ありがとうございます。では次に加藤先生、お願いいたします。

「底つき体験」／「ごった煮会」／医療システムの変革

加藤　今日皆さんのお話を聞きながら私が考えていましたのは、私は臨床医でありますから、たとえばアルコール依存で未だにお酒をやめられないで悩んでいるような人がどこから立ち上がれるのか、そのポイントをアルコホーリクス・アノニマス（ＡＡ）では「底つき体験」と言うのですが、その底つきというのは、もうそれ以上いったらダメだからということで、未来に向かって方向が変わるところなのですけれども、そこがどこにあるのか。あるいは底つきであることを気付かせられるのは一体何なのだろうかという点です。たとえば私は「患者ごった煮会」というのをやっていますが、「患者ごった煮会」にも出られないで悶々と悩んでる人がいるわけです。そういった人にどうやってそういう会にも参加してもらえるのか、という点が私にとっては今一番大きな悩みであります。

栗屋野先生とか宮本先生のお話で言われていることは、私が信仰する大本で言われていることとも共通性があります。たとえば「感謝しなさい」「利他でありなさい」「謙虚でありなさい」、これはたぶん皆さんがその方がいいとはわかってはいるけれども、それをできないというところがあって、その言葉がどうやれば各人の心に響いたり、あるいはそれが行動に跳ね返ってくるのか、その辺が私にとってはまだまだ一番悩みの点ではないかと思いました。

もう一つは、今日島薗先生が言われました、科学というものがシステムとしてもう間違っているという点です。実は私自身医学部にいたときに感じたことでありまして、大学病院での医療はシステムそのものが間違っていて、それを変えていかなきゃいけないと感じました。そこで私は、医者として科学者であることはもう捨てようと思いまして、むしろ社会運動家の方へ進んだわけです。

司会　ありがとうございました。次に島薗先生、お願いします。

「地球的ビジョン」／「素直な心」／福島で学んだこと

島薗　皆さん、ほんとに貴重なお話をありがとうございます。私と小林先生は学者でありまして、いつも大きな話をするのが好きで、そういう話をしたと思います。加藤先生は大きいよりも中間ぐらいのお話をなさったと思いますが、今回の課題が「地球社会の新しいビジョン」ですので、そういう大きな話が必要だったと思います。一方で、栗屋野先生や樫尾先生や宮本先生は、一人ひとりの経験の中から出てくるものが大事だということをとても強調されたと思います。スピリチュアリティというのはまずそこに大事なことがあるのだという、まさにその通りだと思います。

私が思ったのは、しかしそれぞれのお話が実は大きな地球的なビジョンにつながっているし、そういう活動もなさっているということではないかと思うのですね。稲盛盛和塾でいろいろな、六波羅蜜とか伝統的な仏教の言葉も出てきたし、新しい表現も出てきたのですが、私の中に一つ響いているのは「素直な心」ということで、これは難しくない。言葉として難しくないけれども、実行しようと思うと非常に難しい。それから、これを今の日本人に伝えるのも外国人に伝えるのもなかなか難しいのじゃないだろうか。でも、そのことがよくわかれば、地球的な今の難しい問題、たとえばさっきの科学の問題とかそういうことにも通じるのではないかと思いました。それは宮本惠司先生がおっしゃった「目に見えない他者」、それは先祖という形で、先祖供養をしていれば如実にわかるのだけれども、それを、先祖といってもよくわからない外国人や今の若い人たちにどう伝えようかと思うと、なかなかたいへんだと。で、「ありがとう基金」という運動をなさって、「ありがとうインターナショナル」ですから、世界の人とそれを分かち合う道を切り開いていらっしゃると思うのですね。我々はやはりグローバルな社会で生きているので、我々がすごく肌でわかっていることをなんとか世界中で共有できるためにはこちらからも発言し、向こうからも言ってくるものを受け入れる、こういうところにきていると思います。

少し個人的なことですが、三月十一日は東日本大震災三周年の日でしたが、福島県の伊達市で、曹洞宗の方々と津波・地震・原発災害で苦しんでおられる方々のための「慰霊追悼及び復興祈願法要」というのに出させていただきました。そしてそこで飯舘村の避難者の方たちとお話をしたり、曹洞宗の僧侶の方のご法話を伺いました。とても悲しい辛い思いを分かち合う法要でもありましたけれども、福島や被災地の方たちは、とにかくこの災害で苦しんでいる方々のことを忘れてほしくないといわれます。ほんとに先が見えないで辛いわけですが、この気持ちを将来日本が新しい方向へ歩んでいく道につなげてほしいと思っておられると思います。そして、なんとかそういう声を我々は今の世界のあり方、地球社会のビジョンにつなげていく。福島で学んだこと、あるいは東日本大震災で日本全体が苦しんだ、悲しみに暮れたという思いを現代の世界につなげていきたい、こういうふうに思っているのだと思います。そういうところにはスピリチュアリティがなくてはならない。もちろん学問も必要なのですが、それを越えるような心からの訴えといいますか、魂からの訴えのようなものが必要なのだと、そういうふうに感じているわけです。以上でございます。

司会　ありがとうございました。それでは栗屋野先生、お願いいたします。

経営者の痛み／「見えない他者」／「驕り高ぶり」を抑えて生きる

栗屋野　本日はありがとうございます。またこんなにたくさんの皆様にお集まりいただきまして、ほんとにありがとうございます。先生方、本日はたいへん勉強になりました。ありがとうございました。

本日の感想を述べよということで、率直な感想としては、今日たいへん勉強になりましたのは「スピリチュアル・ペイン」という話で、「痛み」をどうするか。「分かち合う」とかいろいろお話しいただきまして、我々も経営という場面において、実は毎日毎日、おそらく経営者の皆さんはそうだと思うのですが、ある種の「痛み」を伴っているのじゃないかと思います。どんなに崇高な理念をあげても、実際は人間対人間ですから、我々は「生身」で対応していきます。当然従業員が言うことを聞いてくれなかったり、理解してくれなかったり、または業者さんやお客さんへ、なかなか自分の思うことがうまく伝わらない。実はそういうときに非常に傷ついている。だいぶ年をとりますと慣れて誤魔化してしまうのですが、実は「傷」が心の中に発生していて、それを崇高な「哲学」や「教え」で治していただいているのではないか？　と「気付き」をいただいたように思います。

また、「見えない他者」というお話もありまして、これもたいへん勉強になりました。我々商売をやっておりますと、いつもお付き合いしているお客様というのは「見える他者」になるわけです。また従業員もそうですしその家族もそうです。ただし商売というのは、「生成発展」していくときには、見えない他者という「他力の風」の出現があるわけです。そして、先ほどもお話の中にありました「サムシング・グレート」が起きるということに関していつも思うのですが、もし世の中で潰れていく会社と存続していく会社があって、存続するために見えない他者と対話ができるということは、崇高な哲学を持っているかどうかということが、キーワードになっているのではないか、と強く感じました。その崇高な、高邁な哲学といいながらも、経営者というのはほんとに驕ってはいけない人間でなければならない。それを稲盛さんから、「率先垂範」して実践しなさい、とにかく「謙虚」で「お願いする」という立場を守って生きていきなさい、というふうに教えられているのですが、人間は傲慢ですから、なかなかできません。

そういうものをこの「スピリチュアリティ」という定義で、いろんなことを多方向から今日は教えていただきました。とくに原発のお話に至りますと、私も技術系の仕事をやっているものですから、原発に従事する盛和塾の仲間もいて、なんともいえない心持ちの中いろいろなお話をするのですが、実は人間の驕り高ぶりがいろんなものを派生させてしまっている。人間には「創造力」がありますから、「創り出す力」もたくさんあるのですが、驕ってしまったときに、それが悪い方向へ向かってしまう。予想もしないような顚末に向かってしまう。今日の反省の話ではないのですが、そういう驕り高ぶりを少しでも抑えて生きていくことというのが、おそらく我々が天から与えられたスピリチュアリティの方向性ではないかなと、感想をもちました。どうもありがとうございました。

司会　ありがとうございました。では宮本先生、お願いいたします。

政治家への参加要請／「祈りと実行」／ありがとう基金

宮本　このシンポジウムのパネリストとしてのお願いがきたのが昨年でありまして、本山先生からお願いをされました。先生のお願いだったものですから断りきれずに今日この場におりますが、二度とこのような場には私は出ないと思いますので、こういう場での私の最後の姿だと思っていただいてよろしいかと思いますが（笑）、たいへん緊張しております。そのように見えないのも私の欠点だというふうに言われておりますが（笑）。ほんとにこのシンポジウムに出させていただいて、先生方からいろいろなお話をいただいて勉強させていただきました。

ただ、残念なことだと思うのですが、いつもこのような素晴らしいシンポジウムのときに、各界の先生方がご参加くださるわけですが、政界からの参加がないのですね。私は今日各先生方のお話を聞いていて、この素晴らしい話をやはり政治家の方にも伝えなきゃいけないと思いました。もちろん、心のある方たちも多いと思いますけれども、たとえば、国を憂えているのであって、国民を憂えていないのではないか、と感じてしまう政治家もいらっしゃいます。そのような方々には、今日の先生方のお話を、ぜひそういう機会があれば、伝えなきゃいけないのじゃないか、伝えるべきではないかなと思った次第です。

また、私どもの会長（当時、宮本丈靖）が常日頃、「祈りと実行」ということを提唱しております。今日もですから私、最後の方に、行わなければ意味がないのだということを、たいへん生意気ですけれども、申し上げました。やはりこのような素晴らしいシンポジウムで先生方にお話をいただいて、これを何か一つ行いに変えていくことが必要かなと思います。先ほど言った、政治家に対するアプローチもその一つだと思いますし、この辺はぜひ本山先生にお考えいただき、また動いていただければと思います。

もう一つ、「ありがとうインターナショナル」のことを先ほど島薗先生もおっしゃっていただき、ちょっと私の方からも宣伝させていただければと思います。今日私が申し上げたことをきっかけに、私どもは、先ほども簡単に申しましたが、うちでは開教と呼んでおりますが創立ですね、創立四十周年のときに「ありがとう基金」というのを設立いたしまして、今はお陰様で法人格を取得して、「ありがとうインターナショナル」となりました。

そういう中で、今私どもが行っているのは倫理教育の推進であります。これは、今私がこの場で申し上げたことを、先ほど島薗先生もおっしゃっていただきましたけど、海外の方に伝えていきたい。またそれを形にして伝えていきたいと思っているからです。

もう一つは、先ほどいった「祈りと実行」というものを、世界中にはたらきかけていきたいと思っています。ＤＰＡＣ（Day of Prayer and Action for Children）と呼んでおりますが、毎年、日を決めて、世界中で行動するように今お願いをしております。我々の「ありがとうインターナショナル」はまだほんとに足りない組織でありますけれども、お蔭様で、海外の宗教者の皆さん、また子どもに携わっている皆さんからのたいへんなご支援をいただいて、なんとか今やっております。今日ご参加の皆さまにも私どものこの活動にご理解をいただきまして、ぜひご意見、ご支援などいただければありがたいと思う次第であります。

司会　ありがとうございました。それでは小林先生、お願いします。

不可視の実在／精神性／対話

小林　今日の講演者の先生方のお話を拝聴して、素晴らしいと感動いたしました。私は今、樫尾先生がお話しになったスピリチュアリティに関して、自分なりの定義としては大きく二つの意味を考えているのです。

一つは、目に見えない不可視の実在が存在をするということです。神や仏とかサムシング・グレートとかいろいろな形で言われたものです。もう一つは、人間の心、精神性という要素です。この二つの意味を私はスピリチュアリティと呼んでいる（第五章、一六八―一六九頁参照）のですが、このスピリチュアリティを現実との関係でどう生かすかということに私は焦点を当てたいと思っています。昔ですと、宗教的な世界は前提だったわけですが、今はそうでない時代になっているので、その中でスピリチュアリティを現実に生かすための方法として対話が重要ではないかと思うのです。

対話力の本（『人生も仕事も変える「対話力」』講談社＋α新書）を出版をしてからかなり驚いていることとして、今日いらっしゃった先生方に関わる領域から一番反応が大きいのですね。加藤先生がお話しになったまさに医療の世界からも講演などを依頼されて、医療者と患者、あるいは患者同士の対話が必要だということを私はあらためて自覚いたしました。それから宗教界では宗教者と一般の方々の対話はまさに宗教活動の中心になるのですね。そういうことについて講演してほしいというリクエストがあって、あらためてその重要性を自覚いたしました。それからビジネスの世界では、上司と部下とかお客との関係とか、今日栗屋野先生が言われたようなさまざまな関係があります。今日はスピリチュアリティを自覚した方々が多いのではないかと思うので、スピリチュアリティが必要かどうかということよりも、それをどう生かすかということに焦点を当てたいのですけれども、そのためのアプローチとして、やはり対話が大事ではないかな、と思います。

たとえば今日最後に宮本先生の話を聞いたとき感銘を受けたのは、先祖を過去の他者として捉えて、それとの対話という話をされたことです。時間的な関係における対話の例としてこれは素晴らしいなと思ったのです。また将来の世代も大事で、島薗先生がふれられた原発問題などにも大きく関わります。

私の本の中で実は残念ながら分量の関係で割愛したのがまさにこれらの側面なのです。たとえば過去の方々との対話、内なる自分との対話、目に見えない存在との対話です。対話の中にも人間間《かん》だけの対話ではなくて、そういう目に見えない次元の対話も本来は存在するし、そこまで考えた方がより深い対話になるというふうに私は思っております。続編を出す機会があればそうい

うことにも触れてみたいなと思っておりますが、今日そういったことに皆様が触れられたことに
あらためて感謝します。

　さらに宮本先生から先ほど休憩のときに、先生自身の経験をうかがったのですが、私の本でも
それに似たことが書いてあります。自分が他者と対話をするときに、俯瞰するような、あるいは
相手から自分を見ているような、こういう振り返りをした方が対話が自分に生きますし、自分の
人格形成に役立ちます。それで宮本先生のお話を伺って、さすがに素晴らしい直感力をお持ちだ
なというふうに思いました。以上、簡単な感想でございます。

司会　ありがとうございました。

　それでは、先ほど申し上げた通り、フリートークにしたいと思います。なるべく司会はさぼっ
て、しゃべりたい人がしゃべるというふうにしたいのですが、最初からそれですとたぶん……あ、
島薗先生、何か、おっしゃりたいようですね。

「DPAC」

島薗　宮本先生のお話で一つ聞き取れなかった、皆さんもそうじゃないかと思うのですが、「祈り
と実行」を世界に広めているのを「リなんとか」という……

宮本　「DPAC」です。

島薗　それをちょっと説明してください。

宮本　私はあまり詳細なことを言えるタイプではありません。ちょうど今日——伏し目がちに今なってますが（笑）——「ありがとうインターナショナル」事務局長の藤田尚三がおりますので、簡単に「DPAC」について説明をしてもらいます。

藤田　「ありがとうインターナショナル」の事務局長をしております藤田と申します。妙智會では「やれ」といわれれば「はい」と受けなければならない（笑）ということで、この場でご指名ですので、「DPAC」についてほんとに一言だけご説明させていただきます。二〇〇二年に「国連子ども特別総会」がありまして、宮本会長が三つの提言をしました。一つが倫理教育の推進、一つが子どもの権利条約の実施、もう一つが貧困の撲滅で、子どもの権利条約実施＝DPACとして我々は捉えております。世界では、「子どもの権利条約」が採択された十一月二十日を「世界の子どもの日」としていますけれども、この日を我々は、「子どものための祈りと行動の日」、というふうに定めました。我々は子どものための宗教者ネットワークを持っておりますので、そのネットワークを駆使しまして、世界中で、十一月二十日、「子どもの権利条約」が採択された日に、「子どもの権利条約」をもっと広めるためのムーブメント、行動を起こしていこうというようなイベントや祈りの集会を世界各地で行っています。二〇〇八年からはじめて、今年で六年経ちますが、昨年は五十一カ国、九十八のイベントや祈りの集いが開かれております。簡単でございますが、以上でございます。

司会　あと何かありますか？　自由にご発言を。

「底つき体験」と信仰のきっかけ

樫尾　本筋かどうかわからないのですけど、加藤先生が「底つき体験」のことについて触れられたので、ちょっと自分の体験を話そうかなと思って（笑）。たとえば、ちょっと公で言うのは……なので、ぜひオフレコでお願いしたいのですが。私は中学校一年生のときからタバコを吸ってまして（笑）、タバコを完全に止められたのは二〇〇九年の十一月二十六日です。で、高校三年間は一本しか吸わなくて、身長が伸びないと困るから。お蔭さまで一八〇センチ近くまで伸びたので、大学へ入ってからまたやり始めたのですけれども、その後ズーっと継続して十年か十五年ぐらい吸って、その後やはりこれは止めなきゃいけないなと思っていたんですが、三カ月やって失敗して、一年やって失敗して、三年やって失敗してみたいな、そういうことを続けてきたんですね。で、このままじゃいけないなと思いながらも、今やはりものすごく人生辛いから、「ああ、もう吸ってもいいかなタバコ」みたいな感じで自分に甘えてきたのですが、タバコに関しては、私は瞑想を始めたから止められたんですね。二〇〇九年の六月一日から瞑想を始めたのですが、六月の二十四日かな、それぐらいにはいったん止めたんです。そのとき韓国にいたんですが、十一月に一時帰国したとき、一回本山さんと飲みに行って、ちょっと一本吸ってしまったというのがあるのですけども。緊張したときはタバコを吸いたいなと思うじゃないですか、でもそうしたときに深い呼吸ができるようになったので、まったく問題なくなりましたね。それが一つ。

もう一つ、これは完全に止めたわけじゃないんですけども、私は大酒のみだったんですが、つい最近なんですけどね。私は大体、大酒のみというか、飲むときは二升ぐらい飲んじゃいましたけどね、昔。通常は毎日四合とか五合ぐらい飲む。この前も法事があったときに親戚のおじさんに注意されましたけども（笑）、飲む方なんだと思います。それは今、——あ、今日は飲みますよ。今日の懇親会は飲むんですけど、家で何か特別なことがない限りは飲まなくていいようになりました。ですから、自宅にいるときは飲みません。これは自分にとってはすごく画期的なことで、前回も二週間近く飲みませんでした。これは今までの私の人生で、酒も中一からやってるんで（笑）、今までの人生でなかったことなんです。それはなんでかというと、昨年いろいろと辛いことがありまして——心療内科に通ったりもしたのですが——、医者から、生命の危機について、生まれてはじめて指摘されたということ。その医者というのが、私の中学、高校、大学の後輩なんですよ。

もう一つは、今までの人生で味わったことのないような生活上の根源的、根本的な危機状態に陥ったことですね。これはもう特別なことがない限りは、こういう懇親会とかそういうときじゃない限りは、もう絶対やめようと思って。この二点なのです。

加藤　どうもありがとうございます。今、樫尾先生の話を聞きながら、二つ私は感想をもちましたが、一つは、樫尾先生のようにスピリチュアリティの本をたくさん出されている人が今のような話をする方が、「ごった煮会」ではいい先達になるのですね（笑）。宗教者の方でほんとに素晴らしい境地にいる人は、あんまり一般の人には見本や参考にならないのです。それでも、そういう人が自分たちと同じような時期があったと打ち明けてくれると、悩みのどん底にいる人にも、すごくいいお手本になるのです。そういうことを、今お話を聞きながら感じました。

「底つき」のお話をされたのですが、タバコに関しては「底つき」があったのかどうか、ちょっとよくわからなかったです。タバコを止めなきゃいけないというきっかけが何であったのかが私にはよくわかりませんでした。瞑想をしたという体験がタバコを止めるきっかけになったわけで、タバコそのもので自分が、もうこれじゃダメだ！　というところへいったわけではないように聞こえました。お酒に関してはたぶん、先生にとっての「底つき」は、ここはもうこれ以上やってはダメだなということがあったのだろうと思うのですけれども。

そうすると、底つき体験がなくても、瞑想のようなことをやっていればスピリチュアル・グロースが得られるという、意味があるかなということを感じました。もう一つは、生命の危機であるということを医療者側はちゃんと伝えるということが——でも、実はもうやっているのですね。アルコール依存症の患者さんには、あなたはもうこれ以上飲んだら死にますよ、ということは言っていても、それがわかっていても止められないのがアルコール依存症です。お酒を飲むのは悪いのはわかっているけれども、飲まざるを得ない心境をズーっと抱えている人なのです。お酒を飲むお酒を飲むことによって、なんとかバランスを保っているのですね。そういう人がお酒以外のところでバランスを保てるようになれるかどうかという、そこをみつけられるかというのが非常に大事なわけです。そこで底つきまでいっちゃうと、たとえば十二ステップに入っていくことにより見事に良くなっていく人がいます。十二ステップは、行動レベルで示されているのです。たとえば自分が関わってきた人とどんなことがあったかとか、そういったことを棚卸しという行動レベルで書き出して、そして実際にその人のところに謝りに行く。自分が一番憎たらしいと思っている人のところへ行ってそこで謝る、そういったことをやることによって今度は気づきを得るという、そこがまたおもしろいところです。さっき「祈りと実行」という話をされましたけれども、実行することを通じて気づきを得るという、それがあるように思います。ですから、先祖供養をするということを通じて、そこではじめて「先祖」というのが大事だなということがわかるのであって、先祖が大事だから先祖供養をする、たぶん両方なんでしょうけど、その循環の中にうまく入れることが大事なのだなと感じました。

司会　今、加藤先生は、宮本先生がおっしゃりたいことをズバッとおっしゃったんじゃないんですか。

繰り返しと強く思うこと

宮本　はい、ありがとうございます。本山先生が私に振ったんだなと思いましたので（笑）。ほんとにその通りだと思います。私どもはもうずっと先祖供養が根本教義でやってきた中で、この前、本山先生がわざわざうちの本部に来られて私はインタビューを受けました折にもお話をしたのですが、私も自分の体験ですけれども、はじめから先祖を思っていたわけではありません。もちろんずっと祖父祖母の代から先祖供養をしていますけれども、だからといって、やはりきっかけがないと、祖父祖母、父母のようにはなれなかったのですね。それは何かというと、二通りありまして、一つは、毎日どうであれ供養をしろ、と言われ続けていたのです。これはもうほんとに先祖といってもどこにいるかわからないのに、特に祖母からは、毎日お経をあげろ、それも朝夕あげろということで。その辺は、私は素直なんですね、自分で言うのもなんですが（笑）。で、「わかりました」ということで、ほんとに小さいときから、まだ小学生になる前からお経をあげていたんです。やはりそういう行いから、あ、先祖っているんだなと、先祖の存在を感じてきました。

もう一つは、そういう先祖の存在がわかってきた中で、それを外に向けて何かしたときに、先祖供養をしてない人が結構いらっしゃるわけですね、当時も今も。その中で私との違いを見たときに、生意気なようですが、「人を思う」という部分は――これはプライドじゃありませんが――自分の方が少し上かなと。社会に出ていく中で、自分が今日までわからないままやってきたものが、やはりちょっと段階の中で他の人よりも上がっている、と。やはりこれは社会においても良いことだなと思いながら、またご供養していく、その繰り返しだったのです。それが今に至っているのですが。ですから、先生のおっしゃった通りで、初めから信じて先祖の供養をする、神仏を礼拝する人は、たまにいらっしゃると思いますけど、やはりなかなか難しいところではないかと思います。

加藤　今のお話を聞きながら、私は父親が大本の徳島主会の会長だったのですが、そのときに、小学校を卒業するまで、「毎日、夕拝は必ずやりなさい」と言われて、お祈りするときは一緒にしていたのです。そのことを通じて私は神様との関係性を感じていました。そして私は中学から一人で神戸に出かけたのですが、そのときに三代教主補（出口日出麿氏）の本を父親から渡されて、自分が困ったときにはそれをいつも読む、そういったことを通じて神様との関係性を保ってきました。自分自身が今度親になったときに子どもに対して、幼稚園ぐらいまでは「一緒に拝みなさい」とやっていたのですが、小学校に入ると、「拝みなさい」と言えなくなってしまったこと、そして現在もう大学生を出て社会人になっていますが、ちょっとやはり神様と疎遠になってしまったこと、そのことを非常に反省しまして、やはり行動レベルで繰り返してやっていくことが、今度は精神の方にも向かっていく、ということを感じました。

司会　なるほど。実は繰り返しというのは、稲盛先生が「原理原則の繰り返し」ということをそれこそ繰り返しおっしゃるのですが、今の繰り返しということを、栗屋野先生どう思われますか。

栗屋野　今日の話の中でもあったんですけども、我々が普段学んでいることとは、「高邁な哲学」があると同時に非常にプリミティブな部分がある、ということを、教えていただいています。塾長がいつも言われるのは、やはり「感謝の心」「素直」「謙虚」「反省」、そして「創造性」については、これは「誰にも負けない努力」（地道な仕事を一歩一歩堅実にたゆまぬ努力を）という言葉で表現されています。今日読み上げた三つの偉大な教えの中に全部、「誰にも負けない努力」、というのがありまして、実はこれはキーワードになっています。たぶん、「経営者」とたとえば「宗教」、

「学問」との違いがあるとすると、どうも我々経営者というのは「誰にも負けない努力」をしなきゃいけない、そういう存在になり得なきゃいけないということを提示していただいているようです。

ですから、私が盛和塾に入れていただいて、いつも笑い話で塾生同士するのは、この「誰にも負けない努力」というのを誰も教えてくれないということです。「誰にも負けない」って実際どういうことって。非常に深い言葉なのですね。隣の人にも負けちゃいけないし、従業員にも負けちゃいけないし、もちろん競合相手にも負けちゃいけないんですけども、一番はおそらく、オリンピック選手もよく言いますが、自分に負けちゃいけない、ということをおっしゃっているのだと思うのです。そうはいっても、現実に商売をやっておりますとやはり競争相手がいて、我社が他社より勝って、仕事を確保していかなければいけないものですから、そこも「誰にも負けない努力」なわけです。

経営者であれば、たとえば、従業員よりも早く出勤して遅く退社するというのも努力でしょうから、「率先垂範」として誰にも負けない形だと思いますし、継続性という観点からは本当に今日も「誰にも負けない努力」ができていたのかを自問自答し、日々振り返り反省することを、継続する。それは繰り返し繰り返し刷り込んでいくと言ってもいいぐらいですね。ですから、「祈りを捧げる」ということに関しては、その行動と「祈り」というのはたぶん一緒なんじゃないか。手を合わせる形だけが「祈り」ではなくて、日々繰り返し反省する、心に刷り込んでいくことを通して「強く思う」、「念じる」、そういうことで自分自身も変えていき周りも変えていくというものが、もしかしたら今日の議題である「スピリチュアリティ」そのものなのかもしれません。ちょっと自分ではまだよくわかっていません。

司会　ありがとうございました。どなたか他にありますでしょうか。

島薗　私は子どもの頃ちょっと勉強し過ぎたのですね（笑）。誰にも負けちゃいけないというか、そういうことをちょっと親に言われたかなという気がしていて、それは少し止めた方がいいのかなと思っているところもあるのですね。母親はちょっと教育ママだったのですね。でも、とてもいい母でした（笑）。どういうところがいいかということですが、よくお守りを買ってくれましたね。私が旅行へ行くときはお守りを買って渡してくれた。それから、自分がカトリックの学校で育ったので、カトリックの悪口を言うのが大好きだったですね。つまり宗教には良くないところがある、ということをよく言うのです。それは親に教育されたのかなと思いますが。でも実は非常に好きだったのですね。亡くなるときはひたすらお祈りしていました。それは私にとってはとても大事な経験です。

それから、うちの両親はお墓参りに行くことをよく教えてくれた。これも私はだんだんと、それが良かったなというふうに思うようになりました。それから、父は亡くなるときにふっと宗教的なところを見せました。たぶんとても辛いときに私に話し相手になるように促したのですが、まあ四十代ぐらいですからすごく忙しいときなのですが、それはわかっていて、よびよせました。

そして、毎日毎日、もうあと一カ月もないというような頃の話ですが、一人一人自分の家族、知り合いの名前を呼んで、幸せであれ！　というふうに思っているんだ、というようなことを言っておりました。それには父親の人生のいろんなものがこもっており、そういう言葉を残してくれたということに非常に感謝しております。

それに対して、私が子どもたちにそういうことを伝えられるかというと、非常に危うい気がしているのですね。大体お墓参りも、子どもは住んでいるところが遠いわけです。で、忙しいのがわかっているから、行けと言えないんですね。それはさっきの加藤先生の話とつながりますが。それから、たぶん自分が死ぬときには、子どもたちに、近くにいろ、とは言わないのじゃないか。父はよく言ってくれたと思います。それはある意味では未練なんですけれども、それだけやはり生きていることが良かったと。それから家族が好きだったと。そういう気持ちを表してくれたと思うんですね。ですから、あまりあっさり悟って死ぬよりも、ある意味では執着だけれども、共に生きていることを良いことだというふうに伝えてくれた、そういうことが、私が両親やあるいは先輩・先生方に感謝したいことですね。

もう一つ、今日の稲盛哲学の中で、これはいいなあと思ったのは禅定のところなのです。感謝とか、強く思うというのも、とても大事なことをおっしゃったと思いますし、強く思う、ということで思い出すのは、子どもが病気になると、特定の祈り方を知らないんです、私は。でも、強く思うのです、治ってほしいな！　と。それはほとんど祈りとか念ずるということに近いと思うのですが、そういう時間を一日でももてたらいいなということが、ここの禅定というところに書いてあると思うのです。「一日のうちひと時でいいから心を静めること」、集中すること、これは強く思うことも入ってくるのかなと思います。

三・一一後に、私がこれは大事だなと思って気がついたことは、黙禱というのがありますよね。職場でも先輩の人が亡くなったりすると、黙禱します。そのときに、永らく私は、黙禱するとき何を考えているかということを自分で考えたことがなかったといいますか、何を思ったらいいのかという思いがなかったのです。しかし三・一一以後、その機会が非常に多かったので、たとえば毎月十一日、二時四十六分には皆で黙禱しましょう、という提案もしました、宗教者災害支援連絡会というので。その黙禱というときには、まさに、強く思う、のですね。それは、私はスピリチュアリティの表現だと思います。現代の人は特定の祈り方を知らないと思うのですね。お経はあげられない。祈りの言葉は知らない。私もそうですし子どもたちもそうなのですが、しかし、思いを強くすることが必要なときが必ずあります。そういうことについて日頃から考えておく。それはできれば形があった方がいいですね。今、宮本恵司先生がおっしゃったように、子どもの頃から躾けられていればできるわけです。ところが、そういう機会を我々は持つことが少なくなっています。そこで、なんとかそれぞれに工夫して持つ。それは世界中の人がそういうふうに今なってるのではないか。つまり形を失っているのです、皆。どういうふうにしていいか求めている。そういう求めを理解することが地球社会の新しいビジョンにつながるのじゃないかなと、そんなふうに思っております。

「誰にも負けない努力」・自由・競争

司会　実はちょうどそんなチャンスなので、僕の方から突っ込み入れますけども、島薗先生と栗屋野先生のお話を対比していて、今も栗屋野先生が、誰にも負けない努力を非常に良いことだと語ってらして、島薗先生がちょっと斜めから、そうお？　って感じだったんですけれども。実は島薗先生からいただいたレジュメには、現代は個人主義、自由であるかのように見えて、人間は組織に組み込まれていて実は自由ではない、ということが書かれているのですね。

一見、僕らの世界はきわめて自由です。で、こういうことがあると思うのです。たとえば選択するというのは自由ですよね、いくつかの選択肢から、多くの場合自分では選んでいると思っているのですけれども、実はこの組織化された社会の中で私たちはただ単に選ばされているだけ。で、誰にも負けない努力を自らしている人もいるけれども、実は誰にも負けない努力のようなものをさせられてしまっている大人も、子どもたちもたくさんいる。競争を自らしていると自分では思っているかもしれないけれども、システムによって競争させられているだけなのです。この辺が、つまり自由、競争、努力、同じように見えても、まったく内容が違うと思うんですね。そこで栗屋野先生と島薗先生の話のズレがあるような気がするんですよ。以上、コメントなんですけどね。

栗屋野　ありがとうございます。そうはいっても、私も実は「誰にも負けない努力」というのは全然できてなくて、決して自分がそんな崇高な人間だと思っていませんし、先ほども先生方とお話ししていて、お酒の話も樫尾先生の方から出ていましたけど、我々昨日も一杯飲んでて、従業員とも塾生ともコミュニケーションというのは杯を交わしながら胸襟を開いてやってるというのが事実で、そのとき特に、「誰にも負けない努力」ということはあまり話しません。やはり「感謝」とか「気づき」とか、そういったことが多いと思います。

稲盛塾長は「従業員をモチベート」することが大事とおっしゃいます。でもまず自分がモチベートできなかったら人をモチベートすることができないので、それでこの「誰にも負けない努力」というのをお使いになっているのじゃないかと思っています。ある意味「他者にはできない努力」「自分の立ち位置しかできない努力」「自分を生かしてくれる努力」など各塾生でたぶん印象が違うと思うのですが、私はそういうふうに捉えています。逆にお釈迦様は、「頓着するな」、「執着するな」というわけですから、「執着」しているわけではなくて、モチベートする一つの道具なのかもしれません。そういうふうに捉えています。非常に印象深い「言葉」だと思いますので、皆さん、「誰にも負けない努力」、なんてあまり聞かないと思うのですが、盛和塾の中では、いろいろな形の努力も「誰にも負けない努力」なんですね。ただ、本山先生のおっしゃった通り、継続性のある努力だと思っていただければと思います。

島薗　それから、やはり経営塾ですから、経営者ですから、人の上に立つ立場なので、そういうような覚悟といいますか、何かそういうものが必要なのではないかなと。子どもに勉強しなさい、勉強しなさいと言うのはちょっと具合が悪いなと思いますね。私は受験勉強もそうなんですよ。一生懸命やって、それで東京大学なんかに入っちゃったんですけれども、そのときにとにかく、何のために勉強するかということが一度非常に引っかかったんですね。今日の話もつながっているのです。科学って何のためにやっているの、と。皆そういうふうに競争に勝つことはすごく上手なのだけど、その理由を考えていない。受験勉強するときには、そういう問題があるということがわかっていながら、それを横に置いておいて、そういうことをしました。大学へ入ってから、何のために大学に入ったのかということを考え直さなくちゃならなくなって、そこら辺から底つきになってきて、――私は中学生の頃からお酒を飲んだりタバコをのんだりしませんでした（笑）。でも、高校生のときは飲んでいましたね。ですが、大学生のときに相当底つきになりまして、それで病気になりまして、そのときにタバコを止めました。それは大学院生ですね、二十六、七、八歳です。でも、その一回ぐらい底ついてもなかなかダメなんですね。まだその後も何度も、底つきにいったかどうかわからない、何が底かということもなかなかわからないところもあって、ピンチですよね。ピンチを経験するということは、でも、力になります。そういうことがありました。

ところがピンチの中にいるときは、立ち直れるかどうかということもわからないのだけれども、後から見ると、ああ、そういうことがあったから少し強くなったのかなというふうに思います。

樫尾さんも今成長中だなということを（笑）、私先輩なものですから、ほんとに嬉しく聞いた次第です。

加藤　今、島薗先生と栗屋野先生のお話の違いを聞きながら、おそらく島薗先生のおっしゃる「誰にも負けない努力」というのは、他の人に設定された目標に向かってする努力であって、栗屋野先生の方は、自分自身で目標を探しながら努力するという、そういう努力の違いかなと考えました。今日本の中では、もうアリのように一生懸命働け働けといって、将来のために何かするという、そこを教え込まれて、何とかのためになんとかする、将来のために何とかするということで、他の人にどうそれが還元されるとかそういったことにまったく無頓着で、「将来に」ということばかりで生きているような気がするのです。もっと何か、他の人とどう連帯する行動ができるかという点と、将来のための努力という点の、その二つが大事なのではないかなというふうに思っています。

コミュニティとスピリチュアリティ――家族・会社・国家

司会　ありがとうございます。どうぞ、小林先生。

小林　ちょうど今私が言いたいことを加藤先生がおっしゃったので、先ほどの私のスピーチとつなげて話しましょう。たとえば自由とコミュナルな要素は両方とも大事です（第五章参照）。自由に発展をして努力をしていくということがないと経済の発展あるいは企業の発展というのは難しいのです。ですから、経済人の方々が誰にも負けない努力とか闘魂といわれることもやはり必要な面があると思います。他方でコミュナルな側面というのは、別の言葉でいえば利他とか愛なのです。もちろん稲盛会長もそれは強調しておられるところですけれども、この二つをどうやってバランスをとって発展させていくかということが非常に大事ではないか、と思うのです。

それとの関係でもう少しお話をさせていただくと、コミュニティも大事で、最小のコミュニティあるいは最も基本的なコミュニティというのはやはり家族なのです。これは世界のさまざまな国々より、日本文化では強調されています。今日宮本先生が先祖崇拝の話をされていらっしゃいましたけれども、その小さな基本的なコミュニティが、今の時代だけにあるのではなくて、過去から将来に至るつながりを持っているということは、非常に重要な思想のポイントなのです。そして西洋では、栗屋野先生が強調されたような創造が大事なこととされていますが、日本や東洋の思想では、生成つまり、生む、成るということも非常に重要で、そういった部分が我々が改めて確認すべき重要なポイントだと思います。

それから、稲盛先生の哲学との関係でいくと、先ほどお酒の話をされていましたが、コンパということが強調されているのですね。著作を拝読して非常に印象に残るところで、酒を交えながら膝を付き合わせて対話をするのが非常に重要だと書かれていました。だから、会社はヨーロッパやアメリカでは場合によっては株主に利益をもたらすためのものというふうに考えられているけれども、むしろ会社という人のコミュニティの中で先ほど言ったバランスをとりながら発展させていくという考え方が稲盛哲学の中にあり、これは世界的にも今後大事になっていく経済の原理ではないかと思います。私は政治哲学が専門で、政治が一番の関心事項なのですけれども、おそらくこの場には政治家は来ないだろうというふうに、宮本先生がおっしゃったように思ったので、「あまり政治の話をしても場に即さないかな」という場所の感覚をもって来たのですけれども、せっかく宮本先生がお話しになったので、触発されて少しだけお話をいたします。宮本先生がおっしゃった、国民と国家の区別はほんとうに大事なことなのです。国家というのは英語ではステイトといわれて国民はネイションというわけですが、要するに「国家、そしてその権力が国民を虐げるという危険があるので、それをどうやって国民のための政治にしていくか」というのが政治学の一番の基本なのです。その一番の基本を実現するために、たとえば「公」と「公共」を区別して、「国家、官＝公」ではなく「公共」を実現していく必要があるし、今では国境を越えた人々を考える必要があるので、グローバルなアイデンティティとかスピリチュアリティを考える必要があるのです（第五章参照）。

ですから、そういう観点をお持ちの政治家とかビジネスパーソンがどんどん生まれていくことによって、地球社会の新しい政治経済が生まれてくる。そして、それはやはり先ほどの話のように、一方で努力があって、一方で愛があるような政治経済だろうというふうに私自身は思っているのです。

ただ、なかなか政治家に「ここに来い」と言っても来ないのが現在の状況なので、この世界を超えたスピリチュアリティの感覚をお持ちの方々からしっかり公共的な発信をしていただきたいと思います。我々が直面している大きな問題というのは、原発問題や三・一一の問題が一番の典型ですけれども、平和に関しても非常に多くの問題が今起こりつつある。その中で、優れた政治家を生み出していくとか、そういう政治の流れを引き出していくのは、やはり人々の意識の目覚めであり、それを目覚めさせるためにはスピリチュアルな意識を持っている方々の公共的な発言や行動が必要だと思うのです。

島薗先生は、私は元々宗教学の大家として尊敬していたのですけれども、三・一一以来は原発をめぐる発言を非常に活発にされ、ツイッターでフォローしていると、宗教界の方々の発言や声明をいろいろ知らせてくださっています。それらを私から見ると宗教界の方々がこの問題について、単純な政治経済の発想よりもはるかに高度な発想をされておられます。過去とか将来の世代、世代間の関係を私は重視しているのですけれども、そういう長いタイムスパンの観点から発言をされているということがよくわかるのです。スピリチュアルな感覚のない人はどうしても今の時点、今の自分から考えがちですが、スピリチュアルな観点をお持ちの方は、過去と将来という長い時間的な感覚、それから今自分のいるこの場だけではなくて、グローバルな、場合によっては宇宙的な感覚から発言するからだと思います。だからこそ、ぜひそういう方々にしっかりと発言して行動してほしいと思うのです。

加藤　今小林先生が、家庭が日本では非常に大事にされているというお話があったのですが、実は私はその家庭がすごく危機的な状況ではないかと思っております。もう一つは、本当に日本人は家庭を大事にしているのだろうかと感じたのは、私がニューヨークに留学しているときに、ユダヤ人の家族ってほんとに毎日毎日親子が電話しているのですね。あんなに家族を大事にしている人たちを知ったのがアメリカに行ってからですね。日本はどっちかというと、両親と子どもがしばらく連絡しなかったりすることが当たり前のような社会になっていて、むしろ家族を大事にしているのはユダヤ人だとかアメリカ人の家庭の方かなということが一つ。

もう一つは、私はアルコール依存症患者をたくさん診ているのですが、アルコール依存症の患者さんというのは大体、元々生育した家庭で両親の愛情をうまく受けられなくて、他人の愛情が信じられなくて、人との付き合い方がなかなかわからなくて、そういったことが根底にあってお酒に救いを求めているというところがあるように思います。そういった中で、人との付き合い方をどう回復していくかというのが（ＡＡ）の活動だろうと思っています。ですから、家庭というのは本来人と人との関わり方の第一歩でありながら、日本の家庭というのは、人と人とのあり方がずいぶん疎遠になり過ぎてきているのではないかなと、さっき私自身の事情も話しましたが、ちょっと自戒を込めて、感じました。

島薗　家庭、家族がやはり弱くなっていると私は思うんですね。あんな児童虐待なんかが起こる……、悲しいですよね。昔はそんなに起きなかったのか、起きても助ける人がいたのか、周りにもっと開かれていたと思うんです。家族の周りに親族がいるというか、そういう中に家族があったから、家族がピンチになれば周りからいろいろ助けてくれるというようなことがあった。新潟かどこかで十何年間も子どもを閉じ込めていた、そういう人がいましたよね。そういうことが今世界で起こっています。それは家族が孤立し弱くなっているからです。小林先生は共同体が重要だとおっしゃるんですけども、私もその考えに近いのですが、その共同体というものがすごく弱くなっていて、ですから、家族が頼りにならないから、アルコール依存の人同士で集まって支え合おうというふうになっているわけですね。患者さんになると苦しみをもっているから、苦しみをもっている者同士で助け合うけれども、普段から助け合うということがなかなかしにくくなっている。そういう社会で、いろんな工夫が必要になっているのじゃないかと思うのですが……

小林　家庭の問題は確かに加藤先生が言われるように、今ではむしろ日本よりも海外の方がしっかりしているところもあります。ユダヤ人やアメリカ人にそれぞれの優れた宗教があって、その影響があるからです。一般的にアメリカ社会がミーイズムだから多くの家庭が崩壊しているというのは確かなことなのですけれども、その中にも非常にやはり優れた考え方をお持ちの方々がいるということは確かなのです。日本でなぜこういうふうに家庭や家族の崩壊が進んでいるかというと、やはり戦後の日本社会がスピリチュアルな考え方を失ったことに起因していると思うのです。

もちろん政治経済とか社会構造の変化が当然背景にあるわけですが、そういう伝統的な考え方が敗戦や科学技術の観点から否定されたので、「なぜ家庭が大事か」とか、あるいは「精神的な考え方が必要か」という発想がなくなってしまった。今、それをどう再建するかということを考えると、無論スピリチュアリティは大事だと思いますけれども、同時に、対話も必要ではないかと思うのです。というのは、今は昔と比べてすごく世界の変化が速いので、価値観の変化も大きく起こるのです。ですから、親の世代と子どもの世代とか、あるいは親族と自分も、考え方がずいぶん違ってきているところが多くて、たとえば親が自分の考え方に子どもを従わせようと思っても相当たいへんだったり、場合によっては親の考え方が古くて時代に合わないということも往々にしてあるのです。

ですから私は、家族間対話は、対話の練習にもなるし、あるいは対話の目的でもあるというふうに思っているのです。さらに夫婦間対話とか親族間対話とか、考えれば考えるほど私にとっても多くの課題が出てくるので、あまり偉そうには言えませんけれども、確かにこれらは新しい家族像再建のための大きなカギになるのではないかなと思っています。

宮本　違った側面からまた今の共同体について考えてみたいと思うのですが、それは家庭においても組織においても社会においても、コミュニティ、共同体を深めるために――私は宗教者の立場から申し上げますが――、やはり神仏の存在、またその神仏のある場所というのでしょうか、たとえば家庭では仏壇であったり神棚であったり、もちろん、先ほど休憩をしているときに話したのですけども、企業における神社ですね、そういうものがやはりその共同体の中での活性化にもなるだろうし、今先生のおっしゃった対話の促進にもなるのかなと思っています。

島薗先生が三・一一以降、非常にたいへんな活動をされていらっしゃいますけれども、被災地の方では、神社仏閣ですね、神仏のいる場所に対する再認識が今起きているわけです。やはり私は神仏のいる場所、霊性のある場所を中心とするほうが共同体というのが非常にスムーズに深まっていき、また、より良いものになっていくのかなと思うのです。

樫尾　今の話、たいへん共感しました。ただちょっと、加藤先生の話とかいろいろ聞いていると、ああ、私はなんて不幸な家に生まれたんだろうというのでちょっと暗くなっちゃって（笑）、発言ができなかったんですけれども、また不幸ついでにもうちょっと話すと、昨年の私の苦難の一つに家の相続の問題がありまして。うちはそんなに金持ちじゃないので、そんなに高額の遺産ではなかったんですけれども、簡単に言うと、相続を解決するために、うちは親父の兄弟が四人いまして、うちの親父は五十二歳のときに亡くなっていまして、家のことは私がずっとやってきたのですが、そういうような事情があって、相続の解決金が払えなくて、それでどうしようかなと思って、祖母が亡くなってから七年間、自分も忙しかったので、ちょっと家のことを放ったらかしにしていたんですね。

ただ、広い家に母がひとりぼっちで暮らしていて、寒いし、維持には金がかかるしというので、なんとか早くしなきゃいけないなと思っていて、やっと昨年重い腰を上げて家の相続問題の解決に挑戦することになったのですが、すごくたいへんだったんですよ、ほんとに。もうほんとに辛い一年間を送ったんです。

それで、そもそもよく考えてみたら、うちの祖父さんと祖母さんが死ぬ前にちゃんと終活をやらないで（笑）、適当に放ったらかして逝ったんですよね。土蔵なんかも百五十年前からの古い物がズーっと放ったらかして、それを整理するだけでも一カ月かかったんですけども。そういうようなこともあって、私はそのとき、祖父さんと祖母さんを恨みましたけど、いや、こういうときこそ、やはり祖先崇拝しかないのじゃないかなと思ったんですね。それで、さっき墓参りの話も出ましたけれども、一生懸命墓参りをしました。うちは法華宗なんですけども、母は、近くに日蓮宗のいいお寺があって、そこの実質的な信者ですが、毎日お題目を挙げて方便品とか寿量品とかやっているわけなんですけど、私もそれを見習って、早くこの家の問題を解決できるように、毎日朝晩仏壇にお参りもしたんですよ。で、一生懸命祈って祈って祈り倒していくうちに（笑）、やはりだんだんわかってきたのですね。それまでは、私はそれなりに墓参りもしていましたけれども、実感として、やはり人間危機に陥らないと本気で祈れないのだなと。

そこでわかったのは、祖先崇拝がいかに大切かということと、祈りがいかに大切かということです。そして、今宮本先生が言われたように、祈る場所、空間ですね。仏壇、神棚がいかに大切なのかということがよくわかったわけです。ただ、現代の家族内の諸問題をそこだけに集約して解決していくことは難しいかもしれません。しかしやはり私が思ったのは、今東京では普通のマンションで暮らしていますが、私の部屋は仏間なのですけども（笑）、本来仏壇を置くべきところに仏壇を置いてないのですね。要するに、ないわけです。それで、これからやはりなんとか仏壇を用意して、毎日しっかり実践をしていかないとダメなのだなということを思いまして、それで今の話にたいへん共感をしたのです。

これまで私はパワーストーンだとかパワースポットだとか（笑）、そういった方面には結構関心もありまして、スピリチュアリティ文化の研究者ということでフィールドするのもそういったところが多かったのですけれども、真のスピリチュアリティの探求はまず祖先崇拝からということを強く実感しました。

この夏じゅう、ほんとに大学に入ってから三十年ぶりに、母と二人で同じ部屋で数カ月寝起きしました。ま、いやだったですけど、お互いいびきもうるさかったし（笑）。でも、それによって本当に自分自身、あ、これがやはりスピリチュアリティの原点なんだなあということがわかったわけです。ちょっと長くなりましたので、このへんで一回切ります。

加藤　「底つき体験」を、どうもありがとうございました（笑）。

自分の内側に他者を体験すること

司会　僕も司会だけど、ちょっと言いたくなったので、よろしいですか。ダメって言う人は手挙げて（笑）。いないですね。

今日は、他者とか、あるいは関係性という話が多かったと思います。でも、底つき体験とか、あるいは、祈って何かわかったよ、というのは、どこでわかるかといったら、自分の内側でわかるんですよね。自己が体験する、私が何かをリアルに厳粛に体験する場所というのは、この自分の中しかないんですよね。自己というと、今日の議論ですと、たとえば自由だとかあるいは自律とかいう話でしたけど、何かをリアルに体験する場所というのは、自分というこの場所しかないのです。

一方で、空想とか妄想とか、自分の中で自己完結するものって現実味がないでしょう。だから、リアルである、厳粛であるためには他者がいないといけないんですよ。ということは、本当のリアルというのは本来自己に還元できない。他者というのは自己に還元できない、他者なのだから。本来自己に還元できない他者を、この自分の内側にその意味と価値を伴って体験すること。本当は他者だから自分の内側にいるはずもない、それを意味や価値を伴って厳粛に私の内側に他者を体験することが、本当のリアルな体験だと思います。

ところがよく考えてみると、本来自己に還元できないものを私の内側に体験するということは、通常の物理的な時空の中では決してあり得ない。決してあり得ないから、どこかでこの物理的な時空を超えた何かしらの超越的なものが想定されないと、本当はそういうリアルな体験ってあり得ないんですよね。それで、個人性と社会性の両立とか――我ながら難しい言葉を使っているかもしれませんけれども――本来自分じゃないものを、自分の内側にリアルに意味や価値を伴って体験するときに、私たちの底にそれを体験させる何かが感じられて、そこに命とか生きていることの根源的な意味を感じとるのではないかなと思うのです。ですから、そういう意味で、なんでそう思ったかというと、話すと長いからやめようかな、言おうかな……。もうちょっとだけ許してくださいね。

僕が栗屋野先生をお呼びしたのは、そのお書きになったものの中に、「言葉の力」というのを繰り返して強調されていたからです。それ以来、言葉ってなんだろう？　と考えていて、昨日の夜中に思ったのですけど、言葉って人から人へ伝わるじゃないですか。しかし、言葉が力になる、ストンと落ちるというのは、自分の中でその言葉が生きたとき、つまり自分の内側で体験したときなんですよね。ですから、そういう意味では、スピリチュアリティがもしも目に見えない何か超越的なものであるとすると、言葉ってわりとその影のような働きをするのではないでしょうか。そこに僕なんかすごく惹かれたんだなと思ったんですね。以上、僕の話は終わりです。

求めてもなかなか絆を結べない現代人

島薗　樫尾先生と宮本先生の話がうまく一致して、これは結論になりそうな感じ、場所がしっかりしているという感じなので、敢えて言うのですけども、しかし今なかなか難しいのではないでしょうか。そういう、新しい家族ができて仏壇を作るといっても、自分の家にはないとか、また、新しい家族をつくるとこの夫婦はいつ離婚するんだろうというような（笑）、そういう感じの時代になってきて、そういう場所が持てない人が増えている。会社でもたぶん、コンパといっても、昔は会社に入れば夜、課の仲間で飲むのが当たり前で、そこで昼間言えなかったことを話す。しかし今はなかなかそれができないのではないか。皆さっと帰る、あるいは残業しているからとてもできない、そんな感じがするんですが、盛和工業ではいかがでしょうか。

栗屋野　結論から言うと、残業していて、飲みにはそんなに行けるわけじゃないんですけど、機会をつくってやっています。ただ不思議なもので、実は若い人の方が来ます。年いった人の方が来ません。何なのでしょうね、年いった人は達観してしまって、割り切ってしまっているのかわかりませんけど。皆さんのイメージではたぶん若い人は来ないと思っていると思うんですけども、逆ですね。たとえば今日のシンポジウムみたいな話をもうちょっと柔らかくしてあげると、たいへん喜ぶというのが実際じゃないか、若い人たちは何か文柱を求めているんじゃないかなという感じです。

よく盛和塾の中で話が出るのが、一生涯の師匠を探し当てられたというこの我々の幸せ感、幸福感というのが非常によく話題に出ます。ぶれずに自分をつくっていけるというか、そういう人と会えるというのはなかなか稀有なことなので、いつもそういう話をするんですけど。実際には、会社の人たちと飲むときは下世話な話、それこそ、あそこの受付の女の子は可愛かった、でも俺の好みじゃないなとか、そこには別なスピリチュアリティがちょっと出てくるんですけど（笑）、でもそれによって、先ほどの家族の話に戻りますが、家族的なとか、絆ですね、震災のときは絆、絆というのであまりにも、と思っていましたけども、やはり絆であると思うのですね。絆をどうやって構成させるかが、実際のスピリチュアリティの結果になっているのかもしれないですね。

「遠くを見る」――本当の学問と智慧

島薗　ですから私の感じでは、「求めている。だけど、ない」。そういう共同体とか絆というものが非常に細い、危うい、いつ切れてしまうかわからない。そういうような状況に皆あって、それをお互いに支えていく、これが今求められていることかなと。ですので、特に若い人の方がそれを真剣に考えている。それからもう一つは、我々も危ないですね。高齢の夫婦の場合、おじさんは特に危ないらしいですね。女性は一人で残っても大丈夫なんですね。絆を作れる。しかし男性は一人で残されると全然ダメだというふうに言われています。若い人がそういう絆をいろんな形で作っていけるように、あるいは仲間を作っていけるように、そういうことも現代社会の非常に大きな課題ではないかと思うのです。

それから本山さんが言われたことで、超越的なものがないと、というのは、特定の信仰を持っている方にとっては非常にわかりやすい。それから今師匠ということを言われましたが、そういうものがある人にはすごくわかりやすいのですが、そういうものがない人も多いです。それで、私なりにそれをどう言おうかなということですが、さっきも言いましたが、黙禱のときは何に向かって祈っているとは言えない。でも、念じていて、心の中にはとても重いものがあるのですね。こういうふうな経験を多くの人は持っているんです。それは宗教に通じないようなんだけれども、宗教の元になるようなものを、皆持っているのではないかなと思うのです。

いろんなことをつなげるというのが私のくせなのかもしれませんけど、先ほどの「誰にも負けない努力」なんですが、その後いろんなお話を伺いながら考えたのですが、これは「目に見えないもの」といってもいいのですが、「遠くのものを見ている」というか、つまり「誰にも負けない」と言うときに、そのおっしゃることは、すぐに結果が現れてくるから喜んでやる、というのではないことをしているといった意味ではないかなと思うのですね。それを私の言葉で言うと、「遠くを見る」、昔の人は遠くを見ていたけれども、今の人はなかなか遠くを見ることができない。今日の最初の話にありましたが、競争ですぐ結果を出さなきゃいけないんですね、今の科学者は。大きな宇宙の謎に向かって、今一つ一つのことを積み上げながら、一生のうちで届くかどうかわからない目標を見ている、これは「遠くを見ている」科学、学問なのです。それは本当の学問だと思うのですが、今は次々に論文を出して点数を稼がないといけないというふうになっている。今はそういう世の中で、企業でもそういう矛盾を感じられると思うんですね。つまり次々と結果を出していかなくてはいけないのですけれども、しかし我々の本来の望みは、目に見えない遠いところを見ているといったことではないか。それがスピリチュアリティということの一つの意味ではないかなと思っております。

小林　今の島薗先生の「遠くを見る」という話は、私も非常に共感するところです。短期的、近視的なものの考え方は、実は学問とかあるいは哲学の本質から一番遠くにある。私の対話力についての本では「観照」という、アリストテレスという哲学者の言葉を紹介していますけれども、本当の「智」の大きな目的というのはまさに、ある事柄をすごく高く広く深い観点から見ることができるようになることなのです。だから島薗先生がおっしゃるように、まさに遠くを見るのです。ですから私は時間と空間の大きな観点から見るということを強調します。これが場所全体の観点から見て行動する個人、つまり場所的な個人の特色なのです（第五章参照）。そういうような見方ができるようになるのが本当の「智」の目的でもあるし、スピリチュアルな観点とも密接に結びつくのではないかなと私は思っているのです。

一方でもちろん、今日学歴社会の問題点とか病理みたいなものもあるけれども、他方で学問は本来深く広く高い観点からの見方、考え方を可能にするものです。ここのところを学者も含めて思い出さなくてはいけないと思いますし、それはある意味ではスピリチュアリティと学問が一番関わるところではないかなと思います。

司会　今のお話を伺って思い出したのですけど、震災関係のことに関心のある方はご存知だと思いますが、カフェ・デ・モンクをなさった金田諦應老師の言葉で、たぶんご本人はほとんど意識していないのですが、非常に矛盾したことをおっしゃったのですよ。「震災が来て、津波が去って、夜雪が降った。無常の雪が降ったとき、私は空を見上げて、あ、あの星」――何だろう、雪が降っているのに星が見えるというのはどういうことかな。雪が降った後に晴れたんでしょうね、――「あの星の視点からこの地球を見る、これが宗教的な視点だ」と言われたんですけども、その後すぐに「宗教者というのは、やはり泥の中にまみれて、泥の中からものを見なければいけない」とおっしゃっている。これは完全に矛盾しているのですけれども、ちょっとそれを思い出しました。

小林　星の方から見る視点というのを思い出したいなという気持ちもこめて、私のスピーチでは地球のアポロからの映像をスライドで映しました。これは地球的ないし宇宙的な場所的個人の見方です。しかし、今の思想では現実の生き方に結びつかない哲学も実は多いのです。それらとは違って私は、今、本山さんがおっしゃったように、そのように大きな見方が我々の日常行為とか実践にどう生きるかというところに実は智恵が現れてくると思っています。これは賢慮とか英知というふうに哲学では言われています。たとえば道徳とか倫理というと、実際の我々の生き方にどこまで意味があるか分からないと思う人が結構多いのです。でも、そういうような英知とか賢慮が生き方につながってくるという感覚が持てると、それはビジネスにせよ政治にせよ、とても役立ちます（『アリストテレスの人生相談』講談社）。

だから話をまた政治に戻すと、悪い政治家はある意味では自分が当選するということを最優先に考えてしまうわけなのですけれども、今言ったような「広く高い視点から、日常的に現れる政治的な課題や政策においてどうすべきか」という智恵が働くような政治家がぜひ現れてほしいし、そういう政治家が当選するように、皆さんも選挙権を行使してほしいと思っています。

インターネットとスピリチュアリティ

加藤　ちょっと話題を変えてよろしいですか。私は、今、社会全体が大きな転換期を迎えていると感じているのですが、その一つの大きな誘因はインターネットだと思うのです。インターネットを通じていろんな情報がネットワークで広がっていく。このことは、スピリチュアリティを考えるうえでも、大きな影響を持っているのではないかなと思います。そして、そういうスピリチュアリティというものとああいう機械を通してのネットワークとが何か結びつきにくいようなイメージもあるけれども、実はマスコミからの情報のようにトップダウンではなくて、市民がじかに情報を交換したりシェアしたりできる。そういったことによって、今までトップの方が隠していた悪事がどんどん暴き出されているわけですね。まさに科学の世界の悪事が暴き出されているのが、いわゆる高血圧の薬の問題であったり、STAP細胞であったり、あるいは原発事故なんかの情報ではないかと思います。今までだったらおそらくマスコミが黙っていれば市民はそういったことをまったく知らないままで、隠されていたのですが、もうそれは隠せる時代ではなくなったという意味で、大きな変化がきているのだろうと思うのです。そういった意味で、これからは悪事がどんどん暴き出され、悪事がまったくない人なんていないわけなので、集中して狙われたら誰もが被害に遭うだろうとは思うんですけれども、そういう中でスピリチュアリティというものがインターネットとはどんな関係になるのだろうというのが、私にとっては非常に大きな興味なのですが、いかがでしょうか。あまりにも飛躍しすぎですか。

島薗　これは両面だと思いますね。今加藤先生が、悪事が暴かれる、隠そうと思っても見えてしまうというポジティブな面をおっしゃったのですが、皆がよく考えずに言っていることが大きな声になってしまうというふうなことが起こる。これはちょっと私が懸念していることの一つで、本山さんや宮本先生、あるいは新宗連（新日本宗教団体連合会）の斎藤謙次先生のような宗教者の方々もおられるのですが、今国会には尊厳死法案というのが出ようとしております。これは、尊厳ある死、というのを求めているということであれば良いことのような気がするのですが、実はそうではなくて、高齢の人、重い病気の人、あるいは重い障害を抱えた人の世話を適当に切り上げることを勧める、というような意味がちょっと入っている可能性があるのですね。法案からみると、なぜそういう法律が必要なのかよくわからない。ただ、医療が効率よく手近な目標を達成していく、保険の点数をたくさん取ったりとかですね、そういうのには都合がいいというふうなことですね。こういうことがサっと通ってしまう。こういうことも——これは選挙の結果で、国会が何でも通りやすくなったということも関わっていますけれども——十分に議論をしないで、多数意見があるかのようになってしまうことも問題だなと思っています。

加藤　今の尊厳死に関して言えば、マスコミがあまりそこを追及してなくて、一部の人がインターネットを通じて、あれはおかしいのじゃないのか、という情報がシェアできているのですけれども、こういった情報がもっと広がれば、ああいう形での尊厳死法案は通らないのではないかと思うのです。たとえば、今日の読売新聞に出ていたのですが、憲法改正が賛成か反対かというのだって、憲法改正賛成という人がずいぶん減ったらしいですね。減ったということは、憲法改正自体は賛成と言っていたけど、いざ具体的に安倍（晋三）さんがやろうとしている憲法改正を突きつけられると、皆引いてきて反対になってしまう。そういったところで、もっと情報が届き身近に感じられるようになれば、市民はちゃんと反対の声をあげられるのではないか。たとえば尊厳死法案も、ほとんどの市民はそういった裏に隠された本音を知らされないままで、なんとなく、尊厳死はいいね、という形で通されようとしているのではないかと危機感を持っています。

小林　憲法とか政治になったら言いたいことは山のようにありますけれども、それは脇に置いておいてネット社会の方の話をしますと、今、島薗先生が言われたように、両面があるとしみじみ思うのです。先ほど言われたように、ネットはやはり関係性を非常に高める。だからつながりが今までない形で可能になって、ボトムアップの変革というものが可能になるというのがポジティブな面なのですが、他方で、たとえばメーリングリストなどで難しい問題をやりあうと、炎上して感情的な対立になってしまうということはしばしば私も体験しましたし、よく見ることなのですね。ある意味ではフェイス・ツー・フェイスのつながりというものが崩壊した結果、ネットのつながりに頼ってしまっているところがあって、若い人もネット抜きには生きていけないという感じになってしまうことがあるのです。だから、ネットのポジティブなところを生かしながら、どうやってネガティブな部分を越えていくかということが実はとても大事です。だからフェイス・ツー・フェイスで対話をすることも大事だと思うのです。悪くすると、ネットの利便性だけを生かすというふうになりがちだというところを非常に危惧しています。

加藤　実は最近、私、ラインで家族四人がつながり始めまして、ラインでしょっちゅう、こんなことがあったよ、と書き込んでいるのですね。そうすると、娘が社会人になり少し家族内の会話が途切れていたのが、ラインを通じて、あ、こんなことがあったんだねと、会ったときに話せるようになりました。そういった意味ではネットでつながることによってリアルな社会でもつながる、そういったこともあると思います。

樫尾　インターネットとスピリチュアリティということですが、これまでの話との関連でいくと、求めている、しかし、ないという、そういう話ですね。それっていうのは、「神仏」とか「師匠」とか「命」とか「サムシング・グレート」とか言われてもなかなかリアリティが持てない多くの人たちにとっての、オルタナティブな垂直的な共同性、絆というのは一体どういうものなのだろうか、神仏などとは違ったような、でも何か尊いものとか超越的なもの、そうしたものに基づいて作り上げられるような絆って一体何なのだろうか、ということと関わってくるのじゃないかなと思います。

だから、今まで議論があったように、インターネットにしても何にしても良いところもあれば悪いところもあるわけでして、ポジティブに考えると、たとえばオルタナティブな垂直的な絆というのが一体何なのかということですね。まあ、私も今日は結構自分のことを吐露しましたし、他の先生方も自分のご家族の話とかされているので、私も最近ちょっと気がついたことについて話しますと、たとえば家に仏壇がなかったらどうしたらいいのかといったときに、一つやはりキーワードになってくるのは、趣味じゃないかと思いますね。

たとえばうちは子どもが三人いて、上二人は理系で、長男は生命科学をやっていて、次男は工学なんですが、だから誰も宗教学とか社会学とか人類学とかをやってくれなくて。そうしたらうちの次男が大学へ入ったときに、「お父さん、お父さんの跡を継承できなくてご免なさい」と。なんていいやつなんだろうと思ったんですけれども（笑）、「その代わり僕はギターを始めるよ」と言って、まあ私はギタリストなんで、息子がギターをやってくれて、これまでは多感な思春期で、なかなか関係が持てなかったんですが、これでずいぶん人間関係が持てるようになってきました。私はギターを四十年やっていますから、私の方が圧倒的にうまいわけで、圧倒的なアドバンテージがあるわけなんですが、指導的な立場云々というよりは、そうした何かある共通した趣味の縁を媒介としながら、それがあるディシプリン、あるいは道と言ったらいいと思いますけれども、道に高まっていくようなものが何かあるといいのかなと思いますね。道というレベルまで高まっていけば、そこにある種の超越性が生まれてくると思います。

そしてこのことは、インターネットのポジティブな側面との関連からいくと――オフで付き合うかどうかは別にしても、オフにつながっていくとは思いますけれども――ネットの中でのコミュニティとかさまざまなコミュニケーションによって、そうした趣味による共同体、共同性というものがこれまでとは異なって格段に広がり、かついろいろなアドバイスとか示唆とか、あるいは何か一緒に活動をするという形でいろんな方向に展開していって、非常に豊かな関係性を生み出す可能性を持っているのではないかと思います。

だから、オルタナティブな垂直的な共同性としての、神仏とかと言わないような何かがあるのですね。そこには、スピリチュアリティ、霊性というものを促進していく有効なツールになるというポジティブな側面もあるのではないかなと思っていて、そのことといわば家族の中での絆がリンクすることもあるのです。

宮本　先ほど私は、「和顔愛語」ということを発題のときに申し上げたと思うのですが、これもこの前の私の体験なんですけれども。息子と私もメール交換をいろいろなときにしているのですが、息子からお願い事があって、それを叶えてあげたときに、「お父さんありがとう」といって、ニコニコ顔の絵の記号というんですか、それから矢印が上にあがって、いつも白なんですけど、赤で、たいへん喜んでくれているんだなと思ったんですね。ニコニコマークが三つ付いているんです（笑）。あ、これはいいことしたかなと。いつも息子にはあまりしてないものですから。で、ちょうどその後に、そのメールを返信したときに友達が横にいたらしいんです。友達とそのことを話したときに、息子の友人曰く、「そんなに喜んだ顔して送ってなかった」と（笑）。ただ、なんかお礼しとこうかな、みたいな。笑顔もなかったって言うんですね。あ、そうかあ、と。ただ、内心は喜んでくれたので、あれだけ三つもニコニコマークを付けてくれたんだと今も信じていますが、やはり私はコミュニケーションをするに当たって、メールとかネットとか、大事なツールだと思うんですが、やはり勘違いしやすいですよね。ここがとても危険かなというふうに思います。やはりそれだけでは通じないところというのはあって、私はそういうことを経験したこともあり、この「和顔愛語」という言葉を先ほど皆さんにちょっと披露させていただいたのですが、やはり顔での表現も必要なときがあると思うのですね。

先祖の声が聞こえるというリアリティ

司会　僕、質問できちゃった。聞いていいですか？　勘違いとおっしゃったけども、それは、この絵文字は目に見えるけど、向こうにいるのは目に見えない息子さんでしょ。それで、今日のご発表にはなかったけども、このシンポジウムのために事前にインタビューさせていただいたときに、目に見えないご先祖を思っている、と宮本先生はおっしゃいました。強く思っていると、そのうちご先祖の声も聞こえ、ご先祖の気持ちもわかり、どんどんお経をあげるのが楽しくなってくると言われていましたね。それがたとえば傍から聞くと、それって自分でそう思っているだけで勘違いじゃない？　ともちろん言われるわけです。ところが、確信をもって、それはそうではない、とおっしゃられる。そのあたりは何がどう違うのか。要するに目に見えないご先祖のお声が聞こえる、そして喜んでらっしゃる、それで自分も楽しくなっちゃう、このリアリティについて少し説明していただけますか。そのリアリティは、どうしてそんなにリアルなのかということを。

宮本　非常に難しい質問で、これは体験しないとわからないと思うのですが、やはり奥からふつふつと来る喜びだと思うのですね。これはなんとも言えないのです。それはもう当然、先生がおっしゃったように、他人にはそこがわからないと思うのですよね。だけども、うちの息子の話からその振りをされたということは、なぜ息子の本当の気持ちがわからないのだろうかということではないんですか？　あそうですか？（笑）

要は、たぶんやはり頼っちゃっている。息子のときは来たメールだけで判断してしまうという、人間にはそういうのがあるわけであって、後で友人から、そんなに喜んでなかったという話を聞いてがっかりする。しかし、もしかしたら息子は、本当はすごく喜んでいたのを、隣に友人がいるから恥ずかしいということで、顔に出してなかったというふうになっていくわけですね。先祖とのコミュニケーションもそうだと思うんですよ。先ほど奥という話も出ましたが、奥のことがわかってくる、それが喜びだと思うのですね、さらにわかってくるという。

司会　宮本先生とのインタビューでおもしろかったのは、そういう個人のすごい霊的な体験があって、それがまず最初だと。で、そういう体験を持った人が社会に対する意識を持つと社会が良くなるとおっしゃったのですね。で、意識だけでもダメ、でも個の体験に留まっていてもダメ、両方だとおっしゃったのが、あのインタビューできわめて印象に残ったところなのです。

宮本　やはりそう思いますよね。今日各先生方から貴重なご意見、それからお話を伺いましたけれども、やはり相互ですよね。すべて相互関係、個人と社会も相互関係ですから、私は先祖供養という中で社会性というものを見てきたわけなのです。またその社会においていろいろな体験をしたことがフィードバックされて、先祖供養の方にまたつながっていくということ。これが非常にスムーズにいくと、先ほどの、その奥が見えてくると思うのですね。

司会　今のお話を聞くと、島薗先生とのインタビューの中では、孤独に退いて深める、そして自立して、深めたものをまた社会に還元する、さらに社会がそれをまた支えて孤独に戻っていくという、そういう循環プロセスがあるとおっしゃっていたんですけど、それとちょっと似た話ですね。

メールで伝えられること／共にいて培われる大事なこと

島薗　栗屋野先生や宮本先生は、私は日本の古い伝統をよく伝えている方というふうに思うのです。実はこのあいだ大船渡にまいりました。これも支援というよりもこっちが支援されに行くような感じですが、被災地の方にほんとに素晴らしいお迎えの仕方をされるのですね。そしてその地域の方が実に楽しそうに、お互いを気遣いながら、いい関係を保っている。交通が不便なところです。今また鉄道が止まっちゃったりしてさらに不便になっているんですが、しかし人間関係を大事にするということの経験、それからそういう知恵をほんとに大事にして育ててこられたと思うのです。ただ、それを今若い人に伝えようと思っても、なかなか難しいのではないかなと思うのですね。先ほどの携帯の話ですが、私はこういうふうに思いました。宮本惠司先生の息子さんは優しい配慮のある人だなと。つまり惠司先生とお会いすると、にこやかに笑えないんですよね、たぶん（笑）。ですから、しかめっ面しながらかもしれないけど、メールで伝えているわけです。今の若い人は、実際に会うと緊張から思わぬ破綻が起こっちゃうというようなことをよく経験しているのですね。それは人間関係のスキルが下手だというふうにも言えるけれども、それだけやはり緊張して皆が生きているので、難しいことが起こりやすいんだと思うのですね。だから、それをメールでやると和らげられるので、そういうふうな表現をしているのだということで、やはりいい息子さんだということについては変わりがないんです。そういう繊細さというのを若い人は持っているのですね。それがしかし逆に、共にいてこそ培われる大事なもの、というのを習得できなくさせている面もあると思うのです。

小林　「和顔愛語」の話と関係するのですが、最近、幸福研究が科学の方からも現れてきていて、今年（二〇一四年）の初めにＮＨＫが、「『幸福学』白熱教室」を放映したのでご覧になった方もいらっしゃると思います。科学的な観点からも「和顔愛語」のようなポジティブな考え方をして、言葉を発すると、実際たとえば健康などの面にいい影響があることがわかってきています。寿命が延びるとか仕事の業績が伸びるといったことを統計的に立証する研究が現れてきているのです。心理学でもポジティブ・サイコロジーといいまして、ポジティブな心理がいい影響をもたらすということを明らかにしています。これは実は昔から古典的な哲学で思想的にいってきたことと近いのですけれども、科学的な観点でも同じことをデータで実証しているのです。私は一方で哲学的に言って皆さんにわかってほしいなと思いますけれども、それだけではわかってくれない人が多いので、そういう科学的研究を活用して、そういう考え方を伝えていくということも大事だろうと思います。

司会　ありがとうございました。パネルディスカッションはこれで終了して、十分間の休憩の後、質疑応答に入りたいと思います。質問をなさりたい方は、この休み時間の間に考えておいてください。

二　フロアとの質疑応答

司会　それでは時間が参りましたので、質疑応答を始めさせていただきます。今日はライブ感を大事にしたいので、質問用紙形式ではなく、挙手でお願いします。

一点、私の方からお願いがあります。質疑応答ですので、コメントとか意見表明とかはなさらずに、どの先生への質問か明らかにして、端的に短い質問だけをお願いします。手を挙げていただいて、当たりましたらマイクが参りますので、お名前を言える方はお名前を、あまり言いたくないという方は質問だけをおっしゃってください。

それでは、ご質問のある方は挙手をお願いいたします。

A　**良いシステムをどう作るか／政治家になって活動しないのか**

挨拶はやめて、質問だけさせていただきます。今日のこういうシンポジウムに来られる人は良い人たちの集まりだと思うのですが、こういう人たちが出て良いシステムを作っていくときに、どういうふうなシステムを作っていくかという、具体的に何かお考えがあれば、先生方のどなたでも結構ですから。それがまず一点。

それから、システムを作るときに必ず中に、善意で、あるいは智恵がなくて、トラブルメーカーになったりボトルネックになったりする人が必ず出てくると思うので、そういうのを駆除する工夫の原則みたいなものがあれば（笑）、どなたでも結構です。

もう一つは、小林先生がよくおっしゃる、良い政治が必要で、良い政治家が必要であると。これだけ智恵を持って著名な先生方がおられて、ご自分が政治家になろうという、そういう意図がないのはなぜだろうかと私は思うのですね。先ほど話に出たインターネットもありますので、インターネットでサポーターを募って、特に退職後、政治に実際に入っていこうという意図があるのかないのか、その辺を含めて、どなたでも結構ですけれども、お答えいただければと思います。

加藤　まず、最後の点ですけど、私は政治家には絶対なりません。それはなぜかというと、私はネットワークで世の中を変えたいと思っているからです。社会の中で市民が変われば世の中が良くなると思っているから、そっちに働きかけるのが先決だと思っていまして、政治に染めたくないし、政治家とは付き合いたくない、それが私の信念です。福澤諭吉もそうだったんだろうと思います。

それと、悪い人が、さっきの「患者ごった煮会」でも時々、時々というか、一人だけなんですが、いたのですね。他の人を攻撃しちゃう人がいるのです。その人の場合、私自身はもう少し長い目で見て、その人が変われるようにしてあげたいと思っていましたけど、主催者側の患者会のリーダーが、あの人がいるとやはり場が悪くなるからもう来ないでほしいということで、一人だけ参加をお断りした人がいます。そういう人は少ないのが現実です。むしろ、病気を抱えて悩んでいるけど、なかなか出席できないという人が多くて、そういう人をどうやったら背中を押してあげられるかとか、または前日にちょっと声をかけるとかのほうが必要なのかもしれません。ほんとに悩んでいる人は少し遅刻して来るんですね、そういう遅刻してきた人も皆で温かく迎えてあげる、そういったことを工夫しています。

もう一つは、さっきの「ごった煮会」というのをやっているのですけれども、その後で二次会をやるのですが、二次会の方にぜひ来てくれと、初めて来たような人はそっちの方でもっと打ち明けた話ができるように工夫しています。

司会　ありがとうございます。たぶん一番目の問いに対するお答えとして、ネットワークを構築するというような、そういうシステムづくりというのが含意されていますね。次に、司会者の方からのお願いですが、一人一問でお願いします。どなたかご質問のある方はお手をどうぞ。

臨在感について

B　臨在感ということについてちょっと知りたいんですけど。僕らは小さいときはおばあちゃんに連れられてお寺参りしていたりしたので、ズーっと仕事して離れていても、すぐにそういう手を合わせるという行為はできていたんです。それが臨在感だったんだというふうに、自分の場合は小さいときに育ったというふうに思っていました。よく、踏み絵ということで、キリスト教に入っているか入っていないかということを、十字架ですか、マリア様を踏むという行為ができる人はキリスト教徒じゃない、できない人はキリスト教徒だというようなことを見極めたということとか、たとえば日本人とアラブ人が共通した臨在感を持ってるのかということを、どなたか先生に明快に素人でもわかるようにお話していただければと思います。

司会　神の臨在の「臨在」ですね？

B　はい、そうです。

島薗　経済が豊かになってきて皆の選択肢が増えてきますと、そういうふうに黙って当然のように学び取っていくという機会がどうしても減っちゃうのじゃないかと思うんですね。ですから、経済的に豊かな国は、そういう臨在感というものが乏しくなるような傾向があるのじゃないかと思います。私自身もそうなんですが、子どもの頃は、三十歳ぐらいまで、お焼香するのは嫌いだったですね。どうやっていいかわからないし、なんかドギマギする。しかし四十代ぐらいになって、やはりお焼香してお線香の匂いを嗅ぐと気持ちが落ち着くというふうな、あるいはその場にふさわしい気持ちになってきたと思うのです。そういう話でよろしいですか。ですから今の日本みたいな社会は、そういう臨在感を得るのに少し時間がかかったり苦労したりするようになってしまうのじゃないかと思うのですが。

B　その臨在感が一緒じゃないと世界が一つにならないというように、とても感じるのですね。というのは、日本人がアラブの方で発掘調査とかに参加して骸骨ばかり見てたら、二人とも熱出して倒れてしまったけど、向こうの人は全然なんともなかったというのを、それは臨在感の違いだということが本にあったのでね。まあ、隣国とかそういうことの根底にあるものが、世界平和を、もちろんそれを乗り越えて作っていかなきゃいけないということを我々は目指していくんですけど、それがどうなのか、可能というか、そういうことをほんとに違いがあるのだというような、外国とのね、ということをお聞きしたい。

島薗　おっしゃる通りで、逆に言うと、その臨在感をもっているのはあるものを共有しているからで、濃いものを共に受け継いでいるわけですね。私もエジプトに六週間いたときは、そういうことを非常に強く感じました。そういうものがなくなると今度は寂しくなっちゃう。ですから、そういうものなしにやはり人類社会は成り立っていかない。そうしますとどうしても多様になるから、共同体ごとに距離を感じる。なかなか西洋人の感じるようには感じられない、イスラム教徒の感じるようには感じられない、そういうことがあると思います。ですから、共有するものを大事にすると同時に、違いも大事にして、違いを超えていくような努力もいろいろしなきゃならない。それは対話だったりするのかもしれないけれども、そんなふうに、今の世界はとても難しいけれども、そこに「遠くを見る」、そういうところを克服するという、私たちは大きな課題を持っていると感じております。

共同体内の対話の難しさをどう克服したらいいのか

C　小林先生に一点お伺いしたいのですけれども、やはり今日「地球社会の新しいビジョン」ということを考える中におきまして、家族間対話とか親族間対話という言葉が非常に新鮮に響いてはきたのですけれども、一つ考えておりまして、身近な人ほどなかなか対話、ダイアログというものが成り立ちにくいのではないかなと思っています。それはやはり、家族であったり、同一の宗派内であったりというところで問題を感じます。対話を推進されるご専門家として、何か打開策みたいなものを教えていただけるとありがたいです。

小林　おっしゃることはよくわかります。おもしろいエピソードとして、私の学生が海外の大学に行っていろいろなイベントを行ったので、日本国内でも、海外でやったことをやろうと思ったら、逆に難しかった、というのです。なぜなら、海外では元々価値観や考え方が違うということを前提にしているから、わからないことは対話をして、そして一緒にやるということができたのに対して、国内に戻ってきたら、考え方が実は違うにも拘わらず、ズレていることが意識できないのでうまくいかないというのですね。もちろん今は世界がグローバルになっているから、価値観の違いを超えるために対話が必要だという問題意識もあって、私は対話を勧めていますけれども、実を言うと確かにおっしゃるように、家族間対話のように、みな同じような考え方だと思っているところでの対話が実は相当難しいのです。だからこそ、逆に言うと、対話がなくなって、たとえば家族が円滑な関係だと思っていると、ある日突然ガラガラと崩れるということが起こりがちなのです。

それで私がお勧めするのは、会話と対話を区別する意識をまずしっかりと身につけることです。話しているつもりが、実は対話になっていないわけです。だから、お互いにそういう意識があれば一番いいですけれども、まずは自分の方で会話と対話の違いを意識する。それから、相手にとっては実は対話モードで答えた方がいいときに、我々はしばしば会話モードで答えることがあるのですね。子どもでも本当は何か痛切な思いがあって言っているのだけれども、それに気がつかないでやり過ごしてしまうことによって、子どもは寂しい思いをして過ぎてしまう。そのチャンスを生かせば、実は子どもとの間に対話が実現するのです。だから私は対話のチャンスがあったら、それを最大限活用してそこにフォーカスして、相手にしっかり向き合って話すような一種のトレーニングをやってみるといいと思っているのです。そうすれば、普段対話が難しい関係においてもチャンスを生かすことができるようになると思うのです。本の中にもそういうことを書いたのでご参考にしていただければありがたいと思いますけれども、まずは対話をしてみようという意志をもって、そのために、たとえば帰るときに電車の中などで、「今日対話があったかどうだろうか」とか「あの対話はどうだっただろうか」とか、そのような振り返りをしてみたらどうかなと思います。

権力とスピリチュアリティ

司会　またどなたかご質問を……はい、どうぞ。

D　やはり個人性と社会性というのを考えるときに、社会性の一つの重要な要因というのは権力だと思うのですね。その権力をどういうふうにスピリチュアルなアプローチで解決していくかということについて、加藤先生みたいなやり方もあると思うし、また対話というやり方もあると思うのですが、やはり権力はかなり強いですから、それによってむしろ宗教が利用されたりしてきている歴史が長いわけですね。ですから、そこから、これからスピリチュアリティという形でそれにどうアプローチしていくかということで何か、どなたでも結構です。

島薗　宗教集団が社会に声を挙げるということが少なかった、と。それから、声を挙げるときは、自分たちこそ正しい、という形で声を挙げることが多かった。そこを変えていくことが一つ大きな力だと思います。つまり宗教といっても、自分たちだけが正しいというのではない、いろんな意見があるということを前提として、そして自分たちが言うことは、宗教の方から、宗教的な団体の信念からいってそうなるのだけれども、一般公衆にも通じる、一般公衆と分かち合えるようなことを伝える、そういう姿勢がだんだん必要になってきていると思います。私はそんなふうに希望的に考えているのです。昔、自分たちの団体の信念に基づいて政治的行動をする、あるいは社会にものを言うということから、要するに市民社会の一員として宗教団体もある、と。しかし宗教からこそ大事な声が発せられる。それは逆にいうと、一般社会、宗教というものを欠いた、たとえばそれは政治家でもいいですが、そういう人たちが大事なことを言おうと思うと、大事な価値観に関するところが欠けている。たとえば尊厳死ってなんで必要なのですか、それは命を尊ぶということとどう関わっているのですかというと、よくわからない。結局は経済的な理由だったりしてしまうという、そういうところにこそ宗教の声が必要なわけですね。そういうふうにして、結局私たちは高い遠くにあるようなものを見ながら生きていかないと方向を見失ってしまう。こういうことを示していくのが宗教の役割ではないか。で、それは政治が必要としていることだ、そういうふうに考えております。

加藤　今、島薗先生がおっしゃったことで、私は、一九九八年に大本が脳死反対運動をしたときに、大本という宗教が反対運動を開始したことで、別の視点を与えられた気がしました。ですから、宗教というのは、いろんな視点があるということを世の中に提示するという意味がやはりあるのだろうと思いますし、それが政治力を発揮しなくても、一般市民に問いかければ、市民はそれに反応するのではないか、そういうふうに思っています。

司会　ありがとうございます。他にどなたかご質問ありますか。

真に主体的で自由な選択をするには？

E　司会の本山先生から、人間というのは自由に判断すると。たとえば選択肢がいくつかあって、自分が自由に選択しているつもりだけれども、実はこれは結果的には選ばされている、そういう場合もあるのだよ、という話があったのですけども、これにつきまして、司会に質問するわけにいかないので、加藤先生に質問したいのですけども、加藤先生は、医療か治療か知りませんが、改革するときに、厚生労働省からトップダウンではなくて、ネットワークの中で「患者会」とかですね、そういうところから声を挙げることによって厚生労働省がそれに参加するような形で動き出したという話をされました。このような、本人は自分で選択しているつもりだけども、実は選択させられているというようなジレンマというものは、ネットワーク型で対話することによって解決する糸口というのがあるかどうか、この点についてお聞きしたいと思います。

加藤　自由な選択と今のネットワークとがどういう結びつきか、よくわからなかったのですが。

E　本当は自由に選択しているつもりだけれども、実際には選択させられているという事実ですね。これはどうやったらそれを解決すればいいのか。論理的じゃなくて、非論理的な何かスピリチュアルな、そういった働きというものが必要なのかなと思うのですけれども、それは私の勝手な想像でして、それについて加藤先生はどのように……

加藤　一つ、自由な選択をするためには、やはり情報が必要だと思います。その情報というのは、いろんな人が情報を発信することによって、選択する可能性が生まれてくるのではないかと思っています。たとえば、風邪をひいたら風邪薬を飲まなきゃいけないと思い込んでいる人が多いのですが、実は風邪薬というのは風邪を治す薬じゃない。むしろ風邪を長引かせる可能性が高いわけです。あるいは、インフルエンザになったらタミフルを飲まなきゃいけないと思い込んでいる患者さんも多いのですが、あれは熱が出る時間を一日短くするだけ。そういう情報がもっと皆さんに届けば、いや、私はタミフルは飲まなくてもいいというふうな選択ができるわけで、今はもう世の中で一つの色の情報しか流されない、そういう時代の中の危うさというのがありますから、それこそインターネットを通じて、いろんな局面がある、いろんな見方があるということが出されるということが必要ではないかと思います。

底つきしないと社会問題は解決しないのか／どんな準備が必要なのか

司会　他にご質問のある方はいらっしゃいますか。

F　樫尾先生にお伺いしたいのですけれども、お話の中で、人間は底つきになったときにいろいろな問題に対する解決方法を探していくというお話をされていらっしゃいました。今日本では、尖閣問題とか、憲法改正とか、あるいはアベノミクスが本当にこのまま経済的に発展するのかとか、あるいはアメリカの経済が金融の縮小をして海外にお金が流れなくなるということで、世界的な経済で非常に不安定なことが続いているとか、いろいろと問題があると思います。日本人が、日本という国が――他の国もそうかもしれませんが――、本当の底つきになったときにはじめて、そうした問題を本当に解決していかなければいけないということに直面するのでしょうか。それから、今日のお話の中で、私たち一人一人が、相手に対して思いやる気持ちを持ちながら、社会を良くしていこうという気持ちを持つことが大事だということは確認できました。社会の転換期が来たときに、私たちはそうした準備をしていかなければならないという考え方を持つことが重要なのでしょうか。これら二点についておうかがいします。よろしくお願いします。

樫尾　たいへん重要なご質問だと思います。ただ、非常に政治的、社会的、国際的に複雑な問題なので一筋縄ではいかないと思います。しかしシンプルに結論的に言えば、やはり底つきの状態にならないと、なかなか展開していかない問題ではなかろうかと思います。日本の場合やはり外交力も低いですし、領土意識ということに関してもコンセンサスも得られていませんから、そうした問題はかなり深刻なところまでいかないと――たとえば戦争が始まってしまうとかぐらいまでいかないと――、なかなか解決するのが難しい問題なのではないでしょうか。

これは日本に限らず、世界全体に言えることだと思いますけれども、当然他者に対する配慮、思いやり、つまり利他的、共感的な方向で生きていくということは、人間として最も重要なことであろうかと思います。しかし、さきほどのたとえば権力に対する対応ということに関しても共通したことが言えるかと思いますけれども、私たちは最終的に死ぬわけですね。そして権力の問題とか暴力の問題とか、あるいは先行きが見えないということも、やはり死の問題をどういうふうに考えるかということに深く関わっているのではないかと思います。

一言で言えば、原発とか核爆弾の問題もそうなのですが、最終的には、死を恐れないようになるにはどうしたらいいのかということが、究極的な課題ではないかと私は考えています。ただし、私自身はではどうしたらいいのか――自分がそうした境地に達しているわけでもありませんので――ということについては最終的なことは言えませんけれども、やはり今日の私の話との関連でいきますと、そのことを解決するための最も重要な方法の一つは瞑想ではなかろうかと思って、日々精進をしているところであります。

「光明」とは何か

司会　これでもう残念ながらあと一分しかないのですが、もう一問いきましょうか。

G　ちょっとレベルの低い質問であれなんですが、光明を得る、ということはどういうことなのか、お聞きしたいと思いまして。「光明」というのを調べたら、「神仏から発せられる光」とあったのですけれども、よく本を読んでいると、何歳のときに光明を得た、とかというふうに書いてあるのですが、それはどういうことなのかお聞きしたいと思って。

宮本　非常に難しい質問で。光明を得る、というのはどういうことかということですが、それもやはり一人ひとりによって違うと思うのですね。何かのときに明るいものが降り注ぐとか、そういうものではないと思うのです。たとえば何か悩んだときに、その悩んだ元がわかるとか、そして人とのふれ合いの中で、これが大事だということを発見したとか、そういうほんとにささやかな部分も、私は「光明を得る」ということの一つではないかと思うのです。ですから、我々というのは今日まで知らず知らずに光明を得ていると思うんです。何かにぶち当たったときに、それに対して何かヒントを得たとか、人同士の付き合いの中で今までうまくいかなかったのが非常にスムーズにいったとか、これも一つ一つ光明を得ていることではないかなと思うのです。ですから、何か大きな存在から大きなものを得ただけではなく、ささやかなものからも得られるのではないかと思いますけれど。すみません、回答になってないと思うのですが。

加藤　よろしいですか？　私は大学に講師として戻ったときに、父親のお墓に行って報告したら、そのとき、パーッともうまぶしくて倒れんばかりの光を浴びた体験があります。それは一回しかありませんけれども、あれはまさに光明を得た体験だと思いますが、それはどういうものですか、ということを話しても、たぶん他の人にはわからないものではないかなと思いますが、私にとっては父から見守られていると感じました。

シンポジウムのまとめ

司会　それでは、時間が参りましたので、質疑応答は終わりにさせていただきます。会場の皆様、ありがとうございました。先生方、ありがとうございました（拍手）。最後に本日のまとめをいたします。

朝と同じことをいたしましょう。簡単な呼吸法です。姿勢を正して、自然に背骨を真っ直ぐにしてください。呼吸を整えて落ち着かせてください。そして落ち着かせる中で、自分の体と呼吸をよく意識してください。呼吸を意識しながら、心の方を呼吸に沿わせるようにして、心と体、心と呼吸を調和させてください。そして、次のようなことに気づいてみてください。私が生きようとしなくても、呼吸しようとしなくても、いつの間にか呼吸をしてこの体は私の知らないうちにちゃんと生きている。何か生かしているものが私の体に働きかけているのだと気がついて、その私を生かしている何かを感じるように努めてみてください。

スピリチュアリティとは、何かしら個人的な体験をどこかでしないといけないのじゃないかなと思っています。ただ、その体験の形は人それぞれのはずです。ですから、体験だけですと、その人固有のものになってしまう。だから言葉に出して語り合ってそれで学びあう、または先人の智慧に触れるということが必要だと思います。ＩＡＲＰの会長の本山博（当時）が、真の平和な地球社会とは個人性と社会性が調和した、両立した世界であり、それを実現するのは愛である、というのですけれども、それはまさにそうであろうとは思います。一方で、それについて話してみると、なかなか実は話は違いの方が目立ったりするわけですね。なかなか共通項をみつけるのは難しいものです。ですから、ある意味、思いやりとか愛というものがあればうまくいくなどといういわば幻想をいったん捨てて、違いをみつめ合わないとしようがないなと思います。違いをみつめ合いながら、あ、私が経験した、何か体験した尊いなんだか私を生かしているもの、あるいは何か神様、仏様かしら、あるいはいのちというものかしら、ああいうものって私にもあるのだからきっと他の人にもあるだろうという、いわば私たちは必ず共に生きていけるという信念だけは捨てずに、同時に、愛や思いやりというものをまだ本当は自分は実現していないのだといわば謙虚になりながら、甘い言葉は捨てて、ほんとに互いの違いをみつめ合いながら対話することが大事ではないかと思います。そして互いに学び合いながら、この学びと体験とを往復していくこと、つまり体験を学びに生かし、学びを体験に生かしていく、いわばそうした地道なことが大切なのではないかと思った次第です。

先生方、本日は本当にありがとうございました。会場の皆様、本日は長時間最後までご清聴いただきまして、誠にありがとうございました。皆様の暖かいご協力に心から感謝し、御礼申し上げます。これをもちまして、本日のＩＡＲＰ公開シンポジウムを終わらせていただきます。皆様、どうもありがとうございました（拍手）。

あとがき

編者

本書は、去る二〇一四年三月十六日（日）午前十時〜午後五時、東京・築地にある浜離宮朝日ホールの小ホールにおいて開催された、ＩＡＲＰ（国際宗教・超心理学会）主催の「本山博先生米寿記念」公開シンポジウム「地球社会の新しいビジョン――心身・霊性・社会」での諸講演（六本）とパネルディスカッションに、同シンポジウムの準備段階で各パネラー予定者に行ったインタビュー、および同シンポジウムのテーマに関心を寄せＩＡＲＰアドバイザーでもある津城寛文氏の論考を加えて、一冊の本にまとめたものである。

このシンポジウムは、二〇一二年六月三日、慶應義塾大学三田キャンパス北館ホールで行われた本山博先生の研究に関するシンポジウム「地球時代のスピリチュアリティと宗教――本山博氏の仕事をめぐって」を基に、稲盛和夫氏や村上和雄氏のインタビューなどを加えて編集し二〇一三年九月に上梓した、樫尾直樹・本山一博編『人間に魂はあるか？――本山博の学問と実践』（国書刊行会）の出版記念を、本山博先生の米寿記念と合わせて行いたい、という思いをきっかけにして開催された。

当日のシンポジウムの講演者と演題は以下の通りである。

趣旨説明　本山一博

講演（午前の部）

一　樫尾直樹「二つの道――スピリチュアリティ発現の諸形態」

二　加藤眞三「個人性と社会性の学習の場として医療をとらえる」

三　島薗進「経済・国家と科学技術を制御する倫理性とスピリチュアリティ」

講演（午後の部）

四　栗屋野盛一郎「スピリチュアリティと稲盛経営哲学・人生哲学」

五　宮本惠司「『先祖供養』と『個人と社会』の調和を考える」

六　小林正弥「地球コミュニティへの展望」

パネルディスカッション

司会：本山一博

パネリスト：樫尾直樹、加藤眞三、栗屋野盛一郎、小林正弥、島薗進、宮本惠司

参加者は四百名近くで、ホールは満席だった。そのため、フロアとの質疑応答も活発で、講演・パネルディスカッション共々、シンポジウムは活況を呈した。参加してくださったすべての方々に

感謝の意を表したい。

限られた時間のためまだまだ議論し足りないことは少なくなかったが、登壇者は皆、自らの人生と経験をさらけ出した実存をかけた話し振りで、それが聴衆の皆さんの共感を呼んだ。まさに「底が抜けた」対話の場であった。

スピリチュアリティは二十一世紀のこれからの地球社会と人類にとって、ますます大切な中心的な価値となっていくことが確信される。「世界平和」と「人類救済」という至高の大事業に、スピリチュアリティはなくてはならないものだ。

本書が、読後にそうしたメッセージを読者の皆さんに残せたなら、それ以上の喜びはない。本書ができるだけたくさんの方々に読んでいただけることを切に祈念するものである。

最後に、本書の出版を快諾してくださった国書刊行会、とりわけ煩瑣な編集の労をとっていただいた今野道隆氏に篤く御礼を申し上げる。

本書編集中の九月十九日に、本山博先生が逝去された。本山博先生のご冥福を衷心よりお祈りするとともに、本書を本山博先生に謹んで献げるものである。

二〇一五年十月四日

執筆者紹介

〈編者〉

樫尾直樹（かしお　なおき）

一九六三年生まれ。慶應義塾大学文学部准教授。東京大学大学院人文科学研究科宗教学・宗教史学専攻博士課程修了。『スピリチュアリティ革命』（春秋社、二〇一〇）他。

本山一博（もとやま　かずひろ）

一九六二年生まれ。玉光神社宮司。東京工業大学理工学研究科後期博士課程単位取得退学。

〈執筆者〉

加藤眞三（かとう　しんぞう）

一九五六年生まれ。慶應義塾大学看護医療学部教授。慶應義塾大学大学院医学研究科博士課程単位取得退学。『患者の力』（春秋社、二〇一四）他。

栗屋野盛一郎（くりやの　せいいちろう）

一九六三年生まれ。盛和工業株式会社代表取締役社長。盛和塾世話人。

小林正弥（こばやし　まさや）
一九六三年生まれ。千葉大学大学院人文社会科学研究科教授。地球環境福祉研究センター長。『アリストテレスの人生相談』（講談社、二〇一五）他。

島薗進（しまぞの　すすむ）
一九四八年生まれ。上智大学神学部特任教授、同大学グリーフケア研究所所長。東京大学大学院人文科学研究科博士課程単位取得退学。『宗教・いのち・国家』（平凡社、二〇一四）他。

津城寛文（つしろ　ひろふみ）
一九五六年生まれ。筑波大学大学院国際日本研究専攻教授。東京大学大学院人文科学研究科博士課程単位取得退学。『社会的宗教と他界的宗教のあいだ』（世界思想社、二〇一一）他。

宮本惠司（みやもと　けいし）
一九五六年生まれ。妙智會教団法嗣。世界宗教者平和会議国際評議員、新日本宗教団体連合会常務理事、日本宗教連盟評議員。国際ＮＧＯ「ありがとうインターナショナル」を統率。

地球社会《ちきゅうしゃかい》の新《あたら》しいビジョン——心身《しんしん》・霊性《れいせい》・社会《しゃかい》

2015年12月21日　初版第1刷発行

編　樫尾　直樹
　　本山　一博

発行者　佐藤今朝夫

〒174-0056 東京都板橋区志村1-13-15
発行所　国書刊行会
TEL.03(5970)7421(代表)　FAX.03(5970)7427
http://www.kokusho.co.jp

装　幀　MIKAN-DESIGN
印　刷　三報社印刷株式会社
製　本　株式会社ブックアート
落丁本・乱丁本はお取替いたします。
ISBN978-4-336-05967-3